될 일은 된다

THE SURRENDER EXPERIMENT:
My Journey Into Life's Perfection
by Michael A. Singer

내맡기기 실험이 불러온 엄청난 성공과 깨달음

될 일은

The Surrender Experiment

된다

마이클 A. 싱어 지음 ｜ 김정은 옮김

정신세계사

될 일은 된다

ⓒ 마이클 A. 싱어, 2015

마이클 A. 싱어 짓고, 김정은 옮긴 것을 정신세계사 정주득이 2016년 6월 22일 처음 펴내다. 이균형과 김우종이 다듬고, 김윤선이 꾸미고, 한서지업사에서 종이를, 영신사에서 인쇄와 제본을, 김영수가 기획과 홍보를, 하지혜가 책의 관리를 맡다. 정신세계사의 등록일자는 1978년 4월 25일(제1-100호), 주소는 03965 서울시 마포구 성산로4길 6 2층, 전화는 02-733-3134, 팩스는 02-733-3144, 홈페이지는 www.mindbook.co.kr, 인터넷 카페는 cafe.naver.com/mindbooky이다.

2024년 2월 19일 펴낸 책(초판 제14쇄)

ISBN 978-89-357-0401-9 03190

이 도서의 국립중앙도서관 출판시도서목록(CIP)은 서지정보유통지원시스템 홈페이지(http://seoji.nl.go.kr)와 국가자료공동목록시스템(http://www.nl.go.kr/kolisnet)에서 이용하실 수 있습니다. (CIP제어번호: CIP2016013977)

마스터들께 바칩니다.

차례

감사의 말

사실 이 책의 진짜 저자는 삶이다. 이것을 이야기로 쓰게끔 만들 정도로 강렬하고 매혹적인 사건의 흐름을 일궈낸 것은 다름 아니라 삶 자체이기 때문이다. 하지만 그것의 위대함을 기억에 길이 남기기 위해서는 내가 펜을 들고 글을 써야 했다. 바로 이 목적을 달성시키기 위해 삶은 이 책이 결실을 맺을 수 있게끔 꼭 필요한 사람들을 꼭 필요한 시점에 보내주었다.

우선 집필의 전 과정을 나와 함께하며 이 책에 엄청난 기여를 해준 카렌 엔트너에게 겸손한 마음으로 진심어린 감사를 보낸다. 그녀는 사심 없고 지치지 않는 태도로 이 세상에서는 거의 보기 힘든 수준의 헌신과 완벽성을 이 작업에 불어넣었다.

또한 이 자리를 빌려 이 책의 편집자인 크라운 출판사의 게리 젠슨 씨에게도 감사의 말을 전한다. 예상한 바와 같이 삶은 나를 도와 자신의 위대함에 대한 이 증언을 완성시켜줄, 그야말로 완벽한 편집자를 보내주었다.

이 책을 읽고 피드백을 준 모든 분들에게도 감사의 인사를 전한다. 특히 집필 초기에 거듭 수정되는 원고를 읽어가며 세심한 조언을 해준 제임스 오디, 어설러 할로스, 스테파니 데이비스에게 고마움을 전한다.

그리고 마지막으로, 이 놀라운 실험에 관심을 갖고 시간을 내어 책을 읽어준 독자 여러분께 감사의 마음을 바친다. 우리 모두가 이 놀라운 우주에서 펼쳐지는 각자의 삶을 온전히 누리는 법을 터득하게 되기를. ─ 날마다 조금씩 더.

서문

    12킬로미터 상공에 떠 있는 6인승 자가용 제트기는 홀로 앉아 있기에 아주 평화로운 곳이다. 나는 자연스레 명상에 빠져들었고 마음은 매우 고요해졌다. 눈을 뜨자 맨 처음 숲으로 들어가서 홀로 명상을 하던 시절에 비하면 상황이 얼마나 달라졌는지가 확연히 실감됐다. 나는 여전히 같은 숲에 살고 있다. 하지만 나 홀로 살던 그곳은 거대한 요가 공동체로 성장했고, 나는 삶이 조화를 부려 만들어낸 상장기업체의 CEO가 되어 있었다. 이제는 완벽하게 알겠다. 이토록 큰 기업을 운영하는 것을 포함하여 이 모든 삶의 경험들이 홀로 명상에 매진하던 몇 년간의 세월만큼이나 나를 영적으로 해방시켜주었다는 것을 말이다. 헤라클레스가 강물을 흘려보내어 아우게아스 왕의 외양간을 청소했던 것처럼, 삶의 세찬 흐름이 내게 남아 있던 모든 불순물을 깨끗하게 씻어내주고 있었다. 내게 일어나는 일이 마음에 들건 안 들건 상관하지 않고 나는 그저 끊임없이 내려놓으며 무저항을 실천했다. 바로 이런 마음가짐으로 나는 얼굴 한 번 본 적 없는 유명한 CEO를 만나 그가 제시한 수십억 달러짜리 합병안을 논의하기 위해 텍사스로 날아가고 있었다. ─1999년 5월의 회고 삶은 내가 원하는 대로 펼쳐지는 법이 없다. 잠시 멈춰 생각해보면 절대적으로 맞는 말이다. 삶은 무변광대해서 사실 우리에겐 삶에서 벌어지는 사건들을 통제할 힘이 없다는 것이 자명한 사실이다. 우주는 자그마치 138억 년 동안 존재해왔다. 세상의 흐름을 결정짓는 과정은 우리가 태어났을 때 시작된 것도 아니요, 우리가 죽는다고 끝날 일도 아니다. 그런 면에서 본다면 매 순간 우리 눈앞에서 벌어지고 있는 일들은 실로 어마어마한 현상이다. 그건 수십억 년간 서로 얽히고설키며 작용해온 모든 힘들의 최종산물이 아닌가. 우리 주변에서 벌어지는 일은 손톱만큼도 우리 책임이 아니다. 그런데도 우리는 이런저런 일이 일어나야 한다며 끊임없이 결정하고 통제하려 든다. 그러니 그토록 긴장과 불안과 두려움에 시달리는 것도 놀라운 일이 아니다. 우리는 모두가 실제로 세상만사가 자신의 뜻대로 굴러가야만 한다고 믿고 있다. 내 앞에 놓인 것이 그 모든 창조력들이 지어낸 자연스러운 산물이라고는 생각지 못한다.

우리는 언제나 눈앞에서 펼쳐지는 현실보다 마음의 생각에 우선권을 준다. 우리가 하는 말은 대개가 이런 식이다. '오늘은 캠핑 가는 날이니까 비가 안 오는 게 좋겠어.' '돈이 정말 필요하니 월급을 올려받아야겠어.' 어떤 일은 일어나야 하고 어떤 일은 일어나지 말아야 한다는 이 대담한 주장에 과학적 근거가 전혀 없다는 사실을 당신은 알아차렸는가. 이것은 순전히 마음이 만들어낸 개인적 호불호에 근거한 것일 뿐이다. 우리는 자기도 모르게 매사에 이런 식으로 행동한다. 자신의 호불호에 따라 세상이 달라져야 한다고 진짜로 믿고 있는 것처럼 말이다. 이렇게 살자면 삶이 극도로 힘들어진다. 우리가 늘 삶과 맞씨름을 벌이고 있는 듯한 기분을 벗어나지 못하는 이유는 이 때문이다.

하지만 벌어지는 사건들 앞에서 우리가 전혀 힘이 없지는 않다는 것 또한 사실이다. 우리에게는 의지력이라는 선물이 있다. 내면 깊은 곳에서 우리는 무엇이 이러저러했으면 좋겠다고 결론 내리고, 그 기대에 발맞춰서 바깥세상을 바꾸기 위해 마음과 가슴과 육신의 힘을 동원한다. 하지만 그렇게 되면 우리는 '내 의지대로 가는 길'과 '나의 개입이 없었다면 자연스럽게 벌어졌을 일' 사이에서 끊임없이 전쟁을 치르게 된다. '개인의 의지' 대 '자연스럽게 펼쳐지는 현실' 간의 이 싸움은 결국 우리의 삶을 좀먹는다. 전쟁에서 이기면 행복하고 느긋해지는 반면, 지면 마음이 불편하고 스트레스를 받는다. 대개는 상황이 자기 뜻대로 맞아떨어질 때만 기분이 좋기 때문에 우리는 삶의 모든 것을 통제하고자 부단히 몸부림친다.

내가 하고 싶은 말은 이것이다. ─ 꼭 그렇게 살아야 할까? 내버려둬도 삶은 꽤 잘 굴러간다는 증거가 이미 차고 넘친다. 행성은 궤도를 벗어나지 않고, 자그마한 씨앗은 절로 거대한 나무로 화해가고, 비는 주기적으로 내려서 수백만 년 동안 지구의 모든 숲에 물을 대주었고, 한 톨의 수정란은 아름다운 아기를 키워낸다. 이 중에 인간이 의지의 힘을 의식적으로 발휘해서 해낸 일은 아무것도 없다. 이 모든 경이로운 사건들을 포함해 지금도 헤아릴 수 없이 많은 일들이 수백만 년간 존재해왔던 우주의 힘에 의해 현실로 일어나고 있다. 바로 이런 거대한 힘 앞에서 우리는 날마다 의식적으로 자신의 의지를 휘두르려 덤벼든다. 자연스럽게 펼쳐지는 생명의 작용이 온 우주를 창조하고 보살펴주고 있을진대, 내가 힘을 쓰지 않으면 좋은 일이라곤 하나도 생기지 않을 것으로 여기는 것은 과연 합리적인 생각일까? 이 책은 이 흥미로운 질문에 대한 본격적인 탐구다.

이보다 더 중요한 질문이 어디 있을까? 생명이 홀연히 DNA 분자를 만들어내고 인간의 두뇌까지도 창조해낼 수 있었다면 우리는 어찌하여 모든 것을 제 손으로 통제해야만 한다고 생각하는 것일까? 삶에 좀더 멀쩡한 정신으로 다가가는 길이 분명히 있을 것이다. 가령, 삶에 대항하는 대신 그 흐름을 존중하고 자신의 자유의지로써 그 속으로 뛰어든다면 어떤 일이 일어날까? 저절로 펼쳐지는 삶의 질은 어떠할까? 무질서하고 의미 없는 사건이 무작위로 일어날까, 아니면 우주의 완벽한 질서와 의미가 우리의 일상 속에도 강림할까?

내가 벌인 한 놀라운 실험은 바로 이런 생각에서부터 비롯됐다. 이 실험의 핵심은 아주 간단한 하나의 질문이다. ― 마음속에 현실의 대안을 지어내놓고 그것을 내 것으로 만들기 위해 현실과 싸우는 게 나을까, 아니면 내가 원하는 바는 내려놓고 완벽한 우주를 창조해낸 그 힘에 내맡기는 게 나을까? 이 실험은 속세를 떠나자는 것이 아니다. 오히려 삶 속으로 뛰어들어 더 이상 개인적인 욕망과 두려움에 좌지우지되지 않는 자리에서 살자는 것이다. 더 나은 이름이 없었기 때문에 나는 이것을 내맡기기 실험(surrender experiment)이라고 불렀다. 그리고 지난 40년간 나는 삶에서 자연스럽게 일어나는 사건들이 나를 어디로 데려가는지를 최선을 다해 지켜보았다. 그 40년간 일어났던 일은 경이롭다는 말로도 부족하다. 삶이 산산조각나기는커녕 오히려 완전히 반대의 상황이 벌어졌다. 한 가지 일이 자연스럽게 다른 일과 맞물리면서 삶은 내가 전혀 상상하지 못했던 여정으로 나를 인도했다. 이것은 그 여정에 관한 책이다. 누군가가 과감하게 자신을 내려놓고 삶의 흐름을 신뢰했을 때 어떤 일이 벌어졌는지를 독자 여러분도 경험할 수 있게 되길 바란다.

하지만 한 가지 분명하게 짚고 넘어가야 할 것이 있다. 여기서 말하는 내맡기기란 의지 없이 넋 놓고 사는 것을 의미하지 않는다. 40년에 걸친 나의 이야기는 결국, 내가 하고 싶은 일이 아니라 삶이 펼쳐내는 일들을 안내자로 삼아 내 의지를 발휘했을 때 일어난 일들에 대한 이야기다. 주변에서 자연스레 펼쳐지는 힘에 자신의 의지를 동조시켰을 때 깜짝 놀랄 만큼 강력한 결과가 나온다는 것이 나의 개인적인 경험이다.

　이 엄청난 실험의 소산을 효과적으로 나눌 수 있는 유일한 방법은 내가 과연 어떻게 이런 식의 삶을 살게끔 이끌렸는지를 보여준 다음, 당신도 내가 한 것과 같은 여행을 경험하도록 하는 것이다. 앞으로 펼쳐질 이야기에서 당신이 보게 될 것은 당연히 당신의 것과는 매우 다른 삶의 경험이다. 이 이야기를 여러분과 나누려는 이유는 단 하나, 우리 인간에게는 서로의 경험을 통해 배울 수 있는 탁월한 능력이 있음을 알기 때문이다. 꼭 내가 살았던 방식대로 살아야만 나에게 일어났던 일을 경험할 수 있는 것은 아니다. 내 앞에 펼쳐진 예상치 못한 사건들은 내 인생만 바꿔놓은 것이 아니었다. 삶을 바라보는 시선 역시 완전히 바뀌었고, 그 결과 내 내면에는 깊은 평화가 깃들었다. 바라건대 나의 내맡기기 실험에 관한 이 이야기가 당신 역시 더욱 평화롭고 조화로운 삶을 살 수 있도록, 우리 주변에 펼쳐진 경이로운 완벽함을 더욱더 누릴 수 있도록 부추겨주기를.

1부

깨어남

1

외침도 아닌 속삭임만으로

내 이름은 마이클 앨런 싱어(Michael Alan Singer)다. 내가 기억하는 한 아주 어렸을 때부터 사람들은 나를 믹키라고 불렀다. 1947년 5월 6일생인 나는 1970년 겨울까지는 아주 평범한 삶을 살았다. 하지만 너무나 심오한 어떤 일이 일어나면서 나의 인생 경로는 영원히 달라지고 말았다.

삶을 뒤바꿔놓는 사건은 매우 극적이고, 그 속성상 매우 파괴적일 수 있다. 당신의 전 존재는 신체적으로나 정서적으로나 정신적으로나 한 방향을 향해 나아가고 있고, 그 방향에는 과거의 모든 타성과 미래의 모든 꿈이 실려 있다. 그런데 갑자기 거대한 지진이 일어나면서, 혹은 무시무시한 병에 걸리면서, 혹은 우연히 누군가를 만나면서, 존재는 완전히 뒤집어진다. 그 사건이 가슴과 마음의 초점을 바꿔놓을 만큼 강렬하다면 당연한 수순으로 그 이후의 삶은 완전히 바뀐다. 이때의 그는 문자 그대로 예전과 같은 사람이 아니다. 관심사가 바뀌고, 목표가 바뀌고, 실제로 삶의 근본 목적이 바뀐다. 이렇듯 결코 뒤를 돌아보지 않을 만큼 시선이 180도 달라지려면 대개는 매우 강렬한 사건이 필요하기 마련이다.

하지만 언제나 그렇지는 않다.

1970년 겨울에 나에게 일어났던 일은 그처럼 강렬하거나 거창한 사건이 아니었다. 그것은 너무나 미묘하고 너무나 희미해서 알아차리지도 못한 채로 그저 지나쳤을 수도 있는 일이었다. 커다란 외침도 아닌 작은 속삭임만으로 내 인생은 완전한 혼돈과 변신의 길로 내던져졌다. 이제는 40년도 더 지난 일이건만 그 순간은 마치 어제처럼 기억이 생생하다.

나는 그때 플로리다 게인즈빌에 있던 우리 집 마루의 소파에 앉아 있었다. 스물두 살 청년이었던 나는 셸리라는 아름다운 여인과 결혼한 상태였다. 우리 두 사람 모두 플로리다 대학 학생이었고 그중에서도 나는 대학원에 재학 중인 경제학도였다. 나는 경제학부 학장님이 차세대 대학교수로 점찍어 키울 만큼 빈틈 하나 없는 똑똑한 학생이었다. 셸리에게는 시카고에서 아주 잘 나가는 변호사로 활동 중인 로니라는 오빠가 있었는데, 그와 나는 완전히 다른 세상에 살고 있었지만 서로 친한 친구가 되었다. 영향력 있고 돈 좀 만지는 대도시 변호사와 60년대 전형적 스타일의 대학물 먹은 히피 간의 만남. 이쯤에서 당시 내가 얼마나 분석적인 인간이었는지를 언급해두는 게 좋을 듯하다. 대학에 다니는 동안 나는 철학이며 심리학이며 종교학 따위의 과목은 수강한 적이 단 한 번도 없다. 기호논리학, 고등미적분, 이론통계학이 내 선택과목이었다. 이러니 내게 일어났던 일은 더더욱 놀라울 뿐이다.

가끔씩 로니가 집에 놀러오면 나는 하릴없이 그와 함께 시간을 보내곤 했다. 바로 그날, 1970년에 있었던 그 운명의 날에도 로니는 나와 함께 소파에 앉아 있었다. 그때 우리가 정확히 무슨 얘기를 했는지는 기억나지 않는다. 그저 평소처럼 느긋하게 잡담을 나누던 중 잠시 어색한 침묵이 흘렀을 때였다. 침묵이 불편해진 나는 나도 모르게 다음에 할 말을 찾고 있었다. 이전에도 이런 상황에 처한 적은 여러 번 있었다. 그러나 이번에는 왠지 상당히 달랐다. 예전처럼 어색해하면서 할 말을 찾는 대신 나는 내가 불편함을 느끼며 할 말을 찾고 있음을 '알아차렸다'. 태어나서 처음으로 내 마음과 감정에서 떨어져 나와 그것을 지켜본 것이다.

이 상황을 말로 잘 표현해내기가 어렵다는 것을 안다. 하지만 그 순간, 무슨 말을 하면 좋을지 가능한 대화 주제들을 닥치는 대로 뱉어내고 있는 나의 불안한 마음과, 그런 마음을 그저 지켜보고 있던 나 사이에는 완벽한 분리감이 존재했다. 돌연 마음 위에 떠서 머물면서 어떤 생각들이 만들어지고 있는지를 조용하게 지켜볼 수 있게 된 것 같았다. 믿거나 말거나, 미묘하게 달라진 그 의식의 자리는 회오리바람이 되어 내 인생을 완전히 뒤바꿔버렸다.

몇 분간 나는 그 어색한 침묵을 '메꿔보려고' 애쓰는 나를 지켜보며 그저 앉아 있었다. 하지만 나는 그 메꿔보려고 애쓰고 있는 자가 아니었다. 나는 침묵을 메꾸려고 애쓰는 마음의 활동을 조용하게 지켜보는 자였다. '나'와 '내가 지켜보는 것' 사이의 틈은 처음에는 아주 미세했다. 하지만 시간이 지나갈수록 그 틈은 점점 더 크게 벌어지기 시작했다. 내가 '어떤 일을 해서' 이런 변화가 일어난 것이 아니었다. 나는 그저 내 앞을 지나가는 신경증적이고 습관적인 생각들이 '나'라는 느낌에 더 이상 포함되지 않는다는 사실을 '알아차리고' 있었을 뿐이다.

이 '깨어남'의 전 과정이 실은 한순간에 일어났다. 뚫어지게 들여다보고 있으면 숨어 있던 그림이 홀연히 나타나 보이는 책을 보는 것 같았다. 처음에는 특정한 이미지도 없는 어지러운 패턴으로만 보이지만 그것을 응시하다 보면 카오스처럼 보이기만 했던 배경 속에서 선명한 3D 이미지가 홀연히 떠오르는 그림('매직아이') 말이다. 일단 그 이미지를 발견하고 나면 '내가 어떻게 그걸 못 봤지?' 하는 생각이 든다. 바로 거기에 있는데 말이다! 바로 그런 전환이 내 내면에서도 똑같이 일어났다. 나는 줄곧 내 생각과 감정을 지켜보고 있었다. 그것은 너무도 자명한 사실이었다. 언제나 그곳에서 지켜보고 있었지만 자각능력이 떨어져서 알아차리지 못했을 뿐이었다. 생각과 감정의 시시콜콜한 내용에 지나치게 정신이 팔린 나머지 그것이 그저 생각과 감정일 뿐이라는 사실 자체는 알아차리지 못한 것이다.

바로 직전까지만 해도 불편한 침묵을 깨어줄 좋은 방법처럼 보였던 그것이 머릿속에서 재잘대는 신경증적인 목소리처럼 들리기 시작한 것은 그야말로 순식간이었다. 나는 그 목소리가 다음과 같은 말을 해대는 것을 지켜보았다.

'날씨가 참 좋지 않아요?'
'닉슨이 요전 날 무슨 일을 했는지 들었어요?'
'뭐 좀 드실래요?'

마침내 내가 입을 열어 말했을 때 내가 내뱉은 말은 이랬다.

"머릿속에 떠들어대는 목소리가 있다는 사실을 알아차린 적이 혹시 있나요?"

로니는 약간 이상하다는 듯한 표정으로 나를 쳐다보다가 갑자기 눈을 반짝였다. "아, 자네가 무슨 얘기 하는지 알겠어. 내 것도 당최 입을 다물지 않아!" 다른 사람의 목소리가 머릿속에서 뭐라 뭐라 말하면 어떤 느낌일까요, 운운하며 로니에게 농담을 했던 것을 분명히 기억한다. 우리는 웃었고, 그 순간은 그렇게 흘러갔다.

하지만 내 인생은 아니었다. 내 인생은 그렇게 아무 일 없었다는 듯이 '흘러가지' 않았다. 내 인생은 이전과 같아지지 않았다. 이 자각을 유지하려고 애쓸 필요도 없었다. 이제는 그것이 나였다. 나는 끊임없이 마음속을 지나가는 생각을 '지켜보는' 존재였다. 동일한 자각의 자리에서 나는 끊임없이 요동치는 감정의 물살이 가슴을 지나가는 것도 지켜보았다. 샤워를 할 때면 몸을 씻고 있을 때 그 목소리가 기어코 무슨 말을 뱉고야 마는지를 지켜보았다. 누군가와 대화를 하고 있으면 상대가 하는 말은 듣지 않고 내 차례에 무슨 말을 할지 궁리하고 있는 그 목소리를 지켜보았다. 수업에 가면 이번 강의의 결론이 무엇인지 맞춰보려는 식으로 교수님보다 한발 앞서 생각하려고 애쓰고 있는 마음의 게임을 지켜보았다. 말할 필요도 없이, 나는 오래 지나지 않아 이 새롭게 발견한 머릿속의 목소리에 정말 짜증이 나기 시작했다. 그건 영화관에 앉았는데 바로 옆자리 사람이 한시도 쉬지 않고 계속 떠들어대는 것과도 같았다.

그 목소리를 관찰하고 있다 보니 내 존재 내면 깊은 곳의 무엇이 그 입을 다물게 하고 싶어했다. 이 목소리가 멈추면 어떤 기분일까? 나는 내면의 침묵을 간절히 원하기 시작했다. 저 첫 번째 경험이 있은 지 며칠 만에 내 삶의 패턴은 변하기 시작했다. 친구들이 놀러 와도 더 이상 즐기지 못했다. 사람들과 어울리는 일은 마음을 잠재우는 데 도움이 되지 않았다. 나는 양해를 구하고 집 근처 숲 속으로 나가기 시작했다. 나무 사이의 공터에 앉아 그 목소리에게 조용히 해달라고 말했다. 당연히 먹히지 않았다. 어떤 방법도 소용이 없는 것 같았다. 목소리가 말하는 주제는 바꿀 수 있어도 말 자체를 일정 시간 이상 멈추게는 할 수 없었다. 내면의 침묵을 원하는 내 마음은 갈망을 넘어 불같은 열정이 되었다. 나는 목소리를 지켜보는 게 어떤 것인지를 알았다. 하지만 그 목소리가 완전히 멈춘다는 게 어떤 것인지는 알지 못했다. 그러나 진짜 상상도 할 수 없었던 것은 내가 곧 떠나게 될 대변혁의 여정이었다.

2

나를 알아가기 시작하다

아주 어렸을 적부터 나는 사물이 작동하는 원리를 파헤치는 데에 관심이 많았다. 그러니 나의 이 분석적인 마음이 머릿속의 목소리와 나와의 관계를 파악하는 일에 신이 나서 달려든 것은 너무나 당연한 일이다. 하지만 이 매력적인 지적 유희를 즐기자면 한 가지를 극복해야만 했으니, 바로 내 마음이 날 돌아버리게 만든다는 사실이었다. 내가 뭔가를 볼 때마다 목소리는 거기다 사족을 달았다. '그거 좋아……, 그건 싫은데……, 이건 불편해……, 이걸 보니 생각나는 게 있는데……' 이 모든 사태를 지켜보는 데 익숙해지면 질수록 몇 가지 의문이 자연스레 떠올랐다. 첫째, 왜 이 목소리는 한시도 쉬지 않고 말을 하는 걸까? 어떤 대상이 보이면 나는 그걸 보고 있다는 사실을 바로 안다. 그런데 왜 이 목소리는 내가 그것을 보고 있으며 내가 그것에 대해 어떻게 느끼는지를 나에게 굳이 말해줘야만 하는 걸까?

'메리가 오고 있네. 오늘은 메리를 만나고 싶지 않아. 날 못 보고 지나쳤으면 좋겠어.'

나는 내가 무엇을 보고 무엇을 느끼는지 알고 있다. 결국 보고 느끼는 것은 나이지 않는가. 그런데 왜 그것을 굳이 마음속에서 소리를 내어 내뱉어야 할까?

또 다른 의문은, '머릿속에서 일어나고 있는 이 모든 활동을 알아차리고 있는 나는 누구일까'였다. 너무나 초연히 떨어져 있으면서 오가는 생각을 그저 지켜볼 수 있는 나는 누구일까?

새롭게 알게 된 이 머릿속의 목소리를 지켜보는 내 안에는 두 개의 구동력이 생겨났다. 하나는 그것을 입 다물게 만들고 싶다는 욕망이었고, 다른 하나는 그 목소리의 정체가 무엇이며 어디서 왔는지를 이해하고 싶어하는 순수한 열망과 매혹이었다.

앞서 깨어남 이전의 내 삶은 상당히 평범했다고 말했다. 이후 달라진 삶과 비교하자면 그렇다는 얘기다. 이제 나는 무엇인가에 몰리는 인간이 되었다. 나는 내가 발견한 그 목소리에 대해 알고 싶었고 내가 누군지, 즉 이 모든 것을 경험하고 있는 내면의 존재가 누구인지를 알아내고 싶었다. 나는 대학원 도서관에 붙박이처럼 앉아 있기 시작했다. 경제학 책이 아닌 심리학 책을 뒤적이면서 말이다. 머릿속에서 떠들고 있는 이 목소리를 사람들이 눈치 못 챌 리가 없었다. 이렇게 대놓고 떠드는 존재를 몰라볼 수가 없는 것이다. 나는 내 질문에 대한 답을 찾을 수 있을까 하여 프로이트의 저작들을 훑었다. 책을 읽고 또 읽었지만 내면의 이 목소리를 직접적으로 언급하는 책은 찾지 못했다. 목소리를 자각한 자에 대해 언급한 책은 말할 것도 없이 없었다.

나는 내 말을 들어줄 만한 사람이라면 누구든지 붙잡고 이 목소리에 대해 얘기했다. 모두들 내가 미쳤다고 생각했을 것이다. 매우 내성적이지만 대단히 교양 있었던 스페인어 교수님과의 일화가 생각난다. 하루는 쉬는 시간에 교수님에게 달려가서 언어를 유창하게 구사한다는 게 어떤 것인지를 드디어 알게 되었다며 잔뜩 신이 나서 얘기했다. '우리 머릿속에는 내가 뭘 좋아하고 싫어하는지, 지금 당장 해야 하는 일이 무엇이고, 과거에 어떤 잘못을 했는지, 거의 모든 것에 대해 시시콜콜 얘기하는 목소리가 있지 않느냐, 이 내면의 목소리가 스페인어로 얘기할 수도 있고, 그것이 하는 말을 내가 즉시 알아들을 수 있으면 나는 스페인어에 유창한 것이다, 하지만 스페인어 단어를 머리로 번역하는 작업을 거쳐 내면의 목소리가 영어로 되풀이해줘야만 비로소 그 말의 뜻이 이해된다면 나는 스페인어에 유창한 게 아니다.' 완벽하게 말이 되는 소리였다. 적어도 나에게는. 나는 교수님에게 내가 언어학을 전공했더라면 저 주제로 박사논문을 썼을 것이라고 말했다. 당연히 스페인어 교수님은 아주 이상하다는 듯 나를 쳐다봤고 예의 바른 말을 몇 마디 건넨 뒤 자리를 뜨셨다.

나는 교수님이 어떻게 생각하건 전혀 개의치 않았다. 나는 탐사하는 중이었다. 이 여정을 통해 나는 내가 상상할 수 있는 모든 것의 그 너머를 배우고 있었다. 날마다 스스로에 대해 점점 더 많은 것을 알아갔다. 그 목소리로 표현되는 자의식과 두려움이 얼마나 큰지는 믿을 수 없을 정도였다. 내가 지켜보고 있던 내면의 그 사람은 주위 사람들의 평판에 엄청나게 신경을 썼다. 자기가 잘 알고 있는 사람이라면 더더욱 그랬다. 이 목소리는 나에게 해야 할 말과 하지 말아야 할 말을 일러주었고, 자기가 원하는 대로 되지 않으면 끊임없이 불평불만을 늘어놓았다. 친구와의 대화가 아주 약간의 의견충돌이나 삐걱거림으로 끝나기라도 하면 그 대화는 머릿속에서 무한반복 되곤 했다. 나는 이렇게 저렇게 했으면 대화가 좋게 마무리됐을 것이라고 상상하는 그 목소리를 지켜보았고, 거부와 배척에 대한 얼마나 많은 두려움이 그 같은 머릿속의 지껄임을 통해 표현되는지를 깨달을 수 있었다. 가끔 압도된다 싶을 만큼 버거울 때도 있었지만 그 말하는 목소리를 지켜보는 시선만큼은 한 번도 놓치지 않았다. 분명히 그 목소리는 내가 아니었다. 그것은 내가 지켜보는 대상이었다.

어느 날 일어났는데 사방에서 불협화음의 소음이 들려온다고 상상해보라. 소리를 멈추고 싶지만 어떻게 멈춰야 하는지 전혀 감이 오지 않는다. 목소리가 내게 하고 있는 일이 바로 그러했다. 한 가지 사실만은 명확했다. 그 목소리는 그전에도 늘 말하고 있었다. 그 속에 너무 빠져 있는 바람에 그것이 나와는 별개라는 사실을 알아채지 못했을 뿐이다. 물 밖에 나와서야 비로소 자신이 물속에 있었다는 사실을 깨달은 물고기처럼 말이다. 물 밖으로 한 번 펄쩍 뛰어오른 물고기는 즉시 깨닫는다. '저 아래 물이 있고 나는 바로 저기서 평생 살아왔구나. 하지만 이제 난 저기서 나올 수 있어.'

나는 한시도 쉬지 않고 말하는 마음의 목소리가 싫었다. 정말로 간절히 멈추고 싶은, 귀에 거슬리는 소음과도 같았다. 하지만 그것은 멈추지 않았다. 지금으로선 꼼짝없이 그것과 같이 있어야 할 판이었다. 나의 싸움은 아직 시작된 것도 아니라는 사실을 그때는 몰랐다.

3

선禪의 기둥

그로부터 수개월이 지나고, 나는 여전히 홀로 내면을 탐색하는 중이었다. 전혀 예상치 못한 곳에서 도움의 손길이 도착하리라는 사실은 짐작도 못한 채 말이다.

나와 같은 박사과정 학생 중에 마크 월드만이라는 친구가 있었다. 그는 영민한 젊은 청년으로, 온갖 종류의 책을 섭렵하는 열혈 독서가였다. 다른 사람들과 마찬가지로 마크 역시 내가 목소리에 대해 얘기하는 것을 들었다. 어느 날 그가 도움이 될지 모르겠다며 책 한 권을 건네주었다. 필립 카플로Philip Kapleau가 쓴《선의 세 기둥》(Three Pillars of Zen)이었다.

당시 나는 선불교에 대해서는 아는 바가 전혀 없었다. 나는 종교에는 별생각이 없는 지식인이었다. 유대교 전통 속에서 자랐지만 딱히 신심이 강하지는 않았고 대학에 들어갈 때쯤 되자 종교는 나와 완전히 무관한 영역이 되었다. 누군가 날 보고 무신론자냐고 물었다면 나는 그를 멍하니 쳐다봤을 것이다. 나는 그런 것에 대해서조차 생각해본 적이 없는 사람이었다.

나는 선불교에 대한 그 책을 훑어보기 시작했는데 몇 분 지나지 않아 이것이 내면의 그 목소리를 다루고 있는 책임을 단박에 깨달았다. 심장이 쿵 하고 떨어졌다. 숨을 쉴 수가 없었다. 분명 이 책은 목소리의 주절거림을 멈추는 법에 대해 이야기하고 있었다. 구구절절 마음을 입 다물게 만드는 법에 대해 얘기하고 있었다. 책에서는 마음의 배후에 있는 자를 참자아(True Self)라는 용어로 지칭했다. 내가 그토록 찾고 있던 것을 드디어 찾은 것이다. 나는 마음의 목소리와 자신을 동일시하지 않고 그 목소리를 지켜볼 줄 알게 된 사람들이 어딘가엔 분명 있을 것이라고 확신했었다. 그런데 이 책은 수천 년에 걸쳐 내려온 목소리에 대한 지식을 담고 있을 뿐 아니라 그 목소리로부터 '해방되는' 길까지 분명히 기술하고 있었다. 마음의 손아귀로부터 스스로를 해방시키는 방법에 대해 논하고 있었다. '너머'로 가는 법에 대해 논하고 있었다.

말할 것도 없이 나는 경외감에 푹 빠졌다. 내 인생에서 한 번도 느껴보지 못한 깊은 존경과 경외심을 이 책에게 느꼈다. 그동안 학교에서 억지로 공부하느라 읽어댄 책이 얼마나 많았던가. 그런데 지금, 드디어 내가 진짜로 궁금해하는 의문에 답을 주는 책을 손에 넣은 것이다. 목소리가 말하는 것을 지켜보는 나는 누구인가, 같은 의문 말이다. 나는 이 의문들에 대한 답을 온몸이 떨리도록 알고 싶었다. 사실을 말하자면 '알고 싶다' 정도가 아니었다. 나는 이 답을 꼭 '알아야만' 했다. 그 목소리 때문에 돌아버릴 지경이었으니까!

《선의 세 기둥》이 말하는 바는 매우 분명하고 명료했다. '마음에 관해서 읽고 말하고 생각하기를 멈추고, 그저 그것을 조용히 침묵시키는 데 필요한 일을 하라.' 그 필요하다는 일 역시 모호하지 않고 명확했다. 바로 명상이었다.

사실 명상에 대해 알기 전부터 나는 홀로 앉아 목소리의 말을 멈춰보려고 노력했었다. 그러나 그 노력이 통한 적은 한 번도 없었다. 하지만 이 책은 이미 수천 명의 사람들이 효과를 본, 확실하게 믿을 만한 방법을 제시하고 있었다. 조용한 곳에 앉아서 호흡이 들고 나는 것을 지켜보며 머릿속으로는 '무無' 소리를 반복하여 읊으라. 이게 끝이었다. 이것을 매일 조금씩 시간을 늘려가며 실천하기만 하면 되었다. 선불교에서 실제 명상은 대개 집단적으로 행하는데 이런 집중적인 수행 형태를 '안거'라고 한다. 정통 방식대로 진행되는 명상에서는 숙련된 사람이 죽비를 들고 다니며 졸거나 집중력이 흐트러진 사람의 어깨를 내리친다. 선불교는 엄격하여 한순간의 방심도 허용하지 않는다. 본디 선은 진지한 수행인 것이다.

하지만 나에게는 명상을 같이 할 집단도 스승도 없었다. 내가 가진 것이라고는 오직 책, 그리고 이런 수행이 과연 나의 의문을 해소시켜줄 수 있는지를 확인하고픈 절절한 소망뿐이었다. 그래서 나는 혼자서 선 명상을 시작했다. 적어도 내가 이해한 바로는 일단 실천하는 것이 선 명상의 핵심이었다. 처음에는 매일 15분에서 20분간 앉아 있었다. 일주일이 지나자 그 시간을 30분씩 하루에 두 번으로 늘릴 수 있었다. 폭죽처럼 터지는 통찰도, 깊은 경험도 일어나지 않았다. 하지만 호흡과 만트라에 집중하는 것만으로도 내 의식은 쉴 새 없이 떠드는 목소리로부터 확실히 떨어져 나왔다. 머릿속으로 '무' 소리를 내고 있으면 목소리는 더 이상 평소처럼 그 모든 정신 나간 소리들을 지껄이지 못했다. 나는 곧 이 연습이 좋아지기 시작했고 명상 시간이 빨리 오기만을 기다렸다.

셸리와 내가 캠핑 여행을 가기로 한 것은 선 명상 실험을 시작한 지 몇 주 정도밖에 안 된 시점이었다. 곧이어 친구 네 명이 더 합류했고, 우리 일행은 주말에 밴을 몰고 오칼라 국유림(Ocala National Forest)을 향해 출발했다. 나한테 폴크스바겐 캠핑카가 있었기 때문에 주말여행은 언제든지 훌쩍 떠날 수 있는 쉬운 일이었다. 하지만 이번 여행은 여느 캠핑 여행과는 달랐다. 내 일생에 깊은 변혁을 가져온 일이 바로 이번 여행에서 일어날 참이었던 것이다.

우리는 숲 속 한적한 곳에 자리를 잡았다. 자연 그대로의 모습이 고스란히 남아 있는 습지대가 눈앞에 펼쳐졌다. 밴을 세운 후 우리 일행은 그 광경이 주는 고즈넉함과 아름다움에 반해서 말을 잇지 못했다. 이곳이야말로 명상하기에 딱 좋을 것 같다는 생각이 들었다. 나는 초심자에 불과했지만 수행에 임하는 자세만큼은 매우 진지했고, 그 목소리가 진짜 멈추면 과연 어떤 세상이 펼쳐질지를 꼭 알고 싶었다. 나는 셸리와 친구들에게 잠시 혼자만의 시간을 보내도 되겠냐고 양해를 구했다. 아무도 반대하지 않았기 때문에 나는 수풀이 무성한 호숫가를 거닐며 앉기 좋은 장소를 찾았다. 명상이라는 개념 자체가 내게는 너무도 의미가 깊었기 때문에 처음부터 그것은 신성한 경험에 가까웠다. 나는 붓다처럼 나무 하나를 골라 그 아래에 자리 잡고 앉았다. 그리고 아주 극적인 어조로 스스로에게 말했다. "깨달음을 얻기 전까지는 일어나지 않으리라."

그날 그 나무 아래에서 일어났던 그 강렬한 체험을 떠올리면 지금도 온몸이 떨리고 눈물이 차오른다.

4

절대 고요

나는 결가부좌를 틀었다. 내가 그 자세를 오래 취하고 있을 수 있을 만큼 능숙하지 않다는 것은 알았지만 그래도 처음에는 정식 명상 자세를 취하는 게 좋겠다고 생각했다. 나는 등과 목을 바르게 펴고 배의 들고남에 집중하면서 호흡을 지켜보기 시작했다. 《선의 세 기둥》 책에서는 '무' 소리를 복부, 더 정확하게는 배꼽 아래에서 내라고 가르쳤다. 나는 호흡이 저 배 아랫부분에서 들고나는 것을 지켜보았다.

평소 명상할 때보다는 더 오랫동안 앉아 있을 작정이었기 때문에 나는 의도를 세우고 훨씬 강도 높고 진지하게 집중했다. 이것이 효과가 있었는지, 나는 어느 때보다도 깊은 상태로 들어갔다. 복부가 들고나는 것에 집중하다 보니 콧구멍으로 내쉬는 숨과 배 안의 움직임이 유기적으로 연결되면서 어떤 기운이 형성되는 것 같았다. 숨을 천천히 내쉴 때마다 따뜻하고 기분 좋은 어떤 감각이 배 아랫부분에 가득 퍼졌다. 그 감각이 너무나 좋아 내 주의는 자연스레 그곳으로 집중되었다. 잠시 동안 나는 그 아름다운 체험 속에 말 그대로 푹 빠져버리고 말았다.

어느 정도인지 가늠조차 할 수 없는 시간이 흐르자 머릿속의 목소리가 이 얼마나 아름다운 경험이냐며, 이것이야말로 진짜 명상이 틀림없다며 다시 지껄임을 시작했다. 의식이 그 목소리 쪽으로 끌려가면서 호흡에서는 자연히 멀어졌다. 그렇게 명상은 자연히 끝난 것처럼 보였고 나는 내 평소의 정신상태로 돌아오기 시작했다.

하지만 이번 명상은 달라야 했다. 깨달음을 얻지 않고서는 일어나지 않겠다고 다짐까지 하지 않았는가. 나는 의도를 세우고 새로운 마음으로 복부의 움직임과 '무' 소리에 집중하기 시작했다. 그리고 내쉬는 숨과 복부의 온기를 하나로 잇는 부드러운 기운의 흐름 속으로 다시 한 번 빠져들었다. 그 기운은 집중이 깊어질수록 훨씬 강해졌다. 마침내 내 몸과 주변에 대한 모든 인식이 사라졌다. 복부 중심에서 애씀 없이 쌓이고 팽창하는 따뜻한 에너지의 흐름만이 내가 자각할 수 있는 것의 전부였다. 나는 그곳에 없었다. 오직 흐름만이 존재했다.

때때로 아주 잠깐 동안 '나'라는 의식이 돌아오면 나는 알아챈 즉시 의도를 세우고 내쉬는 호흡과 복부의 움직임으로 다시 초점을 되돌렸다. 그러면 그 순간 나는 다시 사라졌다. 깊은 상태에서 들고나는 이 경험은 오랜 시간, 어쩌면 몇 시간 동안 계속되었다.

'나'라는 의식이 다시 돌아왔을 때 한번은 내가 주의를 되돌릴 의지를 잃었던 모양이다. 매우 깊고 평화로운 상태에 들어 있었지만 나는 현실로 되돌아오기 시작했다. 실제로 얼마나 오래 앉아 있었는지는 모르지만 맨 처음 의식된 것은 다리의 통증이었다. 결가부좌 자세로 오래 앉아 있었더니 다리가 너무 아팠다. 마음의 목소리는 아직 돌아오지 않은 상태였다. 나는 약간 멍하게, 하지만 방금 경험했던 체험에 깊이 취한 채로 크나큰 평화를 맛보며 그곳에 앉아 있었다. 아마 계속 그렇게 현재 의식으로 서서히 돌아오고 있었던 것 같다. 그런데 실로 놀라운 일이 일어났다. '나'라는 의식의 자리 뒤편에서 어떤 소리가 우렁차게 울려 퍼졌다. 그것은 매우 준엄하게 말했다. "너는 너의 너머에 무엇이 있는지 알고 싶은가, 알고 싶지 않은가?"

그것은 내가 그토록 맞씨름을 해온 그 마음의 소리가 아니었다. 목소리의 존재를 처음 자각한 이후로 그것의 재잘거림이 들린 곳은 내 내면의 앞, 혹은 아래쪽이었다. 하지만 이 새로운 부름은 '나'라는 의식이 자리하고 있던 곳의 뒤와 위쪽으로부터 나왔다. 어디서 나온 소리든 간에 이 준열한 호통은 나를 존재 깊은 곳까지 뒤흔들었다. 나는 그 질문에 굳이 답할 필요를 느끼지 못했다. 내 세포 하나하나가 더 깊이 들어가기를 갈망했기 때문이다. 나는 다시 숨을 들이쉰 후 내 깊은 곳까지 가닿을 수 있도록 길게 내쉬었다. 나는 또 한 번 사라졌다.

'나'라는 의식이 다시 형성되기 시작했을 때 존재에 대한 경험이 그 이전과는 매우 달라져 있음을 느꼈다. 다리에 통증이 느껴지기는 했지만 그것은 아주 멀게 느껴졌고 고통에는 그것만의 따스함과 아름다움이 있었다. 신체에 대한 인식이 일부 돌아오자 나는 머리를 약간 앞으로 기울이고자 했다. 그러나 아무것도 움직이지 않았다. 이마가 벽에 눌리고 있는 것만 같은 느낌이었다. 무언가 매우 단단한 것이 버티고 서서 머리를 앞으로 약간 움직이는 것조차 허용하지 않고 있었다. 그 순간 나는 깨달았다. 집중이 강도 높게 유지되자 내 이마로부터 흘러나온 어떤 기운이 주의를 집중하고 있던 아랫배의 단전까지 내려가면서 경계가 분명한 하나의 장을 형성했다는 것을. 이 말이 분명 이상하게 들리겠지만, 내 힘으로는 결코 밀어낼 수 없는 강력한 자기장이 내 앞에 놓여 있는 듯한 느낌이었다.

내가 경험한 그 강력한 에너지는 이게 다가 아니었다. 나는 결가부좌를 튼 상태에서 발이 교차하는 지점에 두 손을 포개고 있었는데 이렇게 되면 손과 팔과 어깨 전체가 하나의 큰 원을 그리게 된다. 그런데 이 원이 또 다른 힘의 장場으로 변신했다. 나는 앞으로도 옆으로 움직일 수 없었다. '수직으로 뻗은 에너지의 흐름'이라고밖에 설명할 수 없는 어떤 힘에 나는 꼼짝없이 갇혀버리고 말았고, 그 흐름은 내가 숨을 내쉴 때마다 더욱 확실해지고 강렬해졌다. 이 모든 경험이 워낙 압도적이었던지라 주변에 대한 인식은 아직 돌아오지 않던 터였다. 나는 내 신체가 이 에너지 흐름에 압도되었음을 알아차릴 수 있을 정도로만 현실로 돌아온 상태였다. 이때 다시 한 번 그 외침의 소리가 들렸다. "너는 너의 너머에 무엇이 있는지 알고 싶은가, 알고 싶지 않은가?"

나는 즉시 숨을 깊이 들이쉬고 대단히 주의 깊게 천천히 코로 숨을 내쉬었다. 그러자 내쉬는 숨이 내 앞의 자기장과 부딪치며 위로 꺾여 올라갔다. 그렇게 위쪽으로 올라가는 힘과 안쪽으로 내려오는 힘이 맞물리면서 나는 더 깊은 곳, '나'라는 의식의 너머로 점점 들어갔다. 한 번 더 숨을 들이쉬고 내쉬자 나는 완전히 사라져버렸다.

아마 당신은 내가 간 그곳이 어디냐고 물어보고 싶을 것이다. 타당한 질문이다. 하지만 나는 그 질문에 답해줄 수가 없다. 단 하나, 매번 떠날 때보다 훨씬 더 고양된 상태로 되돌아왔다는 것만이 내가 아는 전부다. 그 어딘지 모를 곳으로부터 다시 돌아오자 모든 것은 확연히 달라져 있었다. 돌아왔다는 사실에 대해 미묘한 수준의 저항조차도 생기지 않았다. 이 고양된 상태에 좀더 머물러야 한다는 다급함도 없었다. 오직 한없이 깊고 깊은 평화만이 존재했다. 그리고 절대적인 고요, 그 어떤 것도 감히 건드릴 수 없는 고요가 있었다. 영겁의 시간 동안 소리 하나 존재하지 않았을 법한 고요함이었다. 대기가 없어 소리도 있을 수 없는 우주 같았다. 소리가 존재하려면 소리를 운반하는 매개체가 있어야 한다. 그런데 내가 갔던 그곳에는 그런 매개체 가 없었다. 나는 진정한 침묵의 소리를 경험한 것이다.

하지만 가장 중요한 것은 목소리가 없었다는 점이다. 그 신 성한 장소에 들어서자 머릿속에 수다쟁이를 데리고 다니는 것 이 어떤 느낌이었었는지가 기억조차 나지 않았다. 그것은 사라 졌다. 모두 사라졌다. 오직 남은 것이라고는 존재에 대한 자각 뿐이었다. 나는 그저 존재했다. 그것 외에는 아무것도 없었다. 이번에는 나에게 '너머'로 가기를 간원하는 준엄한 외침도 없 었다. 돌아갈 시간이었다.

주변에 대한 인식이 돌아오면서 내가 제일 먼저 알아차린 것 은 앞서 경험한 외부의 에너지 흐름이 내 안으로 빨려 들어왔 다는 사실이다. 에너지가 너무도 아름다운 흐름을 그리며 척추 를 지나 이마의 정중앙으로 모여들었다. 한 번도 경험해보지 못 한 일이었기 때문에 내 의식은 거의 모두 이마 중앙으로 몰렸 다. 한편 다리의 통증은 여전히 컸지만 그것은 문제가 되지 않 았다. 고통에 대한 조용한 경험만이 존재했다. 불평불만도 없었 고 어떻게 해야 괜찮아진다는 머릿속의 지껄임도 없었다. 그저 의식만이, 의식하는 대상과 완벽하게 평화를 이루고 있는 의식만이 존재했다.

　나는 겨우겨우 팔을 움직여 결가부좌 자세에서 다리를 풀었다. 다리가 돌덩이처럼 무거웠기 때문에 나는 다리에 감각이 돌아올 때까지 잠시 모로 누워 있었다. 그곳에 누워 있으니 그렇게 평화롭고 그렇게 편할 수가 없었다. 잠시 후 눈을 떴다. 그러자 꿈에서도 차마 본 적 없는 풍경이 두 눈 사이로 부드럽게 들어왔다. 내 앞에 펼쳐져 있던 습지는 일본풍의 수묵화 같았다. 거기서는 부드러움과 정적이 뿜어져 나왔다. 키 큰 풀들이 산들바람에 가만가만 흔들리고 있었지만 그 움직임에는 정적이 깃들어 있었다. 모든 것이 너무나 고요하고 너무도 평화로웠다. 나무도 고요했고, 구름도 고요했고, 물도 고요했다. 자연의 움직임 속에는 절대적인 정적이 자리하고 있었다. 내 신체 역시 고요했고 어떠한 생각도 존재하지 않았다. 영원 동안이라도 그곳에 누워 내 존재를 둘러싼 평화에 한없이 녹아들 수 있을 것만 같았다.

　마침내 자리에서 일어났을 때는 몸의 움직임이 낯설게 느껴졌다. 나는 우아한 품성을 지닌 그런 사람이 아니었다. 섬세하게 움직이는 댄서 타입은 더군다나 아니었다. 하지만 어쩐지 내 몸의 모든 움직임은 발레 댄서를 닮아 있었다. 팔은 유려한 흐름을 타며 움직였다. 내가 진짜 달라졌음을 실감한 것은 걷기 시작할 때였다. 한 걸음씩 내디딜 때마다 발의 아주 작디작은 낱낱의 근육의 움직임까지 모두 느껴졌다. 발걸음은 물 흐르듯 유연하게 이어졌고 나는 그 움직임 자체에 취해버렸다.

　놀라운 부분은 이 상태가 몇 주간 계속 이어졌다는 것이다. 이후 친구들과 합류했을 때도 상태는 달라지지 않았다. 홀로 있었던 두세 시간 동안 내게 어떤 일이 벌어졌는지를 친구들에게 설명하거나 묘사할 필요를 느끼지 못했다. 거의 말을 할 수가 없었다. 모든 것이 너무나 아름다웠고 고요했다. 그 고요함, 그 절대적인 고요. 외부의 소리마저도 그 정적을 깰 수는 없었다. 외부에는 소리가 존재했지만 내 내면의 그 자리로부터는 너무나 멀리 떨어져 있는 것처럼 느껴졌다. 마치 성채를 둘러싼 도랑못(垓子)처럼, 내 고양된 상태를 둘러싸고 있는 두터운 평화가 그 어떤 것의 접근도 허락하지 않았다.

5

절대적 평화에서 절대적 혼란으로

셸리와 나는 주말여행에서 돌아왔지만 나는 돌아온 삶에 적응하지 못했다. 그 몇 시간 사이에 나라는 사람이 완전히 변해버린 것이다. 평범했던 나의 내면은 절대적 명료함의 상태로 변성됐다. 그 초기의 시절에는 욕망도 두려움도 나를 건드리지 못했다. 심지어 생각은 자각되기도 전에 사라져버렸다. 그때를 생각하면 기억나는 것은 단 하나, 아주 강렬하고 절대 흔들림 없는 일념의 의도였다. '절대로 이 상태를 떠나지 않으리라. 어떤 일이 닥쳐도 나는 이 자리에서 물러나지 않으리라.' 마음의 목소리가 내게 이렇게 말할 필요도 없었다. 그게 바로 내 본질이었기 때문이다. 나는 더 이상 마이클 싱어가 아니었다. 나는 '그 평화를 무너뜨리거나 그 초월적인 고요함을 방해하는 일은 결코 하지 않을' 사람이었다.

나는 아이처럼 모든 것을 처음부터 다시 익혀야 했다. 밥을 먹어도 그 평화를 해치지 않게 먹는 법을 배워야 했다. 가끔씩 피우던 마리화나도 완전히 끊었다. 내 상태는 수정처럼 맑았고, 나는 그것을 티끌만큼도 더럽히고 싶지 않았다. 나는 수업에 나가고 시험을 보면서도 완벽하게 깨어 있는 상태를 유지하는 법을 배워야 했다. 당시 나는 전액장학금을 받는 박사과정 학생이었다. 그러니 지적인 마음을 사용하면서도 이제는 인생 자체보다도 더 사랑하게 된 평화를 방해하지 않는 법을 새로이 터득해야 했다.

이후 몇 주 동안 나는 다시 태어난 것 같은 기분에 휩싸였다. '저 너머'로 돌아가고 싶어하는 갈망이 부지불식간에 나를 사로잡았다. 실제로 앉아서 명상을 할 때마다 나는 그 고양된 상태로 쉽게 돌아갔다. 내 안에 드리워 있던 어떤 장막이 찢어진 것처럼, 이제는 그곳을 통과해 되돌아가는 것이 너무도 자연스러워졌다. 나는 명상을 좀더 길게 하기 위해 매일 새벽 3시에 일어났다. 시간이 되고 앉을 곳만 있으면 하루에도 몇 번씩 명상을 했다. 삶에서 외부적인 생활이 차지하는 부분은 아주 적어졌다. 외부적인 삶이 내 앞을 지나가더라도 내면 깊은 곳에 머무르며 평화롭게 존재하는 법을 배우는 데만 온통 몰두했다.

하지만 마음으로부터 그렇게 떨어져 있는 상태를 오랫동안 유지하지는 못했다. 2~3주 정도가 지나자 난공불락일 것만 같던 내면의 평화에 금이 가기 시작했다. 이 틈 사이로 마음의 소리가 슬금슬금 새나와 내 고요한 성체를 침범해왔다. 나는 원래 상태로 돌아가기 위해 안간힘을 다 썼다. 아, 정말이지 그것은 안간힘이었다. 하지만 안간힘을 쓴다는 것 자체가 절대적인 고요와는 어울리지 않는다. 내가 할 수 있는 것은 아무것도 없었다. 그저 '내 꿈 너머에 존재하는 나라'가 시끌시끌한 내면의 상태로 인해 조금씩 허물어져가는 것을 무력하게 지켜보고 있을 수밖에 없었다. 내면의 고요를 유지하기 위해 속세를 버릴 수도 있다는 생각은 당시에는 전혀 해보지 않았다. 그런 노력은 좀 뒤에 시작될 것이었다.

내 깊은 내면의 평화는 희미해지기 시작했지만 그래도 예전 상태로 완전히 돌아가는 일은 없었다. 사적인 마음과 감정이 다시 차오르기 시작할 때조차 나는 예전보다 훨씬 뒤쪽에 머물러 있을 수 있었다. 그 외에도 큰 변화가 하나 더 있었으니, 끊임없이 흐르는 에너지가 이제는 미간으로 몰린다는 것이었다. 그곳에서 소용돌이 같은 압박이 느껴지니 주의가 그곳으로 쏠릴 수밖에 없었다. 가령, 무엇을 보고 있을 때면 예전처럼 눈이 아닌 이마를 통해 그 대상을 응시하는 것처럼 느껴졌다. 그렇다고 시력이 이상해진 것은 아니었다. 덕분에 명상을 하지 않을 때도 명상 상태와 비슷한 수준을 종일 유지할 수 있었다. 여기서 '내'가 에너지의 흐름에 집중한 것이 아님을 주목해주기 바란다. 그것은 저절로 일어났다. 나는 이전에는 한 번도 경험해본 적 없는 그 흐름이 이제는 언제나 존재함을 그저 자각하고 있었다.

미간으로 쏠리는 주의는 내 스승이자 친구가 되었다. 머릿속의 목소리가 무언가를 말할 때도 이제 내게는 선택권이 있었다. 그 소리에 주의를 기울이든지, 내면의 에너지 흐름에 집중하든지 말이다. 마침내 나는 머릿속의 수다를 듣고 싶지 않으면 이마로 흐르는 에너지에 조금만 더 집중하면 된다는 사실을 알게 되었다. 그러면 생각들은 나를 방해하지 않고 바로 지나가버리곤 했다. 생각을 내려놓는 일은 하나의 게임이 되었다. 삶은 전보다 훨씬 가벼워졌다. 혼자서 쓰는 통속드라마가 여전히 올라오긴 했어도 그것이 나를 끌어내리지는 못했다. 선물처럼 다가온 이 내면의 에너지 흐름 덕에 나는 나로부터 벗어나는 작업을 계속할 수 있었다. 하지만 더 큰 소득은 개인적인 자아(personal self)로부터 벗어난다는 게 어떤 것인지 알게 되었다는 점이다. 내 의도는 단호하고 확고했다. 어떤 대가를 치르더라도, 아무리 오래 걸리더라도, 그 너머로 돌아가는 길을 찾으리라.

하지만 오래 지나지 않아 이 내면의 변화에 버금가는 외부의 변화가 시작됐다. 시작은 셸리였다. 어느 날 그녀는 내게 이제 각자의 길을 갈 때가 된 것 같다고 말했다. 그녀의 통보는 정말이지 나를 충격으로 몰아넣었다. 결혼한 지 1년 반밖에 되지 않았지만 이미 몇 년간 내 인생은 그녀를 중심으로 돌아가고 있었기 때문이다. 그녀를 붙잡아보려고 애썼지만 소용없었다. 그런데 어느 순간, 전에는 전혀 보이지 않던 어떤 것이 보였다. 너무 강하기만 했던 내 개성과 지성이 그녀에게 숨 쉴 공간을 제공해주지 못했다는 것 말이다. 내가 정말로 그녀를 사랑한다면 놔주는 게 옳았다. 그리고 바로 그때 타이밍 좋게도 친구 하나가 잠시 집을 비운다며 집 봐줄 사람을 찾고 있었다. 나는 그 집으로 들어가 상처받은 마음을 달래기로 했다.

외부적 삶의 갑작스런 변화는 내면의 작업에도 지대한 영향을 끼쳤다. 매일의 명상 수행은 내가 이미 온전히 몰두해 있는 일이었다. 내면의 깊은 평화를 탐사하는 것이 내게는 삶의 목표가 되었다. 하지만 이제, 강력한 영감의 원천이 또 하나 생겼다. 견디기 힘든 고통에 빠진 한 인간을 지켜보는 것 말이다. 내 가슴은 내내 고통을 쏟아냈고, 마음은 문자 그대로 산산조각 났다. 마치 자아관념을 뒷받침해주던 기반이 사라지면서 나의 개인적 자아가 나락 속으로 자유낙하하고 있는 것 같았다. 어떻게 해야 다시 원상복구를 할 수 있을지도 몰랐지만, 그러고 싶은 마음조차 없었다.

명상에 들어 깊이 집중하고 있으면 그 모든 혼란은 눈 녹듯 사라져버렸다. 그곳에는 고요와 평화만이 있었다. 고요함이 예전보다 두텁지는 않아도 내가 쉴 수 있는 공간은 되어주었다. 하지만 명상에서 깨어나면 나는 다시 혼란과 고통 속으로 돌아와 있었다. 그러니 나의 하루하루는 천국 아니면 지옥이었다. 그 중간은 없었다. '정상적인' 존재 방식이 사라진 것이다. 예전의 나는 일거에 없어져버리고 말았다.

명상을 하는 횟수가 점점 더 많아졌다. 명상은 고통을 피하기 위한 방법만은 아니었다. 그것은 내 삶에 의미를 부여해주었다. 나는 저 너머로 — 그것도 영원히 — 가는 일에만 전념하고 있었는데 내 삶에 일어난 이 변화는 그곳으로 가지 못하도록 날 붙잡고 있는 나의 모든 부분을 제거해내도록 일조해주고 있었다. 머릿속의 목소리를 통해 스스로를 표현하고 있던 인격체는 더 이상 예전처럼 자신을 확신하지 못했다. 실제로 그는 이제 어느 길이 맞는지를 알지 못했다. 이런 외부의 변화들은 그를 겸손해지게 만들었다. 그는 자신이 모든 걸 알고 있다고 생각했었다. — 그런데 그가 틀렸다. 이렇게 산산조각 난 그를 내려놓는 작업은 확실히 훨씬 더 쉬웠다.

이 같은 성장과정에서 나는 자아라는 관념이 자신을 재정의하려고 애쓰는 것을 아주 면밀히 지켜봤다. 나의 생각들은 '커리어가 확실한 기혼자' 대신 '더 깊은 진리를 찾고 있는 명상가'의 자아상을 심상화하기 시작했다. 하지만 나는 그런 초짜 시절에조차도, 또 다른 자아관념을 만들어놓고 그것에 기대서 힘을 되찾고 싶지는 않았다. 그래서 생각들이 하나씩 맞물리며 새로운 '나'를 만들어내고 있는 것을 알아차리는 순간마다, 나는 그

것이 앉아 있는 의자를 발로 차 없애버리곤 했다. 그건 매우 고통스러운 작업이었지만, 저 너머로 나아갈 자유를 얻을 수만 있다면야 모든 것을 기꺼이 놓아버릴 수 있었다.

집주인인 친구가 다시 돌아와서 나는 방을 뺐다. 내가 어디에서 살건 그것은 중요하지 않았다. 그저 혼자 있기만 하면 됐다. 내 삶은 매우 단순했다. 명상을 하고 요가를 하고 정기적으로 수업에 나가는 게 전부였다. 교과서, 약간의 옷, 그리고 폴크스바겐 캠핑카 외에는 갖고 있는 물건도 전혀 없었다. 나는 종종 게인즈빌 주변의 시골지역을 드라이브하곤 했는데 한번은 옆 동네 근처에 있는 숲 속에서 아무도 눈독 들이지 않는 작은 석회웅덩이가 있는 아름다운 장소를 발견했다. 웅덩이는 수정처럼 맑고 푸른 물로 가득했고 주변에는 오직 참나무와 소나무들만이 넓은 지역을 빽빽하게 채우고 서 있었다. 나는 그곳으로 차를 몰고 가서 거기서 살았다.

나는 갈수록 은둔자가 되어가고 있었다. 그렇다고 내가 무언가로부터 도망친 것은 아니다. 나는 나 자신 속으로 달려 들어가고 있었다. 나의 의도는 언제나 분명했다. ─ 나는 내 내면의 깊은 곳으로 되돌아가고 싶었다. 문제는 일명 '믹키'라는 이 개인적 자아를 어떻게 해야 할지를 도무지 몰랐다는 것이다. 내가 그토록 열망하는 곳으로 가지 못하도록 발목을 붙잡고 있는 존재가 바로 그것이었다. 조금이라도 관리를 소홀히 하면 내 주의의 초점은 그의 통속드라마 속으로 계속 빠져 들어가곤 했다. 하지만 그쪽은 내가 가고자 하는 곳과는 정반대 방향이었다. '믹키'는 아래로 내려가고 밖으로 나갔다. 하지만 나는 안으로 들어가고 위로 올라가고 싶어했다. 이 시기에 나는 한 가지만은 확신했다. '믹키가 문제다, 그를 없애야 한다.' 나는 오로지 그를 제거해야 한다는 일념에 더할 나위 없이 심각해졌다. 하지만 그 방법을 알진 못했다.

6

국경 너머 남쪽으로

1971년 여름이 다가오고 있었다. 수업으로부터 해방될 날도 다가오고 있었다. 대학원 2년 차였던 나는 수업에 꼬박꼬박 나가지는 않았지만 그래도 성적은 높게 유지하고 있었다. 나는 기말시험과 보고서에서 좋은 성적을 거둘 수 있을 만큼만 공부했다. 나의 여름 계획에는 의문의 여지가 없었다. — 오로지 더 많은 명상과 요가, 그것뿐이었다. 다만 한 가지 의문이 있었으니, 그것을 어디에서 할까, 하는 것이었다.

그때가 아마 인생에서 처음으로, 펼쳐지는 외부적인 사건들 속에서 되풀이하여 뚜렷이 나타나는 어떤 주제를 의식적으로 알아차리기 시작한 때가 아닌가 싶다. 그 일은 친구 한 명이 뜬금없이 멕시코에 가본 적 있냐고 물어본 데서 시작되었다. 그는 멕시코가 얼마간 지내기에는 참 좋은 곳이라고 소개했다. 그 후 바로 얼마 뒤에 나는 서점에 갔다가 누군가가 바닥에 놔두고 간 멕시코 여행안내서에 걸려서 말 그대로 고꾸라지고 말았다. 이것이 나로 하여금 진짜 잠시 여행을 가는 것도 괜찮겠어, 멕시코로 가는 것도 좋겠네, 하고 생각하게 만들었다. 마지막 결정적인 계기는 주유소에서 기름을 넣을 때였다. 내가 쓰고 있던 주유기 위에 누군가가 놓고 간 멕시코 지도가 떡하니 올려져 있던 것이다. 이 정도면 충분한 신호였다. 나는 멕시코로 떠나기로 했다.

사실 어디로 갈지는 나도 몰랐다. 멕시코는 꽤 큰 나라이지 않은가. 하지만 당시의 내 마음 상태로는 어디든 상관없었다. 나는 일단 떠난 뒤 상황이 펼쳐지는 대로 흘러갈 생각이었다. 친구들과 가족은 아무 목적도 없이 혼자서 멕시코로 간다는 사실에 못 미더워했다. 노상강도를 조심해야 하네, 낯선 사람은 상대하면 안 돼, 등등의 경고와 걱정이 쏟아졌다. 내 스페인어 실력은 교실을 벗어나지 못하는 수준이었다. 어설프게 알아서 오히려 위험할 수 있는 스페인어 실력 외에는 아무것도 없이, 나는 멕시코로 향했다.

나는 멕시코만 연안의 다섯 개 주를 거쳐 멕시코 접경지역인 텍사스로 내려가는 경로를 택했다. 운전하는 동안 나는 뱃속에서 내는 '무' 소리와 호흡에 주의를 집중했다. 머리에서 재잘거리는 그 목소리를 종일 듣는 것만큼은 절대로 피하고 싶었다. 매일 밤 나는 숲 속에 차를 세우고 명상을 한 뒤 그곳에서 잠을

잤다. 이런 속도로 가다 보니 멕시코 북부 중앙지역까지 내려가는 데만 며칠이 걸렸고, 결국 나는 그곳에 짐을 풀게 되었다.

하루는 멕시코의 깊은 시골마을로 들어갔는데 밤에 차를 세워둘 숲이 어디에도 보이지 않았다. 갓길에 그냥 차를 대놓기에는 마음이 불편해서 고민이 됐다. 결국 비포장도로를 달려 경사가 완만한 작은 언덕을 올라갔다. 꼭대기에 도착하자 짙푸른 초원이 널리 펼쳐진 눈부시게 아름다운 광경이 나타났다. 울타리나 집이 보이지 않았기 때문에 나는 그곳에서 하룻밤을 보내기로 했다.

다음 날 아침 풍경은 숨이 멎을 만큼 아름다웠다. 들판 가득히 옅은 안개가 자욱이 꼈고, 아침노을은 눈부신 색깔로 하늘을 물들였다. 너무나 아름다워서 나는 야외에서 아침 명상과 요가를 했다. 나는 매우 깊은 상태로 들어가서 내가 그토록 찾던 평화의 울림에 온통 젖어들었다. 나는 그 푸르른 언덕에서 한 번도 벗어나지 않은 채 몇 주를 보냈다. 명상과 요가를 하는 시간이 날마다 늘어났다. 마음의 소란은 점점 잦아들었고 내 가슴은 다시 숨을 쉬기 시작했다.

그러던 어느 날 아침, 밴의 옆문을 똑똑 두드리는 소리에 나는 소스라치게 놀랐다. 겁이 덜컥 났다. 노상강도들이 결국 나를 찾아낸 걸까? 땅주인이 총구를 들이대면서 나를 쫓아내려고 할까? 하지만 문을 열자 내가 발견한 것은 그릇을 들고 있는 여

덟 살짜리 남자아이였다.

"에스뜨 레체 에스 데 미 마마 파파 엘 아메리까노 엔 라 꼬
리나"(Est leche es de mi mama papa el Americano en la colina)

겨우 해석을 해보니 "언덕에 사는 미국인에게 주라고 어머
니가 이 우유를 주셨어요"라는 말이었다. 나는 크게 감동하여
아이에게 너무 고맙다고 감사의 인사를 전했다. 평소에 늘 그러
던 것처럼 최악의 상황을 상상했건만 사실 그것은 멕시코 오지
의 이름 모르는 어떤 사람이 베풀어준 친절이었다.

나는 머릿속의 목소리가 날 세뇌해놓은 것처럼 삶이 그토록
불안하고 위험한 것이 아니라는 사실을 조금씩 배워가고 있었
다. 경험해야 할 일들이 있기는 하지만 그건 스스로 기꺼이 경
험하고자 나설 경우에만 그렇다. 가장 중요한 것은, 그것이 내
기억으로는 삶이 펼쳐내는 사건들의 흐름에 자신을 내맡긴 최
초의 일이었다는 사실이다. 따져보면 차를 세워두고 몇 주 동
안 홀로 명상할 그 완벽한 장소를 '내가' 미리 찾아 나서서 물색
해놓은 것은 아니지 않은가. 남자아이의 그 친절한 방문은 말할
것도 없고 말이다. 그것은 삶이 내게 베풀어준 것이었다. 나는
그저 흐름을 따라갔을 뿐이다. 나는 점차 이 모든 경험을 삶이
주는 선물로 바라보기 시작했다.

7

두려움의 스위치를 내리다

멕시코에서 좋은 시간을 보냈지만 이제는 집으로 돌아갈 시간이었다. 나는 북쪽으로 종일 차를 몰아가다가 흙길 가에 보이는 작은 호숫가에서 밤을 보냈다. 그곳의 평화로운 분위기에 반한 나는 오전명상이 끝난 뒤에도 물놀이를 하며 한가로이 시간을 보냈다. 곧 오후명상 시간이 되었고 나는 언덕 위로 올라가 한적한 장소에서 요가를 시작했다.

요가 동작을 반 정도 끝냈을 때 멀리서 사람들 목소리가 들리기 시작했다. 나는 점점 불안해졌지만 내면의 이 겁 많은 인간에게 굴복하지는 않을 참이었다. 요가 동작 속으로 더욱 깊이 이완해 들어가자 불안도 가라앉았다.

하지만 이번에는 말들의 거친 콧바람 소리가 훨씬 더 가깝게 들려서 나를 놀라게 했다. 나는 드디어 노상강도가 온 것이라고 확신했다. 곧 코앞에서 사람들 웅성거리는 소리와 말이 움직이는 소리가 함께 들려왔다. '편안하다'는 말은 그때 내 머릿속에 떠오른 것과는 거리가 멀었다. 미칠 지경으로 나 자신이 의식 되면서 대책 없이 무서웠다는 것이 오히려 당시의 내 상태를 훨씬 더 정확하게 묘사하는 말이다.

내 안의 모든 것이 이 요가를 당장 끝내고 눈을 떠서 내가 어떤 위험에 처해 있는지를 살펴볼 것을 요구했다. 사실은 단 한 가지, 내 안의 두려워하는 자를 제거하고자 지금까지 일념으로 길러온 자기단련의 힘만이 예외였다. 강철 같은 명령이 내 두려움의 뒤편에서 올라왔다. '내면의 이 모든 소란을 초월할 수 있는 기회를 놓칠 수는 없다.' 나는 저항의 의미로 두 눈을 더욱 질끈 감고 숨을 깊게 들이쉬었다. 나는 그 모든 드라마의 한가운데서 스스로에게 이완상태를 주문했다.

요가동작이 모두 끝나면 보통은 30분간 명상하는 것이 원래 내 일과의 순서였다. 나는 내면의 목소리가 그 순서는 제발 건너뛰면 안 되겠느냐고 간청하는 것을 지켜보았다. 실제로 말들은 자기 자리에서 꼼짝도 하지 않고 있었다. 말의 숨소리며 간간이 사람들이 속삭이는 소리가 바로 내 앞에서 분명하게 들려왔다. 하지만 사실 결정이라고 할 것도 없었다. 나는 내가 그토록 가고 싶어하는 곳으로 가지 못하도록 내 발목을 잡고 있는 것이 내면의 이 겁에 질린 자임을 아주 분명히 목격했다. 나는 그에게서 자유로워져야 했다. 그래서 숨을 깊게 들이마시고 부드럽게 결가부좌 자세를 틀었다. 아랫배에서 '무' 소리를 내려고 했지만 목소리가 하려는 말을 잠재우기에는 역부족이었다. 다만 그것은 나 스스로에게 하는 결의의 표시였다. — 네게 중요한 것은 무엇인가, 바깥세상 아니면 내면?

마침내 눈을 떴을 때 시야에 들어온 것은 말 두 마리였다. 아마 3미터 정도밖에 떨어지지 않았던 것 같다. 말에는 노상강도라기보다는 카우보이에 훨씬 가까운 분위기의 사람들이 타고 있었다. 둘 다 담배를 피우고 있었고, 한 사람은 옆 사람을 마주보는 방향으로 안장에 걸터앉아 있었다. 내가 자기네들 세상으로 돌아왔음을 확인하자 이들은 스페인어로 내게 말을 걸기 시작했다. 그들이 하는 말을 거의 알아들을 수 있었다는 사실에 나는 다소 놀라움을 느꼈다. 게다가 이들이 하는 말은 분명 좋은 내용이었다. 나는 차츰 안도했고 그 이후에 일어난 일련의 일들은 내 안의 겁먹은 자가 더 이상 인생을 주도하지 못하게 할 수 있을 만큼 내 마음에 지워지지 않는 인상을 남겼다.

대화 중에 카우보이들은 호수 옆에 주차해둔 밴이 내 것이냐고 물었다. 내 머릿속 목소리는 즉시 이들이 강도로 돌변할 수 있으니 조심하라고 경고했다. 하지만 나는 이 막간의 촌극을 무시해버리고 기꺼운 마음으로 손을 뻗었고, 일행 중 한 사람이 나를 끌어올려 자기 말에 태운 뒤 밴이 있는 곳까지 데려다주었다. 나는 도시 사람이었다. 낯선 멕시코 사람이 모는 말 뒤에,

그것도 수영복 차림으로 앉아 달리는 것은 내게 일상적인 일이 아니었다. 그렇게 언덕을 내려가는 동안 어떤 평화가 머리부터 발끝까지 나를 가득 채웠다. 너무도 아름다운 경험이었다. 만일 내가 '두려워하는 나'의 말을 들었더라면 나는 이 일을 놓쳤으리라.

밴에 도착하자 나를 태워준 카우보이가 자신과 마을 사람들은 부자 지주 아래서 농사를 지으며 살고 있다고 말했다. 자기들은 아주 가난한데 지주라는 사람은 호수에 있는 물고기도 낚지 못하게 한다고도 했다. 그는 자기 동네를 가리키며 다음 날 떠나기 전에 한번 들르라고 나를 초대했다. 우리는 수년 간 친구로 지낸 사람처럼 작별인사를 했고 그들은 말을 타고 돌아갔다.

나는 방금 일어난 일에 마음이 활짝 열리며 큰 고마움을 느꼈다. 내게는 이미 아주 깊은 변화들이 일어나고 있었던 때였지만 그래도 그렇게 특별한 날을 주시어 참으로 감사하다고 삶에 감사 인사를 했던 기억이 난다. 내 안의 고통과 혼란은 점차 잦아들고 있었지만 절대적 평화와 고요를 향한 갈망은 계속 내 가슴을 불태우고 있었다.

다음 날 아침, 오전명상이 끝난 후 나는 다시 짐을 쌌다. 떠나기 전에 나는 흙길을 따라 더 들어가서 그 카우보이들이 사는 곳을 찾아보기로 했다. 그러던 중 초가지붕을 한 토담집이 열다섯에서 스무 채 정도 모여 있는 동네에 들어섰다. 책에서 읽어보기는 했어도 초가지붕을 얹은 진흙 오두막을 직접 눈으로 본 것은 그때가 처음이었다. 더 내려가 볼까 마음을 정하기도 전에 전날 새로 사귄 친구 중 한 명이 달려나와 나를 반겼다.

나는 밴을 주차한 뒤, 마을 사람들에게 새로 사귄 미국인 친구를 소개하느라 신이 난 카우보이 친구를 따라갔다. 모든 것이 어찌나 원시적인지 나는 할 말을 잃었다. 흙바닥이 깔린 오두막 내부에는 창문 삼아 뚫어놓은 직사각형 구멍 외에는 아무것도 없었다. 문 구멍에 문이 없었고 창문 구멍에도 창문이 없었다. 많은 사람들이 미국인은 처음 본다는 눈빛으로 나를 뚫어지게 쳐다봤다. 나는 곧 실제로 이들이 미국 사람을 본 적이 없다는 사실을 알게 되었다. 성가시게 떠들던 내 머릿속 목소리가 그곳에 있던 몇 시간 동안은 입도 벙긋하지 않았던 것 같다. 모든 것이 내게는 너무나 새로웠다. 너무도 자연스러웠고, 너무도 소박했다. 나는 아이에게 젖을 먹이고 있는 여성들과 함께 오두막에 앉아 있었다. 이 역시 내가 한 번도 본 적 없는 광경이었다. 나는 자연스러운 것을 더 이상 자연스럽지 못하게 왜곡한 내 문화에 실제로 부끄러움을 느끼고 있는 자신을 발견했다.

우리는 다시 밖으로 나와 작은 마을을 계속 둘러보기 시작했다. 친구의 오두막에 도착했을 때 그가 내게 말을 탈 줄 아느냐고 물었다. 나는 몇 년 전 일이지만 그래도 타본 적은 있다고 말했다. 사실은 열두 살 때 여름 캠프에서 영국식 안장을 올리고 탄 것이 마지막이었다는 얘기는 비밀로 했다. 그러자 그가 전혀 예상하지 못한 행동을 했다. 자기 말의 고삐를 내게 건네주더니 너른 벌판을 가리킨 것이었다. 소심하게 굴 타이밍도, 상황도 아니었다. 나는 말의 발걸이에 샌들을 올리고 몸을 날려 안장에 올라탔다. 이런 일쯤은 맨날 하는 것이나 다름없다는 태도로. 나는 탁 트인 들판에서 말을 타고 전속력으로 달리면 아주 신나지 않을까 하는 생각을 늘 생각으로만 하던 사람이었다. 그런데 지금, 아는 사람이라고는 하나도 없는 멕시코의 한가운데서 그 꿈이 이뤄지려고 하는 참이었다. 나는 마을 사람들이 구경하기 위해 몰려드는 틈을 타 말에 조금 익숙해진 뒤 마치 바람처럼 그 너른 벌판을 달리기 시작했다. 자신을 엄격히 붙들고 있던 선 수행의 틀로부터 잠시 벗어난 나는 아주 들뜬 마음으로 높이 날았다.

이후 몇 시간 동안 호기심 충만한 마을 사람들과 미국의 삶은 어떤지에 관한 이야기를 한참 나눈 뒤 나는 작별인사를 시작했다. 저녁 초대를 받았으나 저녁명상 시간이 다가오고 있었다. 그때, 먹을 게 없어서 고생하는데 땅 주인이 물고기도 못 잡게 한다는 친구의 말이 생각났다. 나는 밴 뒷좌석 아래에 넣어둔 현미와 말린 콩 보따리를 꺼내어 음식을 준비하던 여자들에게 모두 건네주었다. 어찌나 고마워들 하는지 오히려 내가 울뻔했다. 나에게는 아무 의미도 없는 것을 그들은 큰 선물로 받아들였다. 이것은 사람을 돕는 기쁨이라는, 결코 잊지 못할 또 하나의 삶의 교훈이었다.

떠나기 전에 모든 사람이 내 밴을 둘러싸고 작별인사를 했다. 거의 한 달 동안 인간을 만난 적 없이 침묵과 고독 속에서 살았는데, 갑자기 유명인사가 되어버린 것이다. 어떻게 이런 일이 일어났을까? 내게 그에 대한 의문은 없었다. ― 나 자신을 내려놓고 나니 아주 특별한 일이 따라온 것이다. 나는 기꺼운 마음으로 외로움과 두려움을 맞이했고, 그것을 피하려는 어떤 시도도 하지 않았다. 한 엄청난 실험의 씨앗이 뿌려지는 순간이었다. 삶이 우리에게 주려는 것이 우리가 스스로 얻어낼 수 있는 것보다 더 많을 수도 있지 않을까?

8

홀연히 찾아온 영감

멕시코의 경험을 통해 나는 한층 더 성장했다. 삶의 흐름을 있는 그대로 받아들이는 것은 나에게 새로운 배움이었고, 그 결과로 나는 큰 해방감을 맛봤다. 나는 가슴과 마음에 더 큰 평화를 안고 게인즈빌에 도착했다. 하지만 문제가 하나 있었으니, 살 곳이 없다는 것이었다. 내 마지막 거처는 석회웅덩이가 있는 마을 동쪽의 숲 속이었다. 나는 다시 그 한적한 장소로 돌아가 차 안에서 살았다. 당시 내게 필요한 것이라고는 고독과, 나날이 그 강도가 높아져가는 정진, 그리고 최소한의 음식뿐이었다.

나는 내가 박사학위 과정을 마칠 가능성이 점차 희박해져가고 있음을 깨달았다. 수업은 몇 개 남지 않았으나 그 뒤로 자격시험과 논문이 기다리고 있었다. 하지만 내게는 경제학 교수가 되고 싶은 마음이 눈곱만큼도 남아 있지 않았다. 나는 그저 내면의 깊은 곳을 탐색하고만 싶었다. 내가 알고 싶은 것은 단 하나, 내 명상이 얼마나 깊어졌는가였다.

경제학부 학장인 고프만 박사는 내게 아버지 같은 분이었다. 내가 참으로 사랑하고 존경했던 그분은 나에게 학위를 꼭 따라며 격려해주었다. 박사님은 내 변화를 젊은 시절 한때의 방황으로 보고 곧 괜찮아지겠거니 생각했던 모양이다. 그래서 내가 계속 장학금을 받을 수 있도록 배려해주면서 적어도 과정은 수료하기를 종용했다. 그분에 대한 존경심에 나는 가끔씩 학교에 나가 수업에 참석했다. 아주 자주는 아니었지만 말이다.

나중에 나는 삶의 모든 경험에는 배울 게 있고 모든 것은 성장을 위해 존재한다는 사실을 깨닫게 될 것이었다. 하지만 그때는 아직 그것을 깨달을 준비가 되어 있지 않았다. 당시 내 인생은 명상이 전부였고 나머지는 그저 부수적인 일일 뿐이었다. 이렇듯 나는 학교 공부를 내면의 성장과 관련 있는 것으로 보지 않았지만 그래도 한 과목을 수강하던 중에 그 생각이 와장창 깨지는 경험을 한 적이 있다.

해당 강의를 담당한 교수님은 존경받는 경제학자였으나 진보적인 스타일은 전혀 아닌 분이었다. 나는 툭하면 수업을 빠졌고, 그나마 나오는 날에는 맨발에 청바지 차림이었다. 그런 내가 그분의 마음에 들었을 리 없다. 하루는 교수님이 혹시 이 과목에서 좋은 성적 받기를 진짜 기대하고 있느냐고 내게 물었다. 시험 성적이 좋은 것을 보니 공부는 하는 것 같지만 그래도 결석률이 높아서 아주 좋은 점수를 받기는 어렵겠다는 것이었다. 아직 기말 보고서를 제출하기 전이었기 때문에 나는 교수님께 마지막 보고서에 최선을 다할 테니 시험 점수와 보고서만을 기준으로 점수를 주시면 감사하겠다고 말했다. 교수님은 생각해보겠다고 했다.

드디어 기말 보고서를 써야 할 시간이 왔다. 하지만 나는 뛰어난 보고서를 쓰자고 도서관에 가서 이런저런 자료를 머릿속에 집어넣기에는 내 정신상태가 별 도움이 안 된다는 사실을 알았다. 명상을 많이 하고 있었기 때문에 내 마음은 매우 고요한 상태였다. 보고서 주제를 붙들고 며칠씩 생각하고 조사하는 일은 있을 수 없었다. 보고서를 쓸 생각이라면 다른 방법을 찾아내야 했다.

어느 날 저녁 나는 메모지 한 뭉치와 볼펜 몇 개를 챙겼다. 그리고 명상이 끝난 뒤 등유랜턴을 켜고 차 안의 접이식 테이블 앞에 앉았다. 나는 학위과정을 못 끝낼지도 모르는 이 마당에 어떤 성적을 받건 무슨 상관이랴, 하고 스스로에게 말했다. 그러자 머리와 마음을 압박하고 있던 무언가가 사라졌다. 나는 주제에 대해 생각나는 것을 일단 모두 써보기로 했다. 참고할 책도 없었다. 부담감에서 해방된 명료한 마음의 자연스러운 논리만이 내가 가진 전부였다. 일단 쓰기 시작하자 생각이 흘러가기 시작했다. 나는 내가 쓰고 있는 내용에 대해 걱정하지도, 내 생각을 의심하지도 않았다. 마치 명상을 하는 것 같았다. 나는 내 개인적인 자아는 완전히 옆으로 밀어둔 채 솟아오르는 영감이 그저 흐르도록 내버려두었다.

어느 순간에 이르자 어떤 번뜩이는 영감이 내 안에 차올랐다. 직전까지만 해도 보고서로 무슨 내용을 써야 할지 감도 오지 않았건만 이제는 어떻게 써야 할지를 완벽하게 알 것 같았다. 고요한 마음 뒤로 지식의 구름이 순식간에 형성된 것 같은 느낌이었다. 마치 번개 치듯이 찰나에 일어난 일이었다. 처음에는 생각이 전혀 끼어들지 않았다. 그것은 오히려 느낌에 가까웠다. 이 보고서가 어디를 향해 갈 것이고 어떻게 거기에 도달할 것인지를 이제 알겠다는 어떤 확실한 앎의 상태 말이다. 생각은 그 이후에야 형성되기 시작했다. 처음에는 하나둘 떠오르던 생각들이 곧 마음속으로 쏟아지기 시작했다. 어쨌건 그것들을 논리적 흐름에 맞게 조율하는 과정은 남아 있었지만 씨앗은 모두 그곳에 있었다. 참으로 놀라운 과정이었다.

나는 쓰고 또 썼다. 준비해온 여러 장의 메모지가 완벽하게 논리적인 내용으로 가득 채워졌다. 기본 전제에서 시작해 논지를 펴고 결론으로 마무리되는 꽉 찬 구성이었다. 그 사이사이에 논리적인 관계를 제시하는 그래프며 내가 수업시간에 읽고 들은 적이 있는 참고 사실들을 배치했다. 어차피 이런 자료들은 다시 다듬고 주석을 달아야 하므로 일단 그 자리는 비워둔 채로 생각나는 것들을 계속 적어 내려갔다. 아무것도 나를 멈추지 못했다. 걱정도, 이 내용이 괜찮네 나쁘네 하는 판단도 끼어들지 않았다. 그저 이 모든 과정이 저절로 펼쳐지도록 허용했을 뿐이다.

예술가들은 작품을 만들 때 우선 영감을 얻은 다음 그것을 물리적 차원에 펼쳐놓는다. 차 안에서 홀로 보낸 그날 밤 내게 일어난 일이 바로 그러했다. 보고서 전체에 대한 영감이 단번에 떠올랐고, 마음은 그것을 소화하여 구체화시켰다. 나의 창작품은 조각이나 그림이나 교향곡이 아닌, 경제학 논문이었다. 예술이 시작되는 바로 그곳에서 똑같이 출발했으나 표현의 매체가 대리석이나 그림이 아닌 논리적 사고였던 것뿐이다. 나는 그 영감의 불꽃이 어디에서 왔는지 전혀 알지 못했다. 그저 그 찰나의 순간에 박사학위 수준의 보고서를 쓰는 데 필요한 모든 자료가 이미 내게 있음을 알았을 뿐이다.

나는 다음 며칠간 초고를 다듬은 뒤 보고서를 제출했다. 최종본은 30페이지가 넘는 분량이었다. 그 과목에서 A를 받은 것은 물론이고, 교수님은 보고서를 돌려줄 때 자기 밑에서 박사논문을 쓸 생각이 없느냐는 제안까지 했다. 나는 한없이 겸손해졌다. 40년이 지난 지금도 생생하게 기억나는 것을 보면 그 밤의 경험은 분명 나에게 심오한 영향을 끼친 것이 틀림없다. 나는 창조적인 영감과 논리적 사고 간의 차이를 분명히 보았다.

생각이 어디서 오는지는 알았으나 그 영감은 도대체 어디에서 온 것일까? 그것은 내가 생각을 지켜본 자리보다 훨씬 더 깊은 곳에서 나왔다. 완벽한 고요 속에서 그 어떤 부산스러운 노력도 없이 저절로 흘러나왔다. 아무리 애를 쓴들 내 논리적인 마음의 노력만으로는 결코 그 보고서를 쓸 수 없었을 것이다. 나는 그 탁월한 영감을 마음대로 활용할 수 있는 방법이 있는지 알고 싶어졌다. 그 후 수년의 시간이 걸리기는 했지만 결국 나는 누구든지 그 창조적 영감에 공명된 상태로 계속 살아갈 수 있음을 배우게 될 것이었다.

9

약속의 땅

오칼라 국유림에서의 깊은 명상 체험 이후 몇 달의 시간이 흘렀다. 이때의 경험이 내게 남긴 것은 미간으로 끊임없이 흘러 들어오는 에너지와 점점 더 깊이 타들어가는 가슴속의 열망이었다. 시간이 흘러도 어느 것 하나 누그러지지 않았다. 오히려 더 깊은 내면으로 들어가고 싶은 열망은 나날이 커지기만 했다. 누군가와 미칠 것 같은 사랑에 빠졌는데 그 상대의 모습은 보지 못하는 상태라고나 할까. 나는 속세를 완전히 떠나서 은둔자의 삶을 사는 것을 진지하게 고려해보기 시작했다. 박사과정 수업도 끝났고 당장 자격시험을 쳐야 하는 것도 아니었다. 게다가 그때 나는 앞으로 자격시험 같은 것을 칠 일은 없을 것이라고 내심 다짐하고 있었다.

나는 수행에 온전히 집중하려면 세상만사로부터 떨어진 고립된 장소가 필요하다고 결론 내렸다. 석회웅덩이 옆에서 평생 캠핑만 하며 살 수는 없다는 것을 알았지만 그렇다고 나만의 은둔처를 찾을 마음의 준비는 되어 있지 않은 상태였다. 그래서 무언가가 스스로 모습을 드러낼 때까지 눈을 크게 뜨고 지켜보기로 했다.

그리고 과연 그 무언가가 나타났다.

하루는 밴에 기름을 넣고 있는데 주유소 직원이 뜬금없이 내게 사는 곳을 물었다. 나는 한동안 밴에서 살았지만 이제는 정착할 수 있도록 시골의 땅뙈기 하나를 찾고 있다고 말했다. 그는 자기가 게인즈빌 북서쪽에서 무척 아름다운 지역을 발견했다면서 6천 평 정도 되는 땅이 매물로 나와 있더라고 말해주었다. 나는 그에게서 주소를 받고 주유소를 나왔다.

며칠 후 나는 그곳으로 가서 에이프릴기프트 부동산을 찾았다. 매물로 나온 땅은 마을에서 북쪽으로 16킬로미터 정도 떨어진 빽빽한 숲 속에 있었는데, 26만 평 정도 되는 넓이에 비포장 길이 두어 개 나 있는 곳이었다. 팔린 땅은 극소수였고 그 근방 전체를 돌아보는 내내 사람이 단 한 명도 눈에 띄지 않았다. 평화로운 자연의 광경에 나는 거의 몰아지경의 상태로 차를 몰았다. 그저 완벽할 뿐이었다.

곧 일부는 숲이고 일부는 들판인 접경지대를 몇 군데 발견했다. 이것이야말로 내가 원하던 땅이었다. 나는 차를 주차한 뒤 숲으로 걸어 들어갔다. 그러자 안쪽으로 드넓은 들판이 펼쳐졌다.

숲을 통과해 뻥 뚫린 공간으로 나오는 느낌이 기가 막히게 좋았다. 빛이 쏟아져 내리던 그곳은 세상을 향해 탁 트여 있었다.

나는 부드러운 능선의 언덕을 올라가 부지의 북쪽 경계를 이루고 있는 울타리에 도착했다. 아름다운 목초지가 야트막한 내리막 경사를 그리며 펼쳐져 있었고 그 끝에는 일렬로 늘어선 나무를 따라 시냇물이 흐르고 있었다. 그 땅의 북쪽 면 전체가 이 말도 안 되게 아름다운 풍경을 굽어보고 있었다. 호머가 말한 엘리시안 평원이 과연 이런 것일까 싶었다. 나는 다시 숲 속으로 들어갔고 어떤 나무 아래에서 그 모든 것이 한눈에 조망되는 자리를 찾았다. 정면으로는 탁 트인 들판이, 오른쪽으로는 아름다운 초원이 보이는 장소였다. 숲은 고요하고 아늑했다. 마치 자궁 속에 있는 것 같았다. 자리에 앉자마자 나는 깊은 명상 속으로 빠져들었다. 그리고 돌아온 순간, 나는 내가 드디어 집을 찾았음을 깨달았다.

나는 한 번도 땅을 사본 적은 없었지만 얼마간의 돈은 있었다. 학부를 졸업하자 아버지는 그 이후의 공부는 스스로 알아서 하라며 대학 자금으로 남은 돈을 모두 내게 주었다. 하지만 석사와 박사과정을 모두 전액장학금을 받으며 다녔기 때문에 나는 아버지가 준 1만 5천 달러를 건드리지 않고 거의 고스란히 모아놓을 수 있었다. 이제는 그 돈을 쓸 때였다.

나는 숲 안쪽 들판이 걸쳐져 있는 땅 두 곳을 모두 사기로 했다. 그러면 호젓하게 누릴 수 있는 땅이 아주 많아지는 거였다. 땅주인과 계약하기 전 나는 1만 2천 평의 땅에 기꺼이 지불할 수 있는 최대 액수를 미리 뽑아놓았다. 요구하는 금액보다 훨씬 적은 액수였지만 그 돈으로 합의가 안 된다면 이 땅은 나와 인연이 없는 것이라고 스스로에게 못 박았다. 어느 쪽이건 나는 완전히 괜찮았다. 그런데 결국 이 무심한 태도 덕에 협상의 주도권은 내게로 넘어왔고, 나는 땅을 사는 데 성공했다. 하지만 나는 기쁘지도 않았다. 그저 단호한 결의만이 느껴졌을 뿐이다. 내 앞에 펼쳐져 있는 길은 호락호락하지 않을 터였다. 이미 나는 너무나 많은 것을 '나 너머'를 탐색하는 데에 바쳤다. 하지만 이제부터는 모든 것을 바칠 요량이었다.

10

신성한 오두막을 짓다

밥 굴드는 고등학교에 입학하자마자 사귀게 된 친구다. 우린 둘 다 북쪽에서 플로리다로 이사 와서 10학년에 입학한 전학생이었다. 우리는 바로 친해졌고 대학 때까지 내내 좋은 친구로 지냈다. 밥은 손재주가 좋아서 기술과목에서는 언제나 최고점을 받는 학생이었다. 내 땅에 명상을 위한 오두막을 지을 때가 됐을 때 그는 주저 없이 달려들었다.

밥이나 나나 실제로 사람이 사는 오두막 같은 것은 지어본 적이 없었다. 나도 손으로 하는 일은 잘하는 편이어서 고등학교 때 스포츠카 정비 일을 한 적은 있다. 하지만 집이라니, 그건 밥과 내가 할 수 있는 차원의 일이 아니었다. 우리는 대학 친구인 바비 알트만에게 도움을 요청했다. 바비의 장점은 그가 실제로 집을 지어본 적이 있다는 게 아니라, 건축학 석사학위를 딴 지 얼마 안 됐다는 데 있었다. 적어도 그는 집을 어떻게 설계하고 지어야 하는지에 대한 이론을 알고 있었다. 내가 한동안 은둔할 수 있는 자그마한 오두막 한 채를 짓는 게 뭐 그리 어렵겠는가?

바비 알트만은 정말 전혀 어려운 일이 아니라고 생각하는 것 같았다. 그는 오두막 설계도를 순식간에 완성하고는 발사나무로 모형까지 뚝뚝 만들어냈다. 그의 디자인을 처음 봤을 때가 기억난다. 나는 말 그대로 그가 미쳤다고 생각했다. 그것은 명상을 위한 조그맣고 단순한 원룸 오두막이 아니었다. 전면 유리창만 가로 5미터, 높이 6미터에 달하는 쐐기형의 주택이었다. 아주 솔직하게 얘기하면 내가 처음에 생각한 집은 문과 창문 몇 개가 달린 네모상자 모양의 집이었다. 건물 같은 것은 한 번도 지어본 적 없는 대학 졸업생 세 명이 이런 큰 저택을 어떻게 만드나?

하지만 바비 알트만은 짓기 어려운 집이 아니라며 뜻을 굽히지 않았다. 나는 그다지 확신이 들지 않았지만 밥 굴드는 쌍수를 들고 찬성했다. 그는 허허벌판에 텐트를 치고 거기서 먹고 자며 집을 짓는 일이 재미있는 도전이라고 생각했다. 하지만 나는 그렇게 생각하지 않았다. 나에게는 이미 전면적인 도전거리가 있었기 때문이다. 절대의 고요와 평화가 깃든 내 사랑하는 내면으로 되돌아가는 일 말이다. 하지만 건축학적으로 설계된 아름다운 명상 오두막을 지어야만 그곳으로 갈 수 있다면? 나는 도전을 받아들이기로 했다.

우리는 젊은 히피와 미친 사람들만의 전매특허인 '정신줄 놓기'를 실천하며 바로 작업에 착수했다. 그것은 대단히 놀라운 경험이었다. 바비 알트만이 구상한 알프스풍 오두막을 짓기에는 내 수중에 돈이 거의 없었다. 비용을 최소화하기 위해 두 명의 밥Bob은 목재하치장에서 파는 말끔한 목재 대신 거칠게 톱질한 목재를 사용하기로 합의했다. 일이 되려고 했는지 내 부지에서 고속도로로 몇 킬로만 내려가면 되는 곳에 제재소가 하나 있었다. 그리피스 목재&제재소였다. 제임스 그리피스 부부는 전형적인 남부 시골 사람들로서 긴 머리를 휘날리는 우리 셋과는 완전히 달랐다. 목재를 가지러 갈 때마다 거의 모든 사람들이 우리를 힐끗힐끗 쳐다봤다. 하지만 긴 머리 말고도 우리에게는 튀는 점이 있었으니, 바로 주문 내역이었다. 우리는 맨 먼저 집의 지지대가 되어줄 사이프러스 기둥을 열한 개 주문했다. 약 9미터 정도 되는 목재를 신청했는데, 그 정도면 가히 그냥 나무라고 해도 좋을 크기였다. 제임스 그리피스는 목재운반트럭에서 가장 곧게 뻗은 나무를 우리가 직접 고를 수 있게 허락해주었다. 우리는 직원들이 나무 하나하나를 거대한 작업대에 묶어놓고 1센티미터 정도의 오차는 있을지언정 양쪽으로 15센티미터씩 잘라내는 광경을 지켜보았다. 실제 나무가 집의 지지대로 변하는 모습을 지켜보고 있노라니 진짜 흙을 밟고 산다는 게 이런 거구나 하는 생각이 들었다.

시간이 흐르자 그리피스 씨는 우리에게 마음을 열기 시작했다. 하루는 제재소 바로 옆에 있는 자기 집으로 저녁을 먹으러 오라며 우리 세 명을 초대했다. 텐트에서 살며 모닥불로 요리를 해먹는 우리에게 이 초대는 보통 일이 아니었다. 특히 거의 반 년간 밴과 텐트를 전전하며 살았던 나에게는 더욱 특별했다. 단순히 집밥을 먹을 수 있어서가 아니라 진짜 제대로 된 집으로 들어간다는 것 자체가 나에게는 신선한 사건이었다.

그리피스 씨의 집은 오래전에 제재소에서 깎아 만든 얼룩덜룩한 사이프러스 나무들로 벽을 세운 따뜻한 시골집이었다. 그리피스 부인은 내가 채식주의자라는 말을 듣고 채소를 듬뿍 넣은 남부 요리를 만들어주었다. 따뜻하고 친절한 대화가 오갔고 우리는 진짜 한 가족 같은 느낌이 들었다. 어느 순간 그리피스 씨가 영원히 기억에 남을 만한 말을 했다. "자네들 세 명을 만나기 전까지는 히피들이란 지구상에서 제일 더럽고 상종 못할 종자들이라고 생각했어. 그런데 이제는 자네들이 진짜 좋아." 이것은 나로 하여금 생각을 돌리게 만든 아름다운 순간들 중의 하나였다. 믿기 어려운 이 경험들은 도대체 어디에서 오는 것일까? 어떻게 된 일인지는 모르겠으나 뼛속까지 감동적인 사건들이 전혀 예상치 못한 장소에서 계속 일어났다. 나는 실로 어안이 벙벙해졌다.

몇 주가 지나자 집의 윤곽이 대충이나마 드러났다. 일단 외

벽을 세우니 내부 공간에 대한 감도 잡히기 시작했다. 그러던 어느 날 바비 알트만이 한 번도 생각해본 적 없는 질문을 던졌다. ─ 전기배선은 누가 깔지? 한 번도 해본 적 없는 일이었지만 내가 자원했다. 바비는 수업시간에 읽었던 작은 전기배선 책을 건네주고는 내게 일을 맡겼다. 내가 집 전체에 전기선을 깔 수 있을 것이라는 그의 확고한 믿음은 오히려 나를 뜨악하게 만들었다. 하지만 그가 그렇게 믿는다면 나는 할 수 있었고, 실제로 해냈다. 한 위대한 영적 스승이 이렇게 말한 바 있다. "날마다 네가 씹을 수 있는 것보다 조금만 더 많이 베어 물고, 그것을 씹어라." 삶은 내게 아주 중요한 가르침을 주고 있었다.

우리는 소나무로 마루를 깔고, 집 앞뒤에 삼나무 데크를 설치하고, 배관공의 도움으로 화장실에 주철배관을 설치했다. 그때쯤 되자 집은 저절로 완성을 향해 달려갔다. 우리는 마음과 영혼을 쏟아 부어 그 집을 지었고 우리가 이뤄낸 일에 매우 큰 자부심을 느꼈다. 나로 말할 것 같으면 단순히 명상용 오두막을 후딱 지어보자고 시작했던 프로젝트가 결국은 평생 잊지 못할 경험으로 남게 되었다. 하지만 이것이 내가 그토록 갈망했던 바는 아니었다. 내가 진정으로 원했던 것은 은둔자가 되어 내 가슴의 유일한 열망인 절대적 평화와 고요와 자유를 향해 수행해가는 것이었다. 이제 집이 완성되었으므로 나는 마침내 그 작업을 할 수 있게 되었다.

1971년 11월 :

내가 바란 것은 그저 자그마한 명상용 오두막이었을 뿐이다.
그런데 삶이 어떤 것을 짓게 만들었는지 보라!

완성된 집 — 은둔의 때가 왔다

11

그대여, 수도원으로 가라

1971년 11월, 나는 새 집으로 이사했다. 11월을 기억하는 이유는 이사하기 바로 직전에 내 누이인 케리와 그의 남편인 하비가 추수감사절에 나를 보러 오겠다며 마이애미에서 올라왔기 때문이다. 이 둘이 평범한 사람이었다는 사실을 감안한다면 이것은 참으로 크게 마음을 낸 방문이었다. 성공한 회계사였던 하비와 내 누이는 좋은 집에서 편하게 사는 데 익숙한 사람들이었다. 두 사람이 나타났을 때 나는 밴에서의 생활을 청산하고 집으로 들어가기 위해 최종적으로 체크해야 할 것들을 마무리하느라 한창 바쁠 때였다. 하비는 내가 마지막 두 개의 창문을 다는 것을 도와주었고 추수감사절 저녁을 꼭 나와 함께 먹겠다고 고집을 부렸다. 말인즉슨, 두 사람 모두 나처럼 바위에 걸터앉아 모닥불로 만든 요리를 먹었다는 뜻이다. 개인적으로 나는 그때 동생 부부가 내가 과연 제정신으로 돌아왔는지를 확인하기 위해 왔다고 생각한다. 오랫동안 전화도 없이 살아왔으니 가족들이 나에 대해 걱정하는 것은 당연했다.

케리와 하비가 떠나자 나는 다시 이 아름다운 새 집에 홀로 남게 된 것이 기뻤다. 내가 바란 것은 오직 하나, 명상에 온전히 집중할 수 있는 소박한 장소였다. 하지만 내 인생을 주관하는 보이지 않는 손은 내게 선물을 선사했다. 보이지 않는 손, 당시 나는 삶을 이렇게 불렀다. 깨어남이 시작된 이후로 나는 내면을 향해 내가 누구인지를 알게 해달라고, 마음의 목소리를 지켜보고 있는 자가 누구인지 알게 해달라고 간청했다. 바로 그때부터 무언가가 손을 뻗어 내 꽁지머리를 움켜쥐고는 나를 위로 끌어당기기 시작한 것 같다. 눈 깜짝할 사이에 외부의 삶 전체가 내게서 벗겨져나갔다. 그리고 그 자리에서 나는 내가 상상한 모든 것 너머에 존재하는 아름답고 평화로운 내면의 상태를 보았다. 그 '너머'의 손길이 내 가슴에 불을 질렀다. 내 안에는 이글이글 타오르는 불구덩이가 하나 생겼고 그 불은 단 한 순간도 꺼지지 않았다. 그것은 마치 고향으로 돌아오라는 손짓, 부름과도 같았다. 깨어남의 그 단계에서 근원으로 돌아가는 내가 아는 유일한 방법은 선 명상에 정진함으로써 불굴의 의지로 내면의 한계를 넓혀나가는 것이었다. 그 작업을 할 수 있게끔 삶이 마련해준 아름다운 공간을 바라보며, 나는 문지방에 앉아 경건하게 머리 숙여 절을 올렸다. 이곳은 나의 사원이자 수도원이었다.

나는 이 공간을 잘 쓰겠노라 맹세했다.

　나는 수도원식의 삶이 너무나 자연스럽게 느껴지는 것에 매우 놀랐다. 나는 매일 오전 3시에 일어나 몇 시간 동안 명상을 했다. 그런 뒤 들판에 나가 걷기명상을 했다. 아직 수행 초기였던 그때 나는 여전히 핵심은 집중과 초점이라고 생각했다. 걷기명상을 할 때면 내딛는 한 발 한 발, 그리고 내 몸의 모든 움직임을 예리하게 인식했다. 이것은 내가 아침명상에서 느꼈던 평화를 오래 지속시키는 데 큰 도움이 되었다. 그런 뒤 정오명상 시간이 될 때까지 야외에서 요가를 했다. 나는 매일같이 자기수련이라는 밧줄을 단단히 틀어잡고 있었다. 그전까지 내가 경험했던 것과는 완전히 다른, 극도로 엄격한 생활방식이었다. 하지만 올림픽 경기를 목표로 훈련하는 운동선수가 밤낮으로 모든 것을 바칠 준비가 되어 있는 것처럼, 나 또한 간절히 가고 싶은 곳을 못 가게 만드는 나의 어떤 면을 떨구기 위해서라면 못할 것이 없었다.

　나는 음식이 수행에 지대한 영향을 끼친다는 사실을 곧 깨달았다. 적게 먹을수록 명상 상태에 들어가는 것이 더 수월했다. 내가 얼마나 오랫동안 먹지 않고 버틸 수 있는지를 실험해보았다. 이틀에 한 번씩 저녁에 샐러드만 조금 먹고 나머지 시간은 굶는 것이 내가 도달한 균형점이었다. 내 주의를 바깥으로 유인하는 것이라면 무엇이든 포기할 작정이었다. 이 덕분에 나는 더 깊은 내면의 상태에 온전히 초점을 맞출 수 있었다.

밤 시간의 일과는 일몰과 함께 시작되었다. 왜인지는 모르겠지만 일몰은 명상 상태로 이끄는 힘이 매우 강력했다. 나는 해가 지기 시작하기 전에는 언제나 명상 방석에 앉았다. 그렇게 몇 시간 동안 명상을 하고 난 뒤에는 위층으로 올라가 잠자리에 들었다. 나에게는 알람시계도 없었다. 하지만 새벽 3시가 되면 자연스레 눈이 떠졌고, 그렇게 하루 일과가 다시 반복되었다.

자기수련의 밧줄을 꼭 붙잡고 있으면 하위 자아가 언젠가는 사라질 것이라는 생각을 내가 어떻게 하게 됐는지는 모른다. 하지만 나는 그렇게 1년 반 정도를 살았다. 이전까지의 삶을 지배했던 예전의 나는 새로운 삶에서 설 자리를 잃었다. 그에게 주어지는 특전은 일절 없었고 그의 저항은 나날이 약화됐다. 시끄럽고 요구사항 많던 개인적인 자아는 사라지지 않았다. 그저 강도 높은 수행을 체념하고 받아들이기 시작했을 뿐이다. 나는 수행이 효과가 있다고 생각했다. 하지만 곧 나는 내가 완전히 틀렸음을 알게 될 것이었다.

12

제자가 준비되면 스승이 나타난다

학교 공부를 제외하면 책 읽는 것은 내 인생에서 큰 도움이 되지 못했다. 하지만 내가 받아들일 준비가 되었을 때 《선의 세 기둥》이 나타났던 것처럼, 새 집으로 이사 가기 바로 직전 또 한 권의 책이 나를 찾아왔다. 나처럼 요가와 명상에 푹 빠져 있던 친구인 밥 메릴이 준 책이었다.

아직 밴에서 살고 있던 시절에 하루는 밥이 내게 책을 한 권 줬다. 인도의 성자인 파라마한사 요가난다Paramahansa Yogananda 가 쓴 《요가난다》(Autobiography of a Yogi)*이었다. 바로 그날 저 녁에 이 책을 읽으려고 했던 것을 기억한다. 하지만 나는 몇 페 이지 넘기지 못하고 이 책을 내려놓을 수밖에 없었다. 책이 마 음에 안 들어서가 아니라 단어 하나하나가 나를 깊은 명상 상

* 김정우 옮김, 1984년 정신세계사 刊, 역주.

태로 이끌었기 때문에 도무지 책을 계속 읽어나갈 수가 없었다. 나는 다음 날 밤에 책을 다시 폈다. 같은 일이 일어났다. 도대체 무슨 일이 벌어지고 있는지 알 수는 없었지만 이 경험이 나의 흥미를 강하게 자극하고 있다는 점만은 확실했다. 나는 새 집으로 이사 갈 때까지는 이 책을 치워놓기로 했다. 그리고 이제, 마침내 이사도 마치고 강도 높은 명상 생활도 시작했으니 이 신비로운 책을 읽을 때가 되었다.

책장을 넘길수록 예전 같았으면 무척 낯설었을 법한 세계가 연이어 펼쳐졌다. 하지만 나 역시 많은 사건들을 경험하며 변성의 과정을 겪고 있었기 때문에 적어도 인도 성자의 인생 이야기에 공감할 수는 있었다. 확실한 것은, 나는 요가난다가 헤엄치고 있던 바다 속에 발가락 하나만을 겨우 집어넣은 것에 불과하다는 사실이었다. 그는 내가 추구하던 모든 지식과 경험을 통달한 스승이었다. 그 사실이 뼈저리게 느껴졌다. 요가난다는 나의 '너머'를 넘어 훨씬 멀리까지 나아갔고, 다시는 완전히 돌아오지 않았다. 그는 그 상태에 존재할 줄 알았으나 여전히 현실에서 세상과 교류했다. 드디어 나는 내 스승을 찾았다.

내면으로 가는 이 여정에 더 이상 혼자가 아니라는 사실은 내게 즉각적인 안도감을 주었지만 그래도 불편한 지점들이 일부 있었기 때문에 나름의 정리가 필요했다. 무엇보다, '신(God)'이라는 단어는 내가 일상적으로 쓰는 어휘가 아니었다. 하지만 요가난다는 숨 쉬는 것만큼이나 자유롭게 이 말을 썼을 뿐 아니라, 보는 사람의 숨을 다 멎게 할 만큼 강렬한 존경심을 담아 이 말을 썼다. 요가난다의 열정은 그가 쓴 대부분의 노래에서 확인할 수 있다.

"내 가슴은 불타오르고 내 영혼은 불길에 휩싸였으니, 오로지 당신만을 바라봅니다. 당신, 당신, 오직 당신만을."

흥미롭게도 나는 이 말을 이해할 수 있었다. 내면 깊은 곳의 저 아름다운 곳에 닿았을 때 내 가슴 역시 불타올랐다. 실제로 나는 세상만사 모든 것에 흥미를 잃었다. 내가 원한 것은 오직 하나, 명상을 통해 나 자신 너머로 돌아가는 것이었다. 만일 그가 말하는 신이 내면 깊은 곳에 숨겨진 그 자리를 뜻하는 것이라면 나는 신이 무엇인지 이해할 수 있었다. 선에 대해 공부한 바에 따르면 붓다는 절대의 고요와 평화를 지나 '열반(Nirvana)'에 이르렀다고 한다. 기독교는 '하느님의 나라는 네 안에 있다'고 말하고, 성경은 '모든 이해를 넘어서는 곳에 평화가 있다'고 말한다. 나는 내 안에 그러한 자리가 있다는 것을 알고 있었다. 깊고 깊은 평화로 내 인생을 송두리째 변성시킨 그 자리를.

처음에 잘 이해가 가지 않았던 또 다른 단어는 '영(Spirit)'이었다. 기독교적인 단어라고 생각했던 이 말을 요가난다는 책 전체에 걸쳐 사용했다. 그는 영을 일깨우고, 그것이 자신을 진동하며 통과할 때의 느낌에 대해 얘기했다. 두 손을 들고 영이 그곳으로 들고나는 것을 느꼈을 때에 대해 말했다. 이것은 오칼라 국유림에서의 깊은 명상 이후로 내가 줄곧 경험해온 강렬한 에너지 흐름과 같은 것일까? 나는 에너지장이 미간에서 출발해 두 팔을 지나 손바닥 중앙으로 빠져나가는 것을 느끼곤 했다. '영'이라는 말은 이 내면의 에너지 흐름을 지칭하는 또 다른 단어일까? 두 눈썹 사이의 미간이 요가난다가 계속 '제3의 눈' 혹은 '영안(Spiritual Eye)'이라고 부르는 것과 같은 것일까? 나는 내 경험에 비추어 요가난다의 가르침을 이해할 수 있다는 사실을 점차 깨닫게 되었다.

《요가난다, 영혼의 자서전》은 그때까지 내게 일어나고 있던 모든 일들을 새로운 눈으로 바라보게 해주었다. 책을 다 읽고 나자 이제 신이라는 것이 그저 단순한 단어로 보이지 않았다. 그것은 내가 가고자 하는 이상향을 상징했다. 나는 '머릿속 목소리를 지켜보는 나'가 누구인지를 알고 싶어서 이 여정을 시작했다. 그리고 이제, 나는 모든 종교의 위대한 성인과 스승들은 개인적 자아를 넘어 영적 자아(spiritual self)를 찾았음을 알게 되었다. 요가난다는 그것을 자아실현(Self-Realization)이라고 불렀다. 당시의 내 모든 열망을 함축하는 완벽한 용어였다. 나는 지켜보는 자의 본성을 깨닫고 싶었다. 가장 깊은 내면에 존재하는 진정한 자아를.

밥 메릴은 자신이 요가난다가 미국에 세운 단체인 자아실현 동지회(Self-Realization Fellowship)에서 수업을 들은 적이 있다고 말해주었다. 요가난다가 몸을 벗은 것은 1952년이었지만 그는 친절하게도 매주 배달되는 강의 형식으로 자신의 가르침을 남겼다. '우편주문 신부新婦' 얘기는 들어봤어도 '우편주문 스승' 얘기는 생전 처음 들어봤다. 어쨌든 나는 즉시 수업에 등록했고 그의 가르침을 수행에 도입했다. 성경을 읽어보겠다고 결심한 것 역시 그즈음이었다. 그전까지 나는 신약성서도 읽어본 적이 없었다. 성경은 매우 감동적이었고 무수히 많은 가르침이 내가 명상을 통해 경험하던 것과 완벽히 일치했다. 가령, 성경에는 거듭나기 위해서는 죽어야만 한다는 구절이 있는데, 그것이야말로 내가 그토록 애써오던 바였다. 개인적인 '나'는 죽고 영적으로 다시 태어나는 것 말이다. 나는 명상 재단에 그리스도와 요가난다의 사진을 세워두었다. 대단히 위대한 존재들이 이 길을 앞서 걸어갔다. 나는 그들로부터 배우고 싶었다. 이 길을 혼자 걸을 수는 없다는 사실을 나는 막 깨달아가고 있었다. 나는 도움이 필요했다.

2부

위대한 실험이
시작되다

13

일생의 실험

그때까지 내면의 자유를 향한 나의 여정은 모두 명상을 중심으로 돌아갔다. 나는 깊은 평화와 고요를 한껏 맛보기 위해 명상을 통해 내면으로 들어갔다. 그것은 효과가 있었다. 어느 정도까지는 말이다. 나는 몇 시간이고 앉아서 에너지의 아름다운 흐름이 나를 위로 끌어올리는 것을 경험할 수 있었다. 하지만 내가 그토록 가고 싶어하는 곳에 도달하기에는 아직 뚫지 못한 벽이 있었다. 게다가 자리에서 일어나 움직이기 시작하면 마음은 언제나 제자리로 되돌아왔다. 나는 도움이 필요했고, 그것은 어느 날 벼락같은 깨달음을 통해 왔다. 어쩌면 내가 잘못된 방식으로 접근해가고 있는 것일 수 있다는 데에 생각이 미친 것이다. 끊임없이 마음을 조용히 잠재움으로써 나를 해방시키려고 할 것이 아니라, 마음이 그렇게 소란스러운 이유를 먼저 물어봐야 하는 것 아닐까. 마음을 그렇게 재잘거리게 만드는 배후의 원인이 무엇일까? 만일 그 동기를 제거할 수 있다면 싸움은 끝날 터였다.

이 깨달음 덕에 나의 수행은 완전히 새롭고 흥미로운 차원으로 접어들었다. 내면을 잘 살펴보니 제일 먼저 눈에 띄는 것이 하나 있었다. 바로 마음의 활동 대부분이 나의 호불호를 중심으로 돌아간다는 점이었다. 마음은 좋아하거나 싫어하는 것을 발견하면 그것에 대해 왁자지껄 떠들기 시작했다. 마음의 이 호오 好惡야말로 어떻게 하면 삶의 모든 것을 통제할 수 있을지에 대한 주절거림을 끊임없이 일으키는 주범이었다. 그 모든 것으로부터 해방되겠다는 대담한 시도의 일환으로서 나는 개인적인 호불호를 둘러싼 마음의 수다에는 완전히 귀를 닫겠노라고 결심했다. 대신 삶이 자연스러운 흐름을 통해 내게 가져다주는 것을 그대로 수용하는 데에만 의지를 발휘하리라고 마음먹었다. 이런 관점의 변화가 어쩌면 내면의 소란을 잠재울 수 있을지도 몰랐다.

수행은 아주 간단한 것으로부터 시작했다. 바로 날씨였다. 비가 오면 툴툴대지 않고 그저 비가 내리나 보다 하는 것이, 해가 쨍쨍하면 툴툴대지 않고 그저 쨍쨍한가 보다 하는 것이 정말 그렇게 어려운 일일까? 마음이 그럴 수 없다는 사실만은 확실했다.

'왜 하필 오늘 비가 내리는 거지? 비는 꼭 내가 내리지 말았으면 할 때 내리더군. 다른 날 다 놔두고 왜 하필 이날이야. 이건 불공평해.'

나는 이 모든 무의미한 소음을 다음 말로 대체했다.

'참 아름답구나. 비가 내리네.'

이런 수용 연습은 효과가 매우 강력하여 확실히 마음을 조용해지게 만드는 데 일조했다. 그래서 나는 좀더 밀고 나가 더 많은 것을 대상으로 수용 연습을 해보기로 했다. 이제부터 삶이 특정한 방향으로 펼쳐지는 것에 대해 내가 저항하고 있다면, 그리고 그 유일한 이유가 나 자신의 호불호라면 나는 그 호불호를 내려놓고 삶에 주도권을 넘기겠노라고 결심했던 것이 생생히 기억난다.

분명히 이것은 내게 미지의 영역이었다. 나는 과연 어떻게 될 것인가? 좋고 싫은 마음을 따라가지 않는다면 내게 과연 무슨 일이 일어날 것인가? 이 의문은 나를 겁먹게 하지 않았다. 오히려 나를 강렬하게 사로잡았다. 나는 삶의 주도권을 잡고 싶은 게 아니었다. 나의 자아 저 너머로 자유롭게 솟아오르고 싶었다. 나는 이것을 하나의 위대한 실험으로 바라보기 시작했다.

내면의 저항을 그저 내려놓고 삶의 흐름에 나를 맡긴다면 어떤 일이 일어날까? 실험 규칙은 매우 단순했다. '삶이 내 앞에 가져 다주는 사건들을, 나를 내 자아 너머로 데려가기 위해 온 손님 처럼 대할 것.' 혹여 내 개인적 자아(personal self)가 불평불만을 늘어놓는다면 나는 그 상황을 기회 삼아 자아를 내려놓고 삶이 주는 것에 내맡기기로 했다. 이것이 바로 내가 '내맡기기 실험' 이라고 부르게 된 연습의 시작이었다. 나는 이 실험이 나를 어 디로 인도하는지를 똑똑히 지켜볼 준비가 되어 있었다.

미친 사람이 아니고서야 누가 이런 결심을 하겠냐고 생각할 수도 있으리라. 하지만 사실 나는 삶에 모든 것을 내맡겼을 때 얼마나 놀라운 일이 벌어질 수 있는지를 이미 어느 정도 경험한 상태였다. 나를 내려놓고 별것 아닌 것 같은 사소한 사건들을 따라갔을 뿐인데 우연히 멕시코의 한 언덕에 도착했고, 그곳에 서 멕시코 마을 사람들과 그토록 아름다운 만남을 가졌었다. 또 미국으로 돌아와서는 내 아름다운 땅으로 인도되었고, 거기서 집이 세워지는 과정을 두 눈으로 똑똑히 목격했다. 작은 오두 막을 짓고 싶었을 뿐인데 예상하지 못할 정도로 풍요로운 경험 을 하지 않았는가. 확실히 이 모든 일은 내가 한 것이 아니었다. '그것이 내게 일어났다.' 실제로 내가 맨 처음에 마음의 저항을 내려놓지 않았더라면 그 뒤의 모든 일은 일어나지 않았을 것이 다. 나는 거의 평생을 '나한테 좋은 것은 내가 제일 잘 알지'라는 마음으로 살아왔지만, 이제는 삶 자체가 그걸 나보다 훨씬 잘 아는 것처럼 보였다. 이제 나는 '모든 일은 아무렇게나 일어나는 것이 아니다'라는 전제를 막판까지 시험해볼 참이었다. 나는 과감히 뛰어들어 삶의 흐름에 몸을 맡길 준비가 되었다.

14

삶이 앞장선다

삶의 흐름에 내맡긴다는 것이 대담한 행보처럼 보일 수도 있겠지만, 사실 나는 삶의 어려움에 그렇게 많이 노출되어 있는 사람이 아니었다. 대부분의 시간을 고요하기 그지없는 내 땅에서 보내고 있었으니까 말이다. 하지만 단 한 가지 예외가 있었다. 자격시험을 치르고 논문을 제출하기 전까지 난 공식적으로 대학원 소속이었다. 즉, 나는 아직 대학원 장학생 신분이었기 때문에 장학금에 대한 대가로 미시경제학이나 거시경제학 수업을 학기당 하나는 맡아서 가르쳐야 했다. 수업은 일주일에 세 번씩 보통 한 시간 정도 진행되었다. 오전과 정오 요가를 마치고 시내로 달려와 수업을 한 뒤 바로 집으로 되돌아가는 것이 내 패턴이었다. 그 당시 나는 같이 지내기에 편한 사람은 아니었을 것이다. 오히려 사회성 제로인 사람이었다. 수업 후 질문하는 학생이 없으면 어떻게든 사람들과의 대화에 엮이지 않으려고 안간힘을 썼다. 옷차림도 청바지에 긴 소매 데님셔츠로 언제나 한결같았다. 머리는 올백으로 넘긴 꽁지머리였고 신발은 샌들 아니면 아예 맨발이었다. 철학과였다면 이 모양새가 그다지 극단적으로 보이지 않았을 수도 있다. 하지만 나는 보수적인 남부 지역의 경영학과에서 기초 과목을 담당하는 교수였다. 과에서 나를 용인한 것은 그저 내가 아주 유명한 선생이었고 내가 가르친 학생들이 과 시험에서 매우 좋은 성적을 거두었다는 사실 때문이었다.

내가 얼마나 상식에서 벗어난 교수였는지를 보여주는 일화가 생각난다. 당시 나의 목표는 차를 몰고 시내로 가서 강의를 하고 다시 집으로 돌아오는 일정 내내 마음을 고요한 상태로 유지하는 것이었다. 이 도전과제를 제대로 수행하자면 하루에도 여러 번 명상 상태를 유지하는 연습을 해야 했다. 그래서 집을 나서기 전에는 들판에서 요가를 하고 수업에 들어가기 전에는 차 안에서 호흡 연습을 했다. 강의 시작 전에 학생들 앞에 선 채로 잠시 마음을 가라앉히기도 했다. 그러던 어느 날 나는 으레 그랬듯이 차를 몰고 학교로 가서 호흡 연습을 몇 번 한 뒤 학생들로 빼곡한 대강의실로 들어갔다. 그런데 무슨 연유인지 내가 들어가자 학생들이 휘파람을 불며 야유를 보내기 시작했다. 잠시 어리둥절해하던 끝에 나는 내가 요가를 마친 뒤 바지만 입고 셔츠 입는 것을 깜빡했다는 사실을 깨닫게 되었다. 맨발에 반 벌거벗은 상태로 학생들 앞에 서 있었던 것이다. 하지만 당황하지는 않았다. 학생들에게 오늘 수업을 휴강하고 싶은지, 아니면 계속 진행하고 싶은지를 물어봤을 뿐이다. 학생들은 만장일치로 계속하자고 말했고, 나는 내 옷차림에 대한 생각 없이, 아니 내가 옷을 입지 않았다는 생각 없이 거시경제학 수업을 진행했다.

엄격한 명상 생활을 고수하는 가운데 몇 달의 시간이 흘렀다. 원래 이 기간은 박사자격시험 준비를 위해 주어진 시간이었다. 하지만 말할 것도 없이 나는 책 한 권 펴보지도 않았고 펴보고 싶은 마음도 없었다. 내 인생에 더 이상 공부는 없었다. 아니, 없다고 생각했다.

하루는 경제학 수업을 마치고 나가는데 고프만 박사가 복도에서 나를 부르더니 할 얘기가 있다고 말했다. 내 머릿속 목소리는 즉시 '넌 이제 큰일 났어'라고 말했다. 아직 학장으로 재직하고 있던 그분의 귀에 반나체 사건이 들어간 게 틀림없었다. 하지만 늘 그랬던 것처럼 내 목소리는 틀렸다.

고프만 박사는 탤러해시 주지사 사무실에서 전화 한 통화를 받았다며 이야기를 시작했다. 알고 보니 윗선에서 플로리다를 대표할 수 있는 지방대학을 게인즈빌에 하나 설립할 결심을 한 모양이었다. 그러기 위해서는 교육부문은 물론이고 기금마련과 재정관리 역시 도맡을 수 있는 뛰어난 인재가 필요했다. 이를 염두에 두고 위원회는 새롭게 리모델링하는 산타페 지방대의 학장으로 플로리다 주의 유명한 은행가 한 명을 임명했다. 고프만 박사가 이야기하는 내내 내 마음은 이렇게 말했다. '왜 이걸 나한테 얘기하시지? 나랑 무슨 상관이 있어서? 난 지금 집에 가야 하는데.'

나는 곧 답을 얻었다. 플로리다 법에 따르면 지방대 학장은 박사학위를 꼭 소지해야 하는데 위원회가 선임한 은행가 앨런 로버트슨에게는 박사학위가 없었다. 그래서 그들은 어떤 결정을 내렸을까? 그가 박사학위를 취득할 수 있도록 그와 학문적 배경이 유사한 성적 좋은 박사과정생 한 명을 그에게 붙여주기로 했단다. 그리고 참으로 놀랍게도 그들이 선택한 박사과정생은 바로 나였다.

내 머릿속 목소리는 노발대발했다. 나는 그것이 고래고래 소리 지르는 것을 지켜보았다. '안 돼! 난 그런 거 못해. 이제 대학과의 인연은 끝났단 말이야. 나는 수행에 전념하고 싶어. 옛날에 보던 경제학 책을 다시 꺼내는 일은 절대 없을 거야. 공부와의 인연은 이제 끝났다고.' 이 모든 저항의 한가운데에서 나는 삶이 가져다주는 모든 일에 자신을 내맡기겠다고 했던 내 최근의 맹세를 떠올렸다. 내가 지켜보는 머릿속 목소리는 영적인 조언가가 아니었다. 그것은 나의 영적 짐이었다. 짐 덩어리를 내 삶의 운전석에서 쫓아버릴 절호의 기회가 온 것이다.

고프만 박사는 내 대답을 기다렸다. 하지만 승낙의 말이 차마 입술에서 떨어지지 않았다. 그러나 마침내 나는 내가 큰 소리로 "알겠습니다, 기꺼이 도와드리지요. 그분의 과외선생이 되겠습니다"라고 말하는 것을 들었다.

바로 그 순간, 주사위는 던져졌다. 내맡기기의 위대한 실험이 본격적으로 시작된 것이다.

내 인생의 주도권은 더 이상 내 손에 있지 않았다.

15

왕자와 거지

앨런 로버트슨의 공부를 돕는 일이 내 생활방식을 그렇게 많이 바꿔놓지는 않았다. 대학 수업이 있는 날 겸사겸사 만나 몇 시간 공부하는 일정이었기 때문에 생활에 큰 지장은 없었다. 스터디 장소는 학교 근처 시내에 있는 구舊 산타페 캠퍼스의 총장실이었다. 우리는 꽤 죽이 잘 맞았다. 앨런이 쓰리피스 양복을 단정하게 갖춰 입는 매우 성공한 은행가였던 반면 나는 말총머리에 청바지에 샌들을 신은 요가수행자였다. 처음에는 이 관계가 어떻게 진행될지 전혀 예상되지 않았으나 알고 보니 앨런은 놀랄 만큼 마음이 따뜻하고 열린 사람이었다. 게다가 그는 내가 주는 도움을 정말로 고마워했다.

그래도 어색한 순간이 영 없지는 않았다. 내 봉사에 대한 비용 지급을 두고 첫 번째 문화적 충돌이 벌어졌다. 나는 공부를 도와주는 대가로 돈을 받고 싶지 않다고 그에게 말했다. 그는 그럴 수 없다고 했지만 나는 한사코 거절했다. 그는 자신은 성공한 은행가이자 이제는 대학총장인데 당신은 한 달에 장학금으로 받는 250달러가 전부 아니냐며 나를 계속 설득했다. 그의 말도 충분히 일리가 있었고, 내가 전 재산을 땅 사고 집을 짓는데 썼다는 것 역시 사실이었다. 그렇다 하더라도 내가 그의 공부를 돕는 것은 삶의 흐름에 나를 내맡기기 위한 것이었으므로 나는 돈을 받고 싶지 않았다.

결국 앨런은 우리의 비금전적인 관계를 받아들였고 우리는 좋은 친구가 되었다. 가끔 그가 내 집으로 와서 공부할 때면 함께 오랫동안 산책을 했다. 그는 내 독특한 삶의 방식에 대해 이야기 듣기를 좋아했고 나 역시 반듯한 양복 뒤에 숨은 이 특별한 사람을 만나는 것이 즐거웠다. 몇 번은 그의 부인의 저녁식사 초대를 받아 그의 집에 가기도 했다. 나는 점점 앨런과의 관계를 삶이 선사하는 그 마법 같은 선물 중 하나로 여기기 시작했다. 물론 처음에는 저항을 하긴 했지만 말이다.

앨런이 박사논문 자격시험을 칠 수 있을 만큼 공부가 진행되었을 때였다. 그는 나도 자격시험을 쳐보는 것이 어떻겠냐는 말로 나를 놀라게 만들었다. 나는 그럴 마음이 전혀 없었다. 특히 그와 함께 공부한 과목이 전공과목 세 개 중 두 개에 불과했기 때문에 더더욱 그랬다. 하지만 나는 그의 소망에 항복했다. 나는 우리가 같이 공부한 두 과목에 대해서만 시험 신청서를 제출하고 나머지 하나는 다음을 기약하기로 했다. 그다음이란 게 있다면 말이다. 그런데 대학에서 연락이 왔다. 행정실에서 실수로 나를 세 과목 시험에 다 접수시켰다고 말이다. 이런 상황에서 내가 무엇을 할 수 있었겠는가? 내맡기는 것 말고는…

나는 내가 세 번째 시험 보는 것을 왜 그렇게 꺼려 하는지를 관찰했다. 어차피 학위를 마칠 생각이 없다면 무엇이 문제인가? 나는 그것이 사람들 앞에서 실패하는 것에 대한 두려움임을 알게 되었다. 준비가 전혀 안 된 상태에서 시험을 치면 비참할 정도로 형편없이 실패할 게 분명했다. 실패에 대한 예감이 나를 불편하게 했고, 이 불편함이 내면의 목소리를 작동시켜 시험을 어떻게 하면 피할 수 있는지에 대해 계속 지껄이도록 만든 것이다. 바로 그런 나를 없애버릴 수 있는 절호의 기회였다! 나는 행정실의 실수를 더 이상 문제로 바라보지 않게 되었다. 그것은 나를 한층 더 내려놓을 수 있는 도전이었다. 나는 세 과목의 시험을 모두 치르고 세 번째 시험의 실패를 기꺼이 받아들이기로 마음먹었다.

처음 두 시험은 전혀 문제없이 지나갔다. 앨런과 많이 공부한 과목이어서 내용을 상당히 잘 알고 있었기 때문이다. 마지막 시험 날이 다가오자 나는 불가피한 실패에 대비해 마음을 다잡았다. 시험장으로 당당히 들어가 내 에고의 고통스러운 죽음을 기꺼운 마음으로 받아들이리라.

하지만 그다음에 벌어진 일은 나를 완전히 다른 사람으로 바꾸어놓았다. 시험 과목은 국가재정이었는데, 나는 교과서를 시험 전날에야 꺼냈다. 그리고는 그 큰 책을 밖으로 가지고 나가서 옆에 둔 채로 요가를 했다. 요가가 끝나자 평화롭고 고요한 기분이 나를 가득 채웠고, 나는 다음 날 있을 참사를 온전히 직면할 수 있을 것 같다는 생각이 들었다. 내 목에 떨어질 칼날을 검사하는 기분으로 나는 책을 들어 아무 페이지나 펼쳤다. 그리고 내 앞에 나타난 두 페이지를 읽었다. 이 의식을 세 차례 반복한 뒤 나는 내맡기기로 한 내 결연한 의지를 알리듯 책을 하늘 높이 치켜들었다.

다음 날 나는 목소리가 무슨 말을 하는지를 면밀히 지켜봤다. 놀랍게도 나는 다가올 일 앞에서 매우 큰 평화를 느끼고 있었다. 오전명상 후 나는 책을 다시 한 번 꺼내어 아무 페이지나 펼쳤다. 알고 보니 내가 전날 펼쳤던 세 부분 중 하나였다. 나는 그 페이지에 나온 복잡한 차트를 살펴본 뒤 책을 다시 책장에 꽂았다.

그날 아침 나는 경영대 건물 밖에 차를 주차해놓고, 들어가기 전에 잠시 명상을 했다. 내면은 여전히 매우 고요했다. 그저 평화롭게 모든 것을 받아들이는 마음뿐이었다. 내가 진짜 시험을 통과했구나, 라고 느꼈던 것이 기억난다. 설령 죽어도 하기 싫은 것을 삶이 가져다준다고 하더라도 나에게는 마음 깊이 내맡길 수 있는 능력이 있음을 입증한 것이다.

나는 경제학부가 있는 위층으로 올라갔고 행정 조교로부터 시험문제를 받았다. 총 여섯 개 문제 중 세 개만 작성하면 된다고 했다. 시험지를 건네받으며 슬쩍 훑어본 순간, 나는 그 자리에서 얼어버렸고 눈에는 눈물이 차오르기 시작했다. 어제 마구잡이로 펼쳐본 책 세 곳에서 문제 세 개가 나온 것이다. 나는 꼼짝도 할 수 없었다. 숨도 제대로 쉬지 못한 채 나는 그곳에 오랜 시간 서 있었다.

어떻게 이런 일이 있을 수가 있지? 그런 일이 또 일어난 것이다. '나 자신을 초월하겠노라'는 명분하에 나는 자신을 내맡기고 내 개인적인 두려움을 기꺼이 직시했다. 그러자 따놓은 지옥으로 추락해야 할 마지막 순간에 오히려 하늘로 들어올려진 것이다.

나는 지정된 방으로 들어가 쓰고 또 썼다. 마음에 뿌려진 영감의 씨앗은 매우 신선한 상태였다. 두 번이나 펼친 곳에서 나온 차트는 그대로 그리는 것을 넘어 윤색까지 할 수 있었다. 나는 답안지를 제출하고 내가 예상했던 것과는 완전히 다른 마음 상태로 집을 향했다. 시험을 치러 갈 때만 해도 삶은 '네 일부의 죽음을 기꺼이 맞이할 수 있겠느냐'고 묻는 것 같았다. 하지만 나는 깨달았다. 삶은 자기가 알아서 할 테니 너는 비켜달라고 요청한 것이었다. 나는 내가 과감히 그 부름에 응했다는 사실이 너무도 기뻤다.

며칠 후 고프만 박사가 나를 불러 내가 국가재정시험을 얼마나 잘 봤는지에 대해 상찬을 늘어놓았다. 학장님으로부터 이런 인정을 받으면 기뻐야 마땅한데도 왠지 죄책감이 들었다. 나는 자초지종을 전부 털어놓았고 혹시 문제가 될 일은 없겠냐고 물었다. 고프만 박사는 자리에서 일어나 내 어깨에 손을 올려놓은 뒤 그렇게 겸손할 것까지는 없다고 말했다. 그리고는 나를 사무실 밖까지 배웅했다.

16

보이지 않는 손을 따라 미지의 세계로

1972년 봄, 내 의도는 아니었으나 어쨌든 나는 박사과정과 자격시험을 모두 통과한 사람이 되었다. 박사논문을 쓰는 일만이 남았다. 하지만 그럴 일은 절대 없을 거라고 생각했기 때문에 논문에 대해서는 두 번 생각하지 않았다. 내 삶은 명상과 요가가 전부였다.

수행은 상당한 진전을 보였지만 그래도 나는 여전히 뭔가가 미진하다고 느꼈다. 크리야 요가에 답이 있다는 생각이 점점 커졌다. 크리야 요가는 요가난다가 가르친 특별한 명상법인데 문제는 이 요가에 입문하려면 1년 동안 통신강의록 수업을 받아야 한다는 점이었다. 나는 크리야 요가에 좀더 일찍 입문할 수 없는지 자아실현 동지회에 문의해보기로 했다.

당시엔 내게 오는 우편물이 거의 없었다. 그래서 몇 주 후에 두 통의 편지를 같은 날 받고는 적잖이 놀랐다. 하나는 자아실현 동지회에서 온 것이었고 다른 하나는 한 번도 들어본 적 없는 단체에서 온 것이었다. 동지회의 답변을 빨리 알고 싶었기 때문에 나는 첫 번째 편지를 먼저 열었다. 심장이 쿵 하고 떨어졌다. 크리야 요가를 배우려면 6개월은 더 기다려야 한다는 소식이었다. 내 반응을 내려놓는 일 말고는 할 수 있는 일이 많지 않았다. 나는 심호흡을 크게 한 뒤 두 번째 편지를 뜯었다. 내용을 본 순간 내 모든 실망은 허공으로 사라졌다. 봉투 안에는 크고 진한 글씨로 다음과 같이 적힌 전단지가 한 장 들어 있었다.

올 여름 파라마한사 요가난다의 직계 제자로부터
크리야 요가를 배우세요.

나는 다시 한 번 멍해졌다. 나는 이 사람들을 전혀 몰랐다. 캘리포니아에 적을 둔 요가 커뮤니티인 것 같았는데 그들이 나를 알았거나 내 주소를 알았을 가능성은 전혀 없었다. 나는 플로리다의 숲 속에 사는 은둔자 아니었던가. 완벽하게 얽혀 있는 이 두 통의 편지가 어떻게 똑같은 날 내 우편함에 들어 있는 걸까?

이 흥미로운 의문에 대한 답과는 별개로, 그해 여름 내가 어디를 가야 하는지만은 확실해졌다. 나는 캘리포니아 북부에 위치한 영성공동체로 갈 것이었다. 이렇게 대놓고 주어지는 안내라면 어렵지 않게 따라갈 수 있다. 하지만 서쪽으로의 모험을 떠나기 전, 삶에 주도권을 내맡기겠다는 내 맹세는 몇 번의 도전을 더 맞이하게 될 것이었다.

편지 사건이 있은 후 얼마 안 있어 고프만 박사가 내게 연락하여 앨런 로버트슨이 나를 찾더라고 전해주었다. 우리 두 사람 모두 시험을 통과한 이후로는 한동안 만나지 않고 있던 참이었다. 나는 그에게 연락하여 산타페 지방대학의 새 캠퍼스가 완공되었다는 소식을 들었다. 그는 개교 후 수업을 진행할 교수진을 뽑고 있는데 파트타임이라도 좋으니 내가 수업을 맡아주었으면 좋겠다고 얘기했다. 나는 입을 다물고 조용히 있었다. 나는 산타페 지방대건 어느 기관에서건 간에 학생을 가르칠 마음은 눈곱만큼도 없었다. 내 유일한 관심은 내면에 있는 그 아름다운 장소로 녹아들 때까지 영적 수행만을 계속 늘려가는 것뿐이었다. 앨런에게 이런 내 심정을 말하려고 했지만 그는 당최 들으려 하지 않았다. 마침내 그는 이렇게 말했다. "이건 부탁이 아닐세, 자네에게 통보하는 거야." 나는 바싹 마른 입술로 내 가슴이 정말로 하기 싫어하는 말을 읊조렸다. "알겠습니다. 그 학교에서 파트타임으로 학생들을 가르치겠습니다. 제가 무슨 일을 해야 하죠?"

내맡김, 이 얼마나 강렬한 단어인가. 그것은 약하고 겁쟁이 같은 생각을 불러일으킬 때도 많다. 나의 경우 보이지 않는 손길을 따라 미지의 세계로 들어갈 만큼 용감해지기 위해서는 그야말로 내가 갖고 있는 모든 힘을 다 쥐어짜내야 했다. 그리고 나는 그렇게 했다. 내맡겼다고 해서 내가 어디로 가고 있는지를 명료하게 알게 된 것은 아니다. 나는 삶이 나를 어디로 인도하고 있는지를 전혀 알지 못했다. 하지만 내맡긴 덕분에 한 가지 영역에서만큼은 아주 명료해졌으니, 이제 내 삶을 이끄는 것은 내 개인적인 호불호가 아니라는 사실이었다. 좋고 싫은 마음이 내게 미치는 강력한 힘을 내려놓음으로써 나는 그보다 더 강력한 힘, 바로 삶 자체에다 내 삶을 내맡겼다.

이 성장단계에서 나는 내맡기기 수행이 실제로는 확연히 구별되는 두 단계로 이루어진다는 사실을 알 수 있었다. 첫째, 가슴과 머리에서 형성되는 호불호 반응을 내려놓는다. 둘째, 그렇게 얻어진 명료한 시선으로 내 앞에 펼쳐지고 있는 상황을 바라봄으로써 지금 삶이 내게 무엇을 요청하는지를 본다. 호불호의 반응에 영향받지 않는다면 당신은 무엇을 하겠는가? 그 심오한 안내를 따라가다 보면 삶은 개인적인 호오를 따를 때와는 매우 다른 방향으로 나아갈 것이다. 그것만은 분명하게 말할 수 있다. 이 깨달음은 내 영적인 삶과 세속적인 삶 모두의 굳건한 기반이 되었다.

17

나의 첫 번째 취업 면접

나는 거의 평생을 학교에 적을 두고 살았고 고등학교 재학 시절 방과 후에 스포츠카 정비공으로 잠시 일했던 것 외에는 여름에만 잠깐씩 아르바이트를 했을 뿐이었다. 제대로 된 취업 면접은 한 번도 본 적이 없었다. 앨런은 학과목 담당자와의 미팅을 주선해주면서 대학에서 어떤 직급으로 학생들을 가르칠지 의논해보라고 했다.

인터뷰 당일 나는 평소처럼 청바지에 청윗도리에 샌들을 신은 채로 나타났다. 시내에 있던 구 산타페 캠퍼스는 상당히 진보적인 학풍을 자랑했지만 앨런이 총장으로 취임한 새 캠퍼스의 분위기가 어떤지는 전혀 알지 못했다. 학과목 담당자는 내게 가르치고 싶은 과목이 무엇인지 물어보는 것으로 인터뷰를 시작했다. 나는 정직하게 답하는 것이 옳다고 생각했다. 그래서 머릿속 목소리에 대해 내가 알게 된 것을 가르치고 싶다고 말했다. 쉴 새 없이 떠드는 그 목소리에 우리는 귀를 기울일 필요가 없다, 우리는 내면의 훨씬 깊은 자리에서 존재할 수 있는 자유가 있다는 등의 내용을 학생들에게 알려주고 싶다고 말했다. 또한 우리는 광활한 우주를 돌고 있는 자그마한 행성 위의 존재들이므로 이 여정을 즐기는 것이 마땅함을 가르쳐주고 싶다고도 말했다. 놀랍게도 담당자는 그런 커리큘럼이 가능한 수업이 하나 있다며 사회과학 입문 수업을 가르치면 되겠다고 답했다. 신입생 필수과목인데 수업의 3분의 1을 맡아야 할 강사 한 명이 모자란다고 했다. 그러면서 그 수업을 가르치면 비전임강사 자격으로 일하게 되는 것이라고 설명했다. 나는 그렇게 하겠다고 말했고, 담당자는 공식 개교일인 9월에 첫 수업을 할 수 있도록 일정을 잡아주었다.

그야말로 물 흐르듯이 흘러가는 상황이 아닌가! 맨 처음 삶은 내게 캘리포니아에서 여름을 보내라고 말했다. 그리고 이제는 돌아와서 할 일까지 챙겨주었다. 이 모든 일은 저절로 펼쳐졌다. 나는 그저 흐름을 탔을 뿐이다. 나는 다가올 9월 수업에서 무엇을 가르쳐야 할지 전혀 감이 오지 않았다. 내가 알고 있는 바를 한 반의 학생들에게는 말할 것도 없고 한 사람에게조차 가르쳐본 적이 없었다. 내 개인적인 자아는 이 모든 일에 점점 불안을 느끼기 시작했다. 나는 그를 돕기 위해 기본원칙을 하나 세웠다. 교실에 들어가기 전까지는 수업에서 가르칠 내용에 대해 일절 생각하지 않겠노라고 마음먹은 것이다. 나는 마음을 완벽하게 비운 채 첫 번째 수업에 들어갈 생각이었다. 나는 온전히 영감으로만 써내려갔던 보고서 같은 일이 첫 번째 수업에서도 일어나기를 바랐다. 일단 수업에 들어간 뒤 무슨 일이 벌어질지를 지켜볼 계획이었다.

외부 세계의 일이 끼어들면서 조금씩 내 시간을 갉아먹기 시작하자 내 땅에서 홀로 보내는 시간이 훨씬 더 소중해졌다. 그럼에도 불구하고 사람들은 나를 어떻게든 찾아냈다. 혼자만의 공간을 보호하기 위해 최선을 다하는 나의 노력이 무색하게도 말이다. 샌디 분도 그런 사람 중의 하나였다. 불교 명상에 조예가 깊고 숲에서 지내는 것을 좋아하던 그 여성이 어디에서 왔는지는 기억나지 않는다. 하지만 어쨌든 그녀는 어느 날 불쑥 나타나 내 부지를 산책하기 시작했다. 자연 속에서 명상하고 싶은 마음이 다였던 그녀는 내 사생활을 지켜주고자 노력했다. 전혀 문제되지 않는 상황이었다. 그녀가 내 부지 끝자락에 텐트를 치고 명상을 해도 되겠냐고 묻기 전까지는 말이다. 허락하고 싶지는 않았지만 내가 도대체 뭐라고 명상하고 싶다는 사람을 막을 수 있겠는가? 급기야 그녀는 일요일 아침마다 딱 한 시간만 같이 명상을 해도 되겠냐는 대담한 제안을 하기에까지 이르렀다. 머릿속 목소리가 그 말에 너무나 극렬하게 저항했다는 이유 하나만으로 나는 그녀의 제안을 수락했다.

시간이 흐르면서 샌디는 일요일 오전명상 시간에 친구들을 몇 명씩 데려오기 시작했다. 처음에는 세 명이었던 것이 여섯 명으로 늘었고 나중에는 열 명이 되었다. 썩 내키지는 않았지만 나에게는 사람들을 막을 권리가 없었다. 손님들이 아래층에서 만나는 동안 나는 위층에서 계속 명상을 하고 있을 때도 많았다. 그러니 믹키네에서 열리는 일요일 오전명상 모임은 1972년 봄에 시작되었다고 볼 수 있다. 이 전통은 매주 일요일마다 40년 넘게 이어져왔다.

한편 여름이 다가오면서 캘리포니아 여행 준비를 슬슬 시작할 때가 되었다. 3~4주간 밴에서 캠핑하면서 영성공동체 생활을 하다가 개강일에 맞춰 집에 돌아오는 것이 내 계획이었다. 운전하여 가면서도 명상 일과는 엄격하게 지켰기 때문에 캘리포니아까지는 대략 열흘 정도 걸렸다. 도착한 그곳은 탁 트인 넓은 땅에 작고 소박한 오두막이 여러 채 서 있는, 매우 시골스러운 분위기의 공동체였다. 사람들은 그야말로 소박한 촌사람들처럼 보였고, 나는 아주 자연스럽게 그들 무리 속으로 섞여 들어갔다. 등록하는 도중 나는 침묵수행을 원하는 사람에게 배포되는 특별한 이름표를 보았다. 어차피 그곳에서 사람들을 만나거나 새 친구를 사귈 생각은 전혀 없었다. 내면작업에 방해만 될 터였다. 그래서 나는 수행을 한 단계 업그레이드하기 위해 선택한 이번 여행을 한층 더 엄격한 수준으로 끌어올리기로 결심했다. 그곳에 있는 동안 완전히 침묵하기로 한 것이다.

사원 근처에 마땅한 캠핑장이 없었기 때문에 나는 제일 가까운 비포장 주차장에 밴을 주차했다. 그곳이 몇 주간 내가 생활할 보금자리였다. 자리를 잡은 뒤 나는 사원으로 가서 오후 일과인 요가와 명상을 했다. 혼자 있는 삶이 익숙하기는 했으나 이곳에서의 생활도 괜찮겠다는 생각이 금세 들었다. 여기 사람들은 내가 무엇에 몰두하고 있는지를 이해했고, 그래서 내가 수행에만 전념할 수 있도록 내버려두었다. 나는 일주일에 세 차례 계속해서 단식을 했고 샐러드를 먹을 때는 언제나 혼자서 먹었다. 이처럼 사교적으로 굴지는 않았지만 그래도 매일 저녁 사원에서 열리는 명상 프로그램과 챈팅(찬송) 프로그램에는 참석했다. 사실 내가 동양의 챈팅을 처음 접한 곳이 바로 이 사원이었다. 나는 침묵수행 중이었기 때문에 실제로 챈팅을 하지는 않았지만 방 안의 에너지가 점점 높아지는 것만큼은 느낄 수 있었다.

나머지 기간 동안 나는 아마 계속 그렇게 생활했을 것이다. 내가 꿨던 그 꿈만 아니었다면 말이다. 나는 꿈을 잘 꾸는 사람이 아니었고, 설령 꿨다 해도 그리 큰 의미가 담겨 있는 것 같지는 않았다. 그런데 어느 날, 나는 내 인생을 바꿔놓은 경이롭고도 생생한 꿈을 꾸었다. 꿈속에서 나는 완전히 집중한 채 걷기 명상을 하고 있었다. 한 발 한 발 내딛는 걸음을 온전히 의식하며 나는 동굴 입구 쪽으로 천천히 걸어가고 있었다. 별일 없이 나는 동굴 안으로 들어갔고 내 앞에 펼쳐진 어둠 속으로 계속 전진했다. 곧 주위가 매우 컴컴해졌다. 나는 동굴 옆에 걸려 있던 나무 횃불을 집어 들어 불을 붙인 뒤 계속 앞으로 나아갔다. 동굴 안쪽으로 깊숙이 들어갈수록 공기는 더더욱 희박해졌다. 거기에는 거의 소름 끼칠 정도로 강렬한 목적의식이 존재했다. 내가 찾던 것을 발견할 때까지는 이 미지의 동굴 끝까지라도 들어가겠노라는 마음이었다. 그 어떠한 것도 나를 막을 수 없었다.

저 멀리서 희미한 불빛이 보이기 시작했다. 단 하나의 생각도 마음을 스치지 않았으나 나는 직관적으로 그곳이 내가 가고자 했던 곳임을 알았다. 가까이 가니 위에서 내려오는 빛줄기가 동굴 바닥으로 세차게 떨어지고 있었다. 빛의 근원 쪽으로 다가갈수록 공기는 더욱 희박해졌다. 숨이 거의 쉬어지지 않았다. 하지만 나는 계속 걸어갔다. 이 경험은 내가 명상할 때 종종 일어나던 현상과 유사했다. 평소에도 명상이 깊어질수록 호흡 역시 느려지며 종국에는 들숨과 날숨의 흐름이 자연스럽게 정지되곤 했다. 이런 무호흡 상태로 내가 얼마나 오랫동안 앉아 있는지는 잘 모르지만 현실로 돌아오면 숨을 한 번에 몰아쉬곤 했는데, 어느 순간이 되자 동굴 속을 걷는 것이 명상의 그 단계처럼 느껴졌다.

나는 목적지에 거의 도달했다. 바로 앞에 동굴 바닥으로 쏟아져 내리는 빛줄기가 보였다. 나는 산소 부족으로 금방이라도 쓰러질 것 같았지만 그래도 의지를 내어 빛 속으로 마지막 한 발을 내디뎠다. 그 즉시 나는 눈부신 빛의 홍수 속에 완전히 잠겼다. 나는 빛 속으로 올라가기 위해 몸을 위쪽으로 뻗었다. 하지만 손이 동굴 지붕에 얹힌 쇠창살에 부딪혔다. 여기서 나가는 길은 없었다.

단 하나의 생각도 마음을 스치지 않았다. 조그만 한숨도 입술에서 새나가지 않았다. 이 동굴 안으로 나를 들어오게 만든 그 강철 같은 목적의식 그대로, 나는 뒤돌아 나가기 시작했다. 거기에는 단순한 앎만이 있었다. — '다른 길을 찾아야겠다.'

18

밧줄 놓아 보내기

꿈에서 깨어났을 때 나는 다른 사람이 되어 있었다. 내 사고 방식은 매우 깊은 차원에서부터 바뀌어 있었다. 더 많은 수행을 해야 내가 그토록 가고 싶은 곳에 갈 수 있다는 지금까지의 생각에 처음으로 의문이 들었다. 그날 아침 밴에 홀로 앉아 있으면서 얻은 대답은 '그것은 아니다'였다. 진정한 자유를 향한 나의 길은 밧줄을 그저 더욱더 꽉 붙잡는 것보다 훨씬 더 미묘한 것이었다.

나보다 훨씬 현명한 무언가가 그날 밤 내 정신 속으로 들어와서 내가 나 자신과 맺고 있던 관계를 바꿔놓은 것이다. 나는 나의 하위 자아, 즉 홀로 통속드라마를 쓰는 문제투성이의 낮은 차원의 나를 더 이상 없애버려야 할 적으로 여기지 않게 되었다. 그를 바라보는 관점이 달라졌다. 나는 이 모든 불안한 개인적 에너지를 상승을 위해 사용해야 했다. 그가 문제인 동시에 해결책이라는 사실이 완벽히 명료해졌다. 내 안에서 고군분투하는 그 인격체에게 일말의 연민이 느껴졌다. 훗날 나는 '우리는 자아(self)를 짓밟아서는 안 된다, 참자아(Self)와 함께 자아를 상승시켜야 한다'는 《바가바드 기타Bhagavad Gita》의 한 구절을 배우게 될 것이었다. 하지만 그때까지 나는 인격적 자아의 인간성으로부터 해방되겠노라는 명분하에 그를 짓밟고 있었다. 이제 나는 그 에너지를 높은 차원으로 상승시키는 법을 터득하여 내 여정을 돕게끔 만들어야 했다.

나는 밴에서 나와 사원 건물 쪽으로 걸어갔다. 훨씬 가볍고 마음이 활짝 열린 기분이 들었다. 나는 나를 옭아매고 있던 포승줄을 풀고 날개를 펴고 싶었다. 그러자면 제일 먼저 해야 할 일이 있었다. 마음수련을 시작한 이래로 나는 마음속에 방이 하나 있다고 상상한 뒤 그곳으로 믹키라는 개인적 자아를 데려가서 명상을 시켰다. 입구에 거대한 나무문들이 달려 있는 육중한 유리방이었다. 이 방이 아주 특별했던 것은 유리벽 너머로 온 우주가 내다보인다는 점이었다. 명상하는 자리에 홀로 앉아 있으면 칠흑 같은 광활한 우주에 지구가 달랑 떠 있는 것을 볼 수 있었다. 믹키에게 문제가 생길 때마다 나는 그를 그곳으로 데려가서 진정시켰다. 심지어 그를 그곳에 두고 나오는 게임도 했다. 나는 그가 언제나 조용하기만을 바랐고, 자신이 겪는 모든 경험이 이 무한한 우주를 떠다니는 자그마한 한 톨의 먼지로부터 일어나는 것임을 늘 명심하기를 바랐다.

그날 아침, 나는 사원으로 가는 도중 잠시 길을 멈추고 두 눈을 감았다. 그리고 아주 특별한 방으로 향하는 그 거대한 나무 문들을 열어젖혔다. 내가 방석 위에 두고 온 그는 즉시 몸을 바르게 폈다. 내가 가까이 다가갈수록 그는 더욱 절도 있고 또렷한 사람으로 변해갔다. 지금까지 그토록 엄격했던 태도와는 완전히 다르게, 나는 그를 향해 부드럽게 손을 뻗으며 이렇게 말했다. "이제 나와도 돼." 이 말을 한 뒤에 일어난 일을 생각하면 내맡기기 연습을 그저 무해한 마음 게임의 일종이라고 생각했던 것이 지금도 부끄러워진다. 그 말을 내뱉은 순간, 감히 상상도 해본 적 없는 강렬한 감정이 한꺼번에 분출해 나왔다. 눈물이 폭포처럼 쏟아졌고 다리 힘이 풀리면서 나는 그 자리에 털썩 주저앉았다. 어떤 거대한 사건이 일어나 평생치의 감정이 해소된 것처럼, 가슴이 쪼개지듯 열렸다.

이 카타르시스적인 분출이 한 단락 끝나자 평생 잊지 못할 어떤 깨달음이 머리를 스쳤다. 내가 지켜보고 판단해왔던 내면의 저 두려움 많고 문제적인 인물이야말로 실로 하나의 인격체, 사람이라는 자각이었다. 마음/정신(PSYCHE)은 느낌과 생각과 희망과 두려움과 꿈을 지닌 하나의 인격체/사람이다. 그런 그를 방 안에 가둬두고 끊임없이 입 좀 다물라고 해서는 안 되는 것이었다. 불안하고 자기중심적인 이 에너지를 훨씬 더 건설적으로 다룰 수 있는 방법이 많이 있었다. 하지만 안타깝게도 나는 이 교훈을 아주 어렵게 깨달아야만 했다. 경험을 통해서 말이다.

과거 그 어느 때보다도 훨씬 온전해진 것 같은 느낌 속에서 나는 꿈에서 내가 했던 말을 떠올렸다. '다른 길을 찾아야겠다.' 그 다른 길이 무엇인지는 너무나 자명했다. 몸부림치는 대신 더 많이 내맡기는 길이었다. 나는 이미 삶이 나를 어디로 인도할지를 몰라도 그 흐름에 내맡기겠노라고 결심했다. 이제는 그 원칙을 내면에도 적용해야 할 때였다. 마음과 그렇게 싸울 것이 아니라 긴장을 풀고 그저 편하게 존재하는 법을 배워야 했다. 목소리가 말을 한다고 해서 내가 그 말을 들어야 한다거나 그에 따라 삶의 방향을 바꿀 필요는 없었다. 그 목소리는 나와는 아무런 상관이 없었다. 그것이 무슨 말을 하건 나는 편안하게 힘을 빼고 있을 수 있었다. 나는 다시 원점으로 돌아왔다. 나는 목소리가 말하는 것을 알아차리는 사람이었다.

나는 침묵수행을 깨고 나머지 기간 동안 사람들과 어울렸다. 말을 많이 했다는 뜻은 아니다. 말을 많이 하지 않았으니까. 나는 사람들이 편하게 말을 걸 수 있을 정도로만 사교성을 발휘했다. 공동체의 장기거주자들을 만나서 그들의 여정에 대해 얘기를 듣기도 했다. 내가 겪은 변화와 상관없이 명상과 요가 수행은 계속해나갔다. 문제는 수행이 아니라 바로 나였다. 내 발목을 잡고 있던 것은 다름 아닌 '완벽하고 절대적인 수행'이라는 머릿속의 개념이었다. 명상을 할 때 나는 낮은 차원의 에너지를 아래로 누름으로써 높은 수준을 성취했다. 하지만 그것은 일종의 억압이었다. 그 에너지들을 나에게서 밀어낼 게 아니라 위로 보내는 법을 배워야 했다. 시간은 다소 걸렸지만 그래도 나는 결국 요가의 진정한 목적을 깨닫기 시작했다. 제대로 수행하기만 한다면 요가는 모든 에너지를 상승시켜 결국에는 최고의 경지인 '하나됨'으로 통합시키는 과학이다.

그렇게 공동체에서 몇 주간의 시간을 보낸 뒤 나는 짐을 챙겨 집으로 향했다. 나는 더 현명하고 명료한 사람이 되어 플로리다로 돌아갔다. 그렇게 씨가 뿌려지고 아주 심오한 가르침을 얻긴 했지만 내가 나와 화해하는 법을 배우게 된 것은 그로부터 얼마간의 시간이 더 지난 후다. 어쨌든 나는 내 집, 숲 속의 고독한 내 아름다운 집에 도착할 날만을 손꼽아 기다려왔다.

19

받아들임, 받아들임, 더 많은 받아들임

대륙을 가로질러 운전해가는 내내 나는 매우 평화로운 상태를 유지했다. 하지만 집에 도착하는 순간, 모든 것을 수용하겠노라는 내 맹세에 일격을 가하는 상황이 내 눈앞에 펼쳐졌다. 숲을 지나 안쪽의 들판으로 운전해 들어가는데 특유의 고요함이 흘러야 할 곳에서 난데없는 회전톱 윙윙거리는 소리가 들렸다. 그다음 내 눈앞에 보인 것은 샌디와 내 친구 밥 굴드가 목수용 앞치마를 두르고 한창 공사 중인 어떤 구조물 위로 올라가고 있는 모습이었다. 내 땅에서 벌어지고 있는 그야말로 믿지 못할 광경에 나는 말 그대로 두 눈을 비벼댈 수밖에 없었다.

나는 무슨 일이냐고 물었다. 샌디는 해맑은 목소리로 자기가 지금 집을 짓고 있는데 밥 굴드가 도와주겠다고 하여 같이 일하고 있는 중이라고 대답했다. 그때 내 목소리의 톤이 어떠했는지는 기억나지 않지만 그녀에게 지금 당신이 집을 짓고 있는 땅이 바로 내 땅이라는 사실을 알고 있냐고 물었던 기억은 난다. 그녀는 다시 한 번 매우 해맑은 목소리로 이 집에 대한 소유권을 주장하지는 않을 테니 자신이 떠나면 이 집은 내 것이 되는 거라고 대답했다. 그녀는 이미 머릿속으로 모든 계산을 끝내고 문제 될 게 없다고 생각한 것이 틀림없었다. 나는 반응을 보이기 전에 일단 집으로 들어가 명상을 좀 하는 게 낫겠다고 생각했다.

내 머릿속 목소리가 무슨 말을 했을지 상상해보시라. '이게 말이나 돼? 어떻게 저 여자는 나한테 한 마디 상의도 없이 그런 결정을 할 수 있지? 나는 내 땅에 집이 또 생기는 게 싫어. 나 말고 다른 사람이 여기에 사는 것 자체가 싫은데 뭣 때문에 나한테 집이 한 채 더 필요하겠어? 세상 천지에 누가, 한마디 상의도 없이 남의 땅에 집을 짓겠다는 생각을 하냐고?' 계속해서 이런 말들이 이어졌다. 하지만 이미 나는 호불호가 만들어내는 그 모든 생각들을 침착하게 지켜볼 수 있는 훈련이 되어 있었다. 만일 내가 집이 한 채 더 있었으면 좋겠다고 생각하던 차였다면 목소리는 '이건 기적이 아닌가! 손 하나 까딱 않고도 신이 지어주시는 두 번째 집을 갖게 생기다니'라고 말했을 게 분명했다. 목소리가 무슨 말을 하건 상관없었다. 나는 내가 목소리에 삶의 운전대를 쥐여주기는커녕 그것의 말에 미동도 하지 않을 것임을 뼛속까지 알고 있었다. 이 실제상황을 내 길을 가는 데 사용할 것인지, 아니면 내 길에 묶여 있는 나를 해방시키는 데 사용할 것인지를 선택할 수 있다면 나는 언제나 후자의 자유를 택할 것이었다. 그것이 바로 삶을 대상으로 한 내 실험의 핵심이었다. '호불호의 문제로 요약될 수 있는 문제라면 삶의 손을 들어준다.' 그래서 나는 언덕으로 다시 올라가 앞치마를 질끈 매고 샌디의 집 짓는 일에 손을 보탰다.

다시 집을 짓고 있으려니 기분이 좋아졌다. 이제 나는 풋내기가 아닌 어엿한 목수였다. 무언가를 처음 할 때와 두 번째로 할 때의 차이는 놀라울 정도로 컸다. 어떤 일을 하건 제대로 알고 한다는 느낌이 들어서 자신감도 생기고 정신력 역시 강해졌다. 내가 집을 짓는 것은 샌디를 위해서도, 나를 위해서도 아니었다. 삶의 흐름이 나를 이 상황으로 인도했기 때문이었다. 나를 이끄는 보이지 않는 힘에 일종의 의식처럼 나의 일을 바치기 시작한 때가 바로 샌디의 오두막을 지으면서부터다. 나는 아무 일에도 나서지 않았는데 삶은 자기가 다 알아서 한다는 듯 저절로 펼쳐졌다. 나는 그 힘을 섬겼다. 신, 그리스도, 영 등, 부르고 싶은 대로 불러도 좋다. 그것은 더 이상 그저 신앙할 무엇의 이름이 아니었다. 나를 삶 속으로 끌어당기고 있는 사건들은 만져질 듯 생생한 현실이었다. 나는 마음속으로 내가 한 모든 것을 우주의 힘(Universal Force)에 바치기 시작했다. 내가 원한 것은 오직 하나, 내면 깊은 곳에 있는 그 아름다운 고향으로 돌아가는 것이었다. 삶의 보이지 않는 손길이 날 거기에 데려다준다면, 따라갈 수밖에.

샌디의 집은 아주 단순했다. 처음에 내가 지으려고 생각했던 집과 오히려 더 유사했다. 대략 3.6×4.8 미터 크기의 자그마한 그 오두막에는 전기도, 배관시설도, 내벽 판자도 없었고 창문틀도 스크린과 약간의 플라스틱만으로 가렸다. 완성까지 대략 6주밖에 걸리지 않았고 비용도 거의 들지 않은 오두막이었지만 샌디는 너무나 좋아했다. 처음에 내가 얼마나 저항했는지를 돌이켜 생각해보면 이제는 웃음만 나온다. 그 뒤로 내 인생의 얼마나 많은 일들이 그 오두막과 관련하여 벌어지게 될지를 당시의 나는 상상도 하지 못했다.

그러는 동안에 여름이 끝났고 산타페 대학의 개강일이 빠르게 다가오고 있었다. 나는 수업 내용에 대해서는 일절 생각하지 않겠다는 약속을 굳게 지켰다. 내가 허구한 날 매사를 통제하려 들고만 있으면 삶이 날 위해 무엇을 해줄 수 있을지를 어떻게 알 수 있겠는가? 나는 어떤 일이 벌어지든지 오롯이 수용하겠노라는 마음가짐으로 첫날의 강의실로 걸어 들어갔다. 학생들이 줄지어 들어올 때 나는 그저 마음을 조용히 가라앉히며 스스로에게 물어봤다. '이 학생들에게 가르쳐줄 만한 게 있나?' 나는 재미도 있고 그들의 삶에 도움도 될 만한 지식이 내게 많이 있다는 것을 가슴으로 알았다. 나는 심호흡을 한 번 하고 일어나서 그냥 입을 열어 말을 시작했다. 당시에는 알지 못했으나 그것은 내 영적인 여정의 다음 단계, 즉 교사가 되기 위한 포석이 깔리기 시작한 순간이었다.

말은 술술 흘러나왔다. 다음에 할 말을 미리 생각하며 말한 것도 아니었다. 한 학기 동안 다루게 될 내용에 대한 로드 맵이 첫 시간에 모두 나왔다. 이미 커리큘럼이 다 짜여 있었던 것처럼 말이다. 숲 속 한가운데 차 안에 앉아서 경제학 보고서를 쓰던 때와 흡사한 경험이었다. 다만 그때와 다른 점은 끊임없이 이어지는 영감의 흐름이 흡인력 있는 강의로 변해가는 것을 내가 지켜보고 있었다는 점이다. 거기서 내가 한 것은 아무것도 없었다. 나는 그저 그 모든 것을 자각하고 있었을 뿐이다.

학기가 진행되어가는 동안 이런 현상이 수업마다 되풀이되었다. 수업 중 내 입에서 나오는 가르침에 내가 놀랄 정도였다. 그동안 학교에서 배운 모든 지식에, 명상으로 내면을 들여다보고 끈질기게 목소리를 지켜보며 체득한 배움들이 통합되어 하나의 응집된 전일체로 화하여 나오는 것 같았다. 수업의 전제는 이러했다. '우주에는 단 하나의 근원적인 진리가 존재하고, 인간의 모든 지식은 이 진리를 다양한 시각에서 바라본 것에 지나지 않는다.' 이 전제를 탐구하기 위해 물리학과 생물학과 심리학과 종교가 동원되었다. 그 모든 것이 말하는 바가 결국 같은 것일 수 있는가? 내가 이런 관점으로 세상에 대해 생각해본 적은 한 번도 없었다. 사실 나는 생각으로 소일하지 않는 법을 터득하는 데 모든 시간을 바친 사람이다. 내가 나서서 노력한 것도 아닌데 어떻게 수업 하나하나가 그렇게 완벽하게 진행될 수 있었을까? 어쨌거나 매 수업마다 강의는 내 눈앞에서 절로 펼쳐졌다.

수업은 이루 말할 수 없을 정도로 성공적이었다. 보통 학기 초에 등록하는 학생은 20명 정도였는데 학기 말이 되면 인원은 그 두 배로 늘어나곤 했다. 내가 교실에 들어가는 것조차 힘들었던 수업도 있었다. 등록한 학생은 스무 명인데 40명 정도의 학생이 추가로 교실에서, 혹은 복도에서 강의를 들었다. 학생들은 계속 친구들을 데려왔다. 나는 여전히 고요한 삶을 원했고 이 모든 것이 나의 수행에 방해가 되게 하고 싶지 않았다. 그래서 수업 직전에 학교에 도착했다가 수업이 끝나면 바로 떠나고, 교수진 회의나 학교 행사에는 일절 참여하지 않는 식으로 스스로를 격리시키려고 애썼다. 그래도 별문제는 없었다. 때는 70년대였고 나는 의식혁명의 한가운데서 우주적 사고를 가르치고 있었으므로. 시간이 흐르자 학생들과 그들의 친구들은 내 집에서 열리는 일요일 명상모임에도 나타나기 시작했다.

그것만으로는 모자란다는 듯, 산타페의 수업은 또 다른 아주 영적인 사건들이 흘러들게 하는 바탕이 되었다. 이번에는 하필이면 내 박사논문이 빌미가 되었다. 나는 고프만 박사에게 내 인생은 이미 경제학과는 너무나 멀어져 있어서 박사논문을 쓸 생각은 전혀 없다고 계속 말해왔다. 그럼에도 불구하고 하루는 그가 나에게 약속을 하나만 해달라고 부탁했다. 자기에 대한 호의의 차원에서, 자신이 읽어볼 만한 것이면 뭐라도 좋으니 써서 논문으로 제출해달라는 것이었다. 나는 고프만 박사를 대단히 사랑하고 존경했기 때문에 그분의 소원을 들어드리는 뜻에서 글을 쓰기로 했다. 바로 그날 밤, 나는 경유 램프를 켜고 방바닥에 앉은 뒤 그렇게 큰 약속에 걸맞을 만한 내용이 과연 내 안에 있는지 자문해보았다. 아주 중요한 것을 쓸 수 있겠다는 깨달음이 곧 머리를 스쳤고, 나는 고프만 박사가 그것을 읽어주기를 진심으로 바랐다. 그것은 모든 과학과 종교의 배후에 존재하는 일체성(Oneness)과 머릿속의 목소리에 대해 써보라고 삶이 내게 던져준 기회 같았다. 산타페에서 학생들을 가르치게 된 것처럼 말이다.

주제가 정해지자 영감이 쏟아졌다. 그 글이 경제학 박사논문으로는 받아들여질 수 없을 것임을 알고 있었지만 나는 가슴과 영혼을 바쳐 글쓰기에 매진했다. 그러나 나중에 밝혀졌듯이, 완성된 글은 저만의 운명을 갖고 있었다. 박사논문 심사위원 중 한 분의 소개로 한 출판사가 나에게 연락을 해왔고, 1년이 채 되기 전에 내 논문은 《진리의 탐구》(The Search for Truth)라는 제목으로 출간되었다. 35년이 지난 지금도 이 책은 아마존에서 매달

몇 부씩은 꾸준히 팔리고 있다. 이 책을 탄생시킨 일련의 내맡김의 행위에 대해 주어지고 있는 적당한 찬사라 할 수 있겠다.

이 모든 일 가운데서 잊지 말아야 할 사실은, 내가 마음의 목소리를 따랐다면 이런 일은 일어나지 않았을 것이란 점이다. 개인적인 호불호 대신 삶의 흐름을 따르다 보니 나는 어느새 목수이자 스승이자 저자가 되어 있었다. 나의 내면 역시 성장했다. 영적인 것과 영적이지 않은 것을 구분 짓던 명확한 선은 점차 사라지기 시작했다. 산타페에서 학생들을 가르치며 경험한 에너지는 내가 요가와 명상을 하면서 경험했던 에너지와 다르지 않았다. 명상을 할 때면 그 에너지는 위를 향해 흘러서 나를 일상적 자아에서 벗어나게 해주었다. 학생들 앞에 서 있을 때면 바로 그 동일한 에너지는 열정적이고 진심 어린 강의로 폭발해 나왔다. 나는 모든 것을 영적인 에너지의 흐름으로 바라보기 시작했을 뿐 아니라, 강의를 하러 오는 것과 명상 수행을 하기 위해 집으로 가는 것 사이에는 아무런 차이가 없음을 깨달았다. 내가 강의를 하는 것은 놀라운 삶의 흐름이 날 그곳으로 인도했기 때문이다. 내가 운전해서 집으로 가는 것도 놀라운 삶의 흐름이 나를 그곳으로 인도했기 때문이다. 이 목적지들 중 내가 결정한 것은 아무것도 없었다. 그것은 내가 나 자신을 내려놓은 결과였다. 나의 삶은 내맡김의 결과들로 조금씩 조금씩 채워졌다. 나는 내가 설계한 삶이 아닌, 나를 위해 설계된 삶에 둘러싸

이기 시작했다. 하지만 이것이 또 날 어디로 데리고 갈 작정인
지는 아무리 허무맹랑한 꿈속에서도 미처 상상하지 못한 일이
었다.

20

평생에 가장 중요한 부탁

1973년 여름, 내가 사는 곳에 매우 흥미로운 변화들이 들이 닥쳤다. 내가 무슨 수를 쓴 것도 아닌데 자연으로 돌아가기를 꿈꾸는 사람들이 내 부지 주변의 6천 평 정도 되는 땅을 거의 다 사들인 것이다. 놀랄 것도 없이 그중 많은 사람들은 어떤 형태로든 명상과 요가에 빠져 있었다. 그때까지만 해도 나는 여전히 '은둔 수행자'의 이미지를 고수하고 있었기 때문에 새 이웃들과의 교류는 거의 없었다. 하지만 후다닥 지어진 오두막들이 주변의 숲 속에 여러 채 들어서면서 내 오후의 산책 역시 훨씬 흥미로워졌다는 점만큼은 인정할 수밖에 없다.

내 집 바로 뒤에 있는 땅을 산 사람은 밥 틸친이라는 남자였다. 처음 보는 사람이었는데 그 역시 요가와 수피즘에 빠져 있었고 무엇보다 매우 다정다감했다. 그가 내 친구인 밥 굴드를 고용해서 함께 집을 지었기 때문에 나중에는 그가 거의 가족처럼 느껴지기도 했다. 하루는 그가 내게 부탁을 하나 해왔다. 그는 게인즈빌에서 북쪽으로 65킬로미터 정도 떨어져 있는, 경비가 삼엄하기로 유명한 유니언 교도소에 복역 중인 제리라는 수감자와 펜팔을 하고 있었다. 펜팔 외에도 가끔씩은 이 수감자를 면회하러 갔던 모양인데, 그가 잠시 다른 지방에 가봐야 할 사정이 생겼다는 것이다. 그러니 자기가 없는 동안 제리를 만나러 가줄 수 있겠냐는 것이 그의 부탁이었다. 나로서는 참으로 괴이한 부탁이었다. 그쪽 일에 경험이 있었던 것도 아니고 나는 여전히 그저 혼자만의 삶을 잘 지켜내고자 하는 마음뿐인 사람이었기 때문이다. 하지만 머릿속의 생각이 '안 돼'라고 말했기 때문에 내 입술은 '그러겠습니다'라고 대답할 수밖에 없었다. 경비도 삼엄한 교도소에 직접 가서 생판 낯선 사람을 만난다는 것이 과연 어떤 느낌일지는 짐작조차 되지 않았지만, 직접 가서 느껴보기로 했다.

어느 토요일 아침, 나는 교도소로 가서 지정면회실에서 젊은 흑인 남성인 제리를 만났다. 내가 수업에서 가르치던 것과 비슷한 주제를 놓고 이야기를 나누면서 우리는 몇 시간을 함께 보냈다. 아주 지적인 사내였던 그는 내 얘기에 진지한 관심을 보였다. 그가 얼마 전부터 명상을 시작했다고 하기에 함께 명상도 했다. 그는 나의 방문에 마음에서 우러나오는 감사를 표하며 다시 와줄 수 있느냐고 물었다. 들어올 때 언뜻 보기로 제리의 방문객 목록에는 밥 틸친과 나 외에는 아무도 없었다. 우리 둘이 함께 한 명상은 놀라울 정도로 깊이가 깊었고 나는 거대한 평화에 압도된 채로 교도소를 떠나왔다. 왜인지는 모르겠지만 교도소라는 환경에서의 경험이 내 안의 아주 깊은 무언가를 건드린 것 같았다. 교도소 문을 채 나오기도 전에 나는 다음 번 방문을 고대하게 되었다.

두 번째로 제리를 만나러 갔을 때는 놀라운 소식이 나를 기다리고 있었다. 지난번의 만남과 명상이 너무도 즐거웠던 그가 그룹 명상에 관심이 있는 재소자 대여섯 명을 모은 것이다. 나는 당국에 연락했고, 그런 그룹 모임은 종교 모임으로만 등록될 수 있다는 답변을 받았다. 제리는 자신을 불자라고 생각했고 나 역시 선불교 명상을 했기 때문에 우리는 그렇게 북플로리다 교도소 역사상 아마 첫 번째가 아닐까 생각되는 불교 모임을 시작했다. 우리는 격주 토요일 아침에 예배당에서 만났는데, 나 같은 사람에게는 그 모든 광경이 초현실적이었다. 교도소에 도착하면 칼날이 뾰족뾰족 박혀 있는 철조망이 이중으로 빼곡히 감겨 있는 정문을 통과한다. 두 개의 문을 더 통과하여 몸수색을 받고 나면 잠시 후 '불교신자들'을 호출하는 방송이 대형 확성기를 통해 교도소 내 여러 블록에 울려 퍼진다. 내면의 아주 고요한 자리에서, 나는 머릿속의 목소리가 이렇게 말하는 것을 지켜봤다. '내가 어쩌다가 여기까지 오게 됐지?'

그룹의 규모는 해가 갈수록 커졌고, 제리가 플로리다 주립 교도소로 이감되고 나서는 그곳에서도 그룹을 운영했다. 맨 처음에 교도소 사람들을 만나게 된 것은 내맡김의 결과였는지 몰라도, 그 이후부터 나는 그들과의 만남에 내 가슴과 영혼을 모두 바쳤다. 교도소에 갈 때마다 내 안의 영적 에너지 흐름은 한층 더 강렬해지곤 했다. 또한 집에서 혼자 몇 시간 동안 앉아 있을 때보다 재소자들과 함께 있을 때 명상의 깊이가 훨씬 더 깊어졌다. 무슨 일이 벌어지고 있는지 이해할 수는 없었지만, 나는 영적 상승을 느낄 수 있는 그들과의 만남을 매번 고대하고 있었다.

교도소 그룹 역시 산타페 대학에서 하는 수업과 상당히 비슷한 방식으로 진행되었다. 나는 어느 것 하나 미리 계획하지 않았다. 그저 에너지가 말을 하게 했다. 재소자들은 머릿속 목소리의 지껄임이 무엇을 가리키는지를 곧바로 이해했다. 그들은 매우 열린 마음으로 그 목소리를 어떻게 하면 조용해지게 만들 수 있는지, 분노와 두려움, 강한 충동 같은 내면의 패턴을 어떻게 하면 다스릴 수 있는지를 배워나갔다. 영적인 성장을 향한 그들의 뿌리 깊은 성실성 덕분에 교도소 수감자들과의 작업은 내 평생 가장 보람찬 경험 중의 하나가 되었다. 이웃인 밥 틸친이 요청한 단 한 번의 부탁, 게다가 맨 처음에는 저항을 불러일으켰던 그 부탁은 재소자들과의 30년을 넘기는 작업으로 이어졌다. 그 그룹 사람들은 내 가족이 되었고 그들은 지금도 내 가슴 속 깊은 곳에 살고 있다.

그것은 1973년의 여름이었다. 그리고 내 가슴은 가장 뜻밖의 엉뚱한 곳에서 자신을 여는 법을 배워가고 있었다. 나는 봉사란 게 어떤 것인지를 배워가고 있었다. 그것은 나 혼자서는 결코 생각해낼 수 없었을 일이었다. 나는 자아실현을 향한 나의 길은 명상에 있다고 철석같이 믿고 있던 사람이었다. 하지만 운좋게도 그보다 더 많은 것을 알고 있는 삶이 날 인도하여 타인에 대한 봉사를 통해 내가 스스로에게서 벗어나게끔 이끌어주기 시작한 것이다.

3부

은둔에서 봉사로

21

살아 있는 스승의 부름

플로리다의 여름은 무자비하다. 숲이라고 해서 예외는 아니다. 나는 에어컨이 없었고, 집은 서쪽 벽이 유리로 되어 있는데도 태양열을 이용하거나 피하는 시스템을 갖추질 못했다. 산타페 대학 수업이 시작되는 9월 중순까지는 몇 달이 남아 있어서 나는 북 캘리포니아로 가서 공동체 사람들을 만났다. 집으로 돌아오기 전에 나는 전처인 셸리가 샌프란시스코의 한 요가센터에 살고 있다는 소식을 풍문으로 들었다. 어찌어찌 번호를 알아내어 그녀에게 전화를 걸었다. 우리는 몇 년간 서로 연락 없이 지내던 참이었는데, 나도 그렇고 그녀도 그렇고 어떻게 똑같이 요가에 그토록 깊이 빠질 수가 있었는지 생각할수록 신기했다.

나는 피드몬트로 내려가 셸리가 지내고 있다는 곳에 도착했다. 그녀를 다시 보게 되니 너무나 반가웠고 가슴이 활짝 열리는 느낌이 들었다. 셸리는 몇 명의 거주자들이 명상센터로 사

141

용하고 있는 아름다운 집을 구석구석 구경시켜주기 시작했다. 명상실을 구경하기 위해 2층으로 올라갔을 때, 삶은 다시 한 번 날 놀라 자빠지게 만들었다. 방 여기저기에는 그들이 바바Baba 라 부르는 요가 스승의 사진이 놓여 있었다. 나는 한 번도 들어본 적 없는 사람이었는데, 그럴 법도 했다. 나는 플로리다 중북부 지역의 숲 속에서 몇 년째 은둔하고 있는 사람이었고, 그는 인도에서 살고 있었기 때문이다. 나는 넋을 놓고 그 성자의 사진을 쳐다봤다. 그에게서 눈을 뗄 수가 없었다. 내 안에 흐르던 에너지가 미간으로 차오르면서 어마어마한 평화가 내 온 존재를 삼켰다. 나는 거기서 잠시 명상을 해도 되겠냐고 물었다. 셸리는 고개를 끄덕이고는 방을 나갔다.

나는 일렁이는 에너지가 온몸을 빠르게 휘젓는 것을 느끼며 그 방에서 몇 시간 동안 명상을 했다. 방 전체가 에너지로 가득한 것 같았다. 내가 이해할 수 없는 무언가가 일어나고 있었다. 그저 평소처럼 애쓰지 않고도 아주 깊은 명상 상태로 빨려 들어갔다는 것만이 내가 아는 사실의 전부였다. 나는 아주 오랫동안 그 방에 앉아 있었고, 마침내 방에서 나왔을 때는 셸리와 작별인사를 해야 할 시간이었다. 분명히 내가 예상했던 방문은 아니었다. 삶은 그저 아주 사적인 이유로 출발한 여행을 강렬한 영적 체험으로 바꿔놓았다. 그때의 방문으로 얻은 것이 그게 다였다고 하더라도 환상적이었을 것이다. 하지만 그건 시작에 불과했다.

9월 초, 집에 돌아오니 샌디네 집에 내가 모르는 사람이 살고 있었다. 알고 보니 샌디가 여행을 가면서 친구인 라마 말론에게 집을 빌려준 것이었다. 라마는 매우 활달하고 쾌활한 여성이었다. 흥이 많았던 그녀는 즉시 나를 자신의 세계로 끌어들였다. 라마를 처음 만나러 간 날, 그녀는 집을 어떻게 꾸몄는지 보여주겠다며 나를 오두막으로 초대했다. 엄청 신이 난 그녀는 내게 다락으로 올라오라고 손짓했다. 나는 얼기설기 만든 사다리를 타고 위로 올라갔다. 다락 위로 머리를 막 내밀었을 때, 나는 내 눈앞에 놓인 것을 보고 거의 아래층으로 굴러떨어질 뻔했다. 셀리네 요가센터에서 막 알게 됐던 그 요가 스승의 사진이 다락 전체에 도배되어 있었기 때문이다.

나는 우연을 믿는 사람이다. 하지만 대륙의 이쪽 끝과 저쪽 끝에서 두 번씩이나 연달아 마주치다니. 1973년 당시만 해도 인도에 사는 이 성자를 아는 사람이 미국에는 많지 않았다. 그가 나를 미행해온 것만 같은 기분이었다. 라마는 곧장 얘기 보따리를 풀어냈다. 바바 묵타난다Baba Muktananda가 내년 봄에 미국에 오실 계획인데 내가 게인즈빌로 그를 초청해야 한다고 말이다. 처음에는 그녀가 '그랬으면 좋겠다'는 식의 소망을 얘기하고 있다고 생각했으나 이내 그것이 100퍼센트 진심임을 알게 됐다. 나는 심호흡을 한 번 크게 하고 나서 그 일이 왜 불가능한지 그녀를 설득하기 시작했다. 나는 숲 속에서 홀로 살면서 사람들을 끌어들이지 않으려고 여러 해 동안 갖은 애를 다 쓰고 있는 사람이다, 이런 사람이 어떻게 인도에 편지를 써서 그토록 존경받는 요가 스승을 플로리다 중북부의 소도시로 초대하겠다고 나설 수가 있겠는가? 하지만 내 말은 통하지 않았다. 그녀는 내가 산타페 대학 이름이 인쇄된 편지지에다 바바를 초대하는 글을 써서 인도로 보내야 한다고 말했다. 바바가 애틀랜타에서 마이애미로 이동하는 길에 게인즈빌에 잠시 들를 수 있게 말이다.

나는 말도 안 된다고 생각했다. 내 마음은 바바가 이곳에 올 리가 없다고 우겼다. 사실 편지를 써서 인도로 보낸다는 것 자체가 당혹스러운 일로 느껴졌다. 하지만 나에게 무슨 선택권이 있겠는가? 나는 저항하는 마음에 귀를 기울이거나, 아니면 삶이 나를 이 위대한 요기와 만나게 해주었고, 그의 사진 앞에서 깊은 체험을 하도록 이끌었으며, 그의 열렬한 추종자를 내 땅에 쑤셔 넣어 나로 하여금 그를 게인즈빌로 초대하도록 밀어붙이고 있다는 사실을 깨닫는 수밖에 없었다. 결국 나는 거기에 자신을 내맡기고 편지를 보냈다.

몇 달 후 답장이 날아왔다. 사람을 보낼 테니 게인즈빌 방문 가능성에 대해 논의해보자는 내용이었다. 담당자가 도착했을 때 나는 아주 말쑥하게 차려입은 젊은이를 보고 깜짝 놀랐다.

그 역시 숲 속에 혼자 살고 있는 웬 히피 같은 사람을 보고 적잖이 놀랐던 것 같다. 그가 이 모든 상황에 약간 떨떠름해하고 있다는 사실은 누가 봐도 알 수 있었을 것이다. 그는 바바와 그의 수행단이 일주일간 방문하려면 주최 측에서 어떤 준비를 해야 하는지를 설명하기 시작했다. 일단 최대 20명 가까이 되는 수행원들이 머물 숙소, 40명에서 100명가량의 사람들이 주중 내내 수업을 들을 수 있는 큰 방 하나, 주말 집중수행 때 모일 몇백 명가량의 인원이 모두 들어갈 수 있는 대형 홀 하나가 최소한의 필요조건이었다. 그는 내게 과연 이 모든 것을 준비할 능력이 있을지 사뭇 회의적인 태도를 보였다. 하지만 누가 그를 비난할 수 있겠는가. 나는 한 달 수입이 고작 350달러밖에 안 되는 지방대학의 강사에 불과했다. 그 사람들이 원하는 자격과는 거리가 멀었다.

끝으로 그는 내게 생각해볼 시간을 가져도 좋다며 다시 연락하겠다고 했다. 완전히 희망에 찬 소리도 아니었지만 확실하게 거절한 것도 아니었다. 그가 떠나기 전에 나는 중요한 질문을 하나 던졌다. ─ "당신네 수행단이 바바를 사람들에게 알리는 노력을 하고 있다면 해외순방 때는 정확히 어떤 방식으로 그를 홍보합니까?" 나는 영어 한 마디 못하는 인도의 성자가 그토록 많은 사람들을 끌어모을 수 있으리라고는 생각지 않았다. 그는 바바가 매우 강력한 싯다Siddha(신통력)를 지닌 스승이시기 때문에 사람들이 그를 만나고 싶어할 거라고만 했다. 나는 그게 무슨 말인지 몰랐지만 나중에 직접 알아보리라고 생각했다.

몇 달이 지나 우리는 바바가 게인즈빌에 들를지도 모르는 잠정적 날짜를 받았다. 1975년 1월 18일이었다. 세계적인 요가 스승을 만날 수 있다는 데서 오는 흥분은 내 수업과 일요일 명상 모임의 에너지를 드높여줄 뿐이었다. 한 주가 지날 때마다 일은 점점 커지다가 급기야는 더 많은 사람을 수용하기 위해 내 집에 자그마한 공간을 하나 더 증축하지 않을 수가 없게까지 되었다. 1974년 봄, 《진리의 탐구》의 출간으로 그 에너지는 더욱 부채질을 받았다.

라마와 샌디는 숲 속의 집을 오가다가 그해 봄에 완전히 떠났고, 빈집에는 도나 와그너Donna Wager라는 이름의 여성이 들어왔다. 도나는 대학 졸업반 때 산타페 대학에서 내 수업을 듣기 시작했다. 다른 학생들보다 몇 살밖에 많지 않았음에도 그녀는 훨씬 더 성숙하고 중심이 잡혀 있었다. 그녀는 내가 가르치는 내용을 매우 깊은 수준에서 이해했고 내가 진행하는 거의 모든 수업뿐 아니라 일요 명상모임에도 꼬박꼬박 나왔다. 그녀가 숲으로 이사 오기 전까지 약 1년간 우리는 마을에서 번번이 마주쳤다. 우연한 만남이 너무 자주 반복되자 나는 이게 대체 무슨 일인지 의아스러워지기 시작했다.

샌디가 떠난 후 도나는 일요 모임 운영을 돕기 시작했다. 일요일 아침에 모임 준비를 하고 사람들을 맞이하기 위해 그녀는 토요일 밤엔 종종 샌디네 집에서 자곤 했다. 그러다가 어느 날부터는 아예 그곳에 눌러앉았다. 도나가 사실은 부모님이 사주신 근사한 아파트를 포기하고 배관시설도 없고 전기도 없는 그 숲 속 작은 오두막으로 들어온 것임을 당시에 알았더라면 나도 아마 그렇게 덥석 그녀를 들이지는 않았을 것이다. 우리가 사랑에 빠져서 결혼을 하고 어여쁜 딸을 낳게 될 운명임을 알았더라면 당시의 내 마음 상태로는 결코 그녀의 이사를 찬성하지 않았을 것이다. 내가 영적인 자아관념을 내려놓고 삶이 나를 위해 마련해놓은 특별한 관계를 온전히 받아들일 수 있게 되기까지는 몇 년의 내맡김 연습이 더 필요했다.

22

샥티팟Shaktipat

바바의 방문을 주최하기 위해서는 처리해야 할 일들이 너무
나 많았다. 아무도 이런 일을 해본 적이 없기 때문에 우리는 직
접 부딪치며 배우는 수밖에 없었다. 우선 행사 예정일이 비수
기여서 주말에 있을 대규모 집중수행은 오칼라 국유림의 여름
캠프장에서 진행할 수 있었다. 그다음으로 20명가량 되는 바바
수행단의 숙소 겸 주중 명상수업 장소로 적당한 대저택을 수소
문했다. 게인즈빌은 대학가라서 대저택이 드물었으나 어떤 독
지가가 1월 한 달 동안 행사에 쓰라며 조건이 완벽한 집을 내주
었다. 일이 착착 맞아 떨어져가고 있었다.

주말의 집중수행은 이번 방문의 성사를 위한 열쇠였다. 우리
가 사람들을 충분히 모으지 못하면 바바의 방문은 없었던 일이
되는 것이다. 도나와 나는 인원 모집을 위해 수백 명의 사람들
에게 일일이 전화를 걸고 전국에 우편물을 보냈다. 집 안에 전

화를 설치하고 그 번호를 모든 전단지와 전화 메시지에 연락처로 넣는 일은 내게 진정한 내맡김을 요구하는 일이었다. 우리는 이 행사를 알리기 위해 열정적으로 달려들었고, 전국으로부터 어마어마한 응답을 받았다.

수년간 나는 영적인 삶이란 하루하루를 침묵과 고독 속에서 보내는 것이라고만 생각했다. 그랬던 내가 이제는 사방을 뛰어다니며 이 모든 일을 처리하고 있었다. 하지만 어찌 된 일인지 예전보다 에너지 흐름이 훨씬 더 잘 느껴지고 마음이 확장되는 기분이었다. 오전명상과 저녁명상은 예전과 다름없이 계속했지만 그 사이 시간은 수업과 바바의 게인즈빌 방문을 위해 온전히 바쳤다. 내맡기기를 거듭한 결과, 나는 삶의 흐름에 자신을 내맡기기로 '선택하는' 수준을 넘어섰다. 이제는 그 흐름이 내 삶을 집어삼켜버렸다. 예전의 삶이 나를 미묘하게 인도해가는 수준이었다면 지금의 삶은 나를 운전하여 달리고 있었다. 내 마음은 계속 이 일만 끝나면 다시 조용한 삶으로 돌아가자고 말하고 있었다. 하지만 언제나 그랬듯이, 내 마음은 틀렸다.

바바가 게인즈빌로 오기 전, 우리는 바바 측으로부터 애틀랜타 바로 외곽지역에서 열리는 12월 집중수행에 참석해보지 않겠느냐는 초대를 받았다. 나는 일단 그를 너무 만나보고 싶었던 데다 그가 다음 달에 게인즈빌로 오면 어떤 일이 벌어질지를 미리 알아놓고 싶었기 때문에 초대에 응했다. 대략 여섯 명의 일행이 내 밴에 꾸겨 탄 뒤 북쪽으로 향했다. 집중수행처에 도착했을 때 우리는 50~60명 정도의 사람들이 모여 있는 커다란 홀로 안내받았다. 그렇게 내 인생의 가장 치열한 나흘이 시작되었다.

바바와 함께한 첫 번째 명상 시간이 기억난다. 우리가 명상을 하고 있으면 그가 우리들 사이를 걸어다닐 것이라고 했다. 방 안은 칠흑같이 어두워서 아무것도 보이지 않았지만 어느 순간 내 뒤에서 바바의 강렬한 존재감이 느껴졌다. 그 에너지는 점점 커졌고 마침내 나는 그가 바로 내 옆에 서 있다는 것을 알아차렸다. 그는 양 눈썹 사이의 미간, 내가 언제나 에너지의 흐름을 느끼고 있는 바로 그곳을 살짝 건드렸다. 그리고 다른 자리로 이동했다.

이런 명상 시간이 매일 두 번씩 진행됐다. 바바가 내 뒤로 걸어올 때마다 분명히 어마어마한 에너지가 느껴지기는 했지만, 그게 전부였다. 그 방에 종일 앉아 있는 것이 힘들었다. 사적인 공간을 확보하고 싶은 마음에 명상을 하려고도 해봤지만 내 안으로 들어갈 수가 없었다. 명상이 깊어지기는커녕 내면의 밀실이 잠겨버리기나 한 듯 나는 완전히 바깥에 나와 앉은 신세가 돼버렸다. '기능 정지', 이것이 당시에 내가 내내 느끼고 있던 기분을 묘사해주는 가장 근사한 말이다. 나는 제대로 된 생각을 할 수 없을 만큼 산만해졌고, 몸은 아팠으며, 머릿속 목소리는 나를 미칠 것 같은 지경으로 몰아댔다. 끝까지 앉아서 버텨보겠다고 다짐은 했지만 명상시간이 끝날 때까지 도저히 기다릴 수가 없었다.

그 상태는 마지막 날까지 계속 이어졌고, 과장하지 않고 말하더라도 나는 매우 혼란스러운 상태였다. 마지막 날 아침, 어쩌면 내가 마음을 충분히 열지 않은 채 바바를 대하고 있는 것은 아닌가 하는 생각이 들었다. 위대한 영적 스승에게 존경심을 표하러 오긴 했지만 그는 나의 스승이 아니었다. 나의 스승은 요가난다였다. 나는 마지막 날이니만큼 그 생각마저 내려놓고 내게 오는 체험에 온전히 자신을 내맡기겠노라고 마음먹었다.

강당 앞쪽에서는 예정된 프로그램이 진행되고 있었지만 나는 내 자리에 앉아 바바의 만트라를 암송하기 시작했다. 나는 '옴 나마 시바야Om Namah Shivaya'를 끊임없이 되뇌었다. 나도 모르는 사이에 나는 매우 깊은 명상 상태에 들었다. 외부의 모든 소리가 잦아들면서 머릿속의 수다도 멈췄다. 나는 한 번도 가본 적이 없는 가슴속 깊은 자리로 들어갔다. 내 가슴이 나를 보호해주고 사랑해주는 거대한 동굴처럼 느껴졌다. 나는 경이와 평화에 온통 싸여 있었다.

곧 저녁명상 시간이 시작되어, 바바는 걸어다니며 사람들을 톡톡 두드렸다. 나는 가슴속의 그 지극히 조용한 자리로 나도 몰래 다시 끌려 들어갔다. 명상을 하고 있는데 바바가 내 뒤

에서 걸어오는 것이 느껴졌다. 그에게서 어마어마한 힘이 뿜어
져 나오고 있었다. 나는 앞을 향한 채 눈을 감고 있었지만 그의
손에서 나오는 에너지가 내 머리 쪽을 향하는 것은 느낄 수 있
었다. 그의 손바닥이 정수리 위에 닿는 순간, 척추 기저부에서 1
만 볼트짜리 전기 같은 것이 튀어 올라 그의 손을 향해 뻗어나
갔다. 번쩍 하는 번개처럼 순식간에 일어난 일이었다. 그 순간
나는 더 이상 내 몸 안에 있지 않았다. 여기에 살고 있는 나, 눈
을 통해 보고 귀를 통해 듣는 나, 생각과 감정을 인식하는 의식
의 중심인 나, 그 모든 '나'가 더 이상 그 모든 일을 하면서 내면
에 앉아 있지 않았다. 나는 극심한 공포에 사로잡힌 채 몸과의
연결을 잃지 않으려고 사력을 다해 버텼다. 솟구쳐 오르는 그
엄청난 에너지는 나를 평소에 앉아 있던 내면의 자리에서 밀어
내버렸다. 태풍급의 바람이 나를 몸에서 날려버리려 하고 있었
고, 나는 내 소중한 목숨을 붙들려고 안간힘을 다 썼다.

　하지만 아무리 기를 써도 나 자신을 몸속으로 끌어내릴 수가
없었다. 이것은 순수한 공포 앞에서 초인적인 힘을 발휘하게 되
는, 절체절명의 순간 중 하나였다. 하지만 아무 소용 없었다. 나
는 나를 아래로 끌어당기는 시늉조차 할 수가 없었다. 그 순간
이 얼마나 오래 지속되었는지는 알지 못한다. 내가 그만하면 됐
다고 느꼈는지, 바바가 손으로 내 등을 가만히 문질렀다. 그의
손이 내 등의 중앙부분에 물리적으로 닿는 순간, 모든 것이 멈

쳤다. 나는 즉시 몸속으로 떨어져서 어느 정도 정신을 차리기 시작했다. 가장 먼저 의식한 것은 심장이었다. 심장이 뛰지 않고 있었다. 그것은 벌새의 날갯짓처럼 바르르 떨리고만 있을 뿐이었다. 제일 먼저 든 생각은 이랬다. '이건 좋지 않아. 이런 상태론 심장이 오래 버티지 못할 텐데.' 그 생각이 내 마음에 형성되는 순간, 바바가 내 앞으로 와서 손으로 심장을 문질렀다. 그 즉시 심장은 정상적으로 뛰기 시작했다.

나는 이 사람의 힘, 그리고 이 체험에 넋이 빠졌다. 그는 누구일까? 그가 어떻게 나의 에너지며 신진대사 기능을 그처럼 마음대로 통제할 수 있는 것일까? 그의 존재 앞에서 절로 고개가 숙여졌다. 평생에 그토록 완벽하게 짐을 벗어버린 듯한 기분을 느껴본 적이 없었다. 나는 지금까지 과연 무엇을 해왔던가? 그 많은 세월 동안 단식하고 명상하고 나 자신과 싸우면서? 이 사람은 단 한 번의 건드림만으로도 그토록 엄청난 변화를 일으킬 수 있었다. 그 순간 나는 '싯다 마스터'란 것이 무엇인지를 깨달았다. 바바는 이 세상 사람이 아니었다. 그는 완전히 다른 세상에서 온 존재였다.

23

게인즈빌에 구루를 모시다

우리는 바바 일행이 머물고 있는 애틀랜타로 함께 가자는 초대를 받았다. 집중수행처를 떠나 애틀랜타로 가는 내내 나는 전날 있었던 일에 대해 곰곰이 생각해봤다. 바바의 수행단 중의 한 사람이 그런 경험을 샥티팟shaktipat이라고 부른다면서 싯다마스터가 내려주는 특별한 은총이 내면에서 아주 강력한 영적 에너지를 일깨워주는 것이라고 설명해주었다. 바바가 머무는 애틀랜타의 저택에 도착할 무렵, 수행원들 사이에서는 내가 바바를 스승으로 모시는 것이 기정사실화되어 있었다. 그들은 누구라도 현존하는 스승에게 이끌리기 마련이라고 말했다. 내가 무엇을 알겠는가? 이 모든 것은 내 이해를 넘어서 있었다.

나는 혼자 있고 싶은 마음에 밖으로 나갔다. 전날 있었던 일이나, 나를 여기까지 오게 한 일련의 사건들에 대해서는 의문이 없었다. 내 앞에서 벌어지고 있는 일이 설령 이해가 되지 않더라도 삶의 흐름에 내맡기겠노라는 나의 결심을 나는 잊지 않았다. 나는 언덕을 내려가서 아무도 없는 주차장으로 갔다. 매우 혼란스러웠지만 나를 이곳까지 인도해주신 요가난다에게 감사의 인사를 전할 준비는 되어 있었다. 두 눈을 감고 늘 그와의 연결감을 느끼곤 했던 내면의 그 고요한 자리로 들어갔다. 나는 '고맙습니다'라고 말하듯이 마음속으로 위를 쳐다보았다. 그런데 느닷없이 내 머리 위의 공간 전체가 무한한 공간으로 확장되었다. 마치 내 인식과 내 너머에 있는 것 사이에 드리워 있던 베일이 들어올려진 것 같았다. 나는 즉시 내가 찾고 있던 '그 모든 것과의 일체감'을 느꼈다. 그렇게 강력한 깨달음의 경험은 처음이었다. 그 상태가 지속된 것은 단 몇 분이었지만 현실로 돌아오자 어떤 울림이 내 존재에 울려 퍼졌다. '네가 지금 작별인사를 하고 있는 그 사람이 정확히 누구라고 생각하는가?' 나는 내면을 포함해 온 사방에 퍼지는 요가난다의 존재를 느낄 수 있었다. 이후로 나는 그와의 연결감을 단 한 번도 의심하지 않았다.

나는 저택으로 가서 집으로 돌아갈 채비를 하고 있는 도나와 내 친구 일행과 합류했다. 게인즈빌로 돌아가며 우리 모두는 며칠 후 바바를 모신다는 생각에 한껏 들떴다. 바바가 마침내 도착했을 때 나는 그를 향한 사람들의 뜨거운 관심에 놀라움을 금치 못했다. 우리가 가는 곳마다 모두들 서 있어야 할 만큼 사람들로 가득 찼다. 게인즈빌에 올 당시 바바는 젊은 나이가 아니었음에도 사람들이 초대하는 곳이면 낮이고 밤이고 어디에서든 강연을 했다. 당시에 나는 교도소 모임을 하고 있었는데 그의 수행원은 바바도 분명히 가고 싶어할 것이라고 장담했다. 우리는 일정을 조율하여 어느 날 오후 바바와 함께 경비가 삼엄한 교도소로 갔다. 재소자들은 그를 너무나 좋아했고 바바는 교도소에서 나온 뒤 수행원들에게 교도소 방문을 계속하라고 지시했다. 오늘날까지도 그들은 바바가 게인즈빌 외곽의 유니언 교도소를 방문했던 날을 지금은 전 세계로 확산된 교도소 방문사업의 기원으로 꼽는다.

주말 집중수행은 결국 그때까지의 세계 순방 중 가장 큰 규모로 열리게 되었다. 나는 바바의 수행원들에게 필요한 것이 있는지 확인하려고 주말이 되기 며칠 전에 캠프를 방문했다. 거기서 단체 숙소의 현관에 VIP 팻말이 붙어 있는 것을 발견했다. 특별 손님에게 배정된 개인실이 모여 있는 건물이었다. 그런데 문에 붙어 있는 이름 중 시선을 끄는 이름이 하나 있었으니, 바로 R. 프리드랜드였다. 셸리의 결혼 전 성이 프리드랜드인데 그녀 오빠의 이름은 로니였다. 나는 속으로 '설마 그럴 리가' 하고는 계속 걸어갔다.

하지만 놀랍게도 나는 로니를 집중수행이 열리는 곳에서 만났다. 수년간 왕래 없이 지냈지만 우리는 형제나 다름없었기 때문에 어색함은 전혀 없었다. 우리는 분명 각자의 길로 흩어졌는데 어떻게 같은 곳에서 이렇게 만나게 된 것일까? 우리는 달라도 너무 달랐다. 내가 게인즈빌에서 단순한 삶을 살고 있는 히피였다면 그는 시카고의 거물급 변호사였다. 나는 무소유의 삶을 자랑스럽게 여겼지만 그는 페라리에 할리 데이비드슨 오토바이에 전용기까지 가진 사람이었다. 로니는 시카고의 그 유명한 트윈 타워스 마리나 중에서도 맨 꼭대기에 있는 펜트하우스에서 살고 있었고 원형의 대형 거실 벽을 나폴레옹 그림으로 장식하는 사람이었다. 그런 그가 이 영성 집중수행처에서 인도 출신의 성자와 도대체 뭘 하고 있단 말인가?

동생 셸리의 소개로 바바를 만난 로니는 분명히 그에게 한눈에 반해버린 것 같았다. 나는 로니와 집중수행처에서 많은 시간을 보냈고, 그는 심지어 바바와 몇 명의 수행원들과 함께 디즈니 월드에 갈 작정인데 같이 가지 않겠냐며 나를 초대하기까지 했다. 로니와 바바 사이에는 뭔가 특별한 인연이 있는 게 틀림없었다. 몇 달 후, 바바가 미국에 설립한 단체에서 첫 번째 우편물이 날아왔을 때, 나는 두 사람 사이의 특별함을 직접 눈으로 확인할 수 있었다. 편지에 서명한 그 단체의 초대 회장이 바로 로니였던 것이다. 몇 년 전 로니와 함께 소파에 앉아 있을 때 일어났던 나의 첫 번째 깨어남의 기억이 떠올랐다. 내 인생은 그후로 완전히 바뀌어버렸었다. 그의 삶 역시 확실히 바뀐 것 같았다.

24

사원을 짓다

바바가 떠나고 나서는 모든 일상이 제자리로 돌아갔다고 말했으면 좋겠다. 하지만 그렇게 되진 않았다. 사실 그가 떠나고 나서야 비로소 나는 그와의 만남이 내 인생에 끼친 진짜 영향을 목격하기 시작했다. 바바는 마을에 불어닥친 바람과도 같이 내 인생 경로를 영원히 바꿔놓았다. 이를 기점으로 내 인생이 은둔하는 삶에서 봉사하는 삶으로 바뀌어버린 것이다. 그리고 그것은 사실 좋은 일이었다. 마침 게인즈빌의 영성공동체가 점점 활기를 더해가고 있었기 때문이다. 내 집에서 열리는 일요 명상모임에는 40~50명의 사람들이 참석했고, 그 중 절반은 자리가 모자라 바깥 데크에 앉아야 했다. 산타페 대학 강좌의 수강신청자 역시 점점 더 많아졌다. 특히 내 두 번째 책인 《우주의 법칙에 관한 에세이》(Three Essays on Universal Law)가 출간된 후라 더욱 그랬다. 자동응답기에는 이번 바바의 집중수행이 거둔 성공에 대한 찬사와 더불어 다음번 집중수행은 언제 열리는지를 묻는 전화 메시지가 쌓여갔다. 사실 그것은 때맞춘 질문이었다. 바바의 집중수행 때 한 대학교수가 찾아와서 자신의 스승인 마 요가샥티Ma Yogashakti, 즉 인도에서는 마타지Mataji로 알려져 있는 여성자의 집중수행을 주최해줄 수 있겠느냐고 내게 물어왔기 때문이다.

삶이 내게 맡기는 일들이 통제불능의 지경으로 늘어났지만 나는 거기에도 자신을 내맡겼다. 그나마 오전과 저녁의 명상이 나의 안식처가 되어주었다. 나는 종일 틈날 때마다 마음을 가라앉혀 중심을 잡았다. 차를 탈 때든 차에서 내릴 때든 늘 호흡을 고르고 지구가 우주공간 속에서 돌고 있는 모습을 심상화했다. 어떤 문을 마주치든, 문을 열기 전에 내가 우주라는 광활한 허공 속에 떠 있는 자그마한 한 행성 위의 어떤 문을 통과하고 있다는 사실을 상기했다. 다행히도 미간으로 올라오는 에너지 덕에 주의를 미간에 두는 것은 수월했다. 끊임없는 봉사로 점철된 이 삶이야말로 내가 꿈속에서 말했던 '다른 길'을 의미하는 것임이 깨달아지기 시작했다. 깨어남을 향해 가는 새로운 길에서 삶은 더 이상 성장의 장애물이 아니었다. 이제 삶은 전투지였다. 나는 이곳에서 내 옛날의 자아가 벗겨져 나가는 것을 기꺼이 허용할 수 있도록 의식을 날카롭게 일깨우고 있어야만 했다. 하지만 분명히 말하건대 나에게는 극복해야 할 저항들이 아직도 많이 남아 있었다.

상황은 내가 마타지의 집중수행을 주최하는 방향으로 흘러 갔다. 나는 마타지가 누군지도 몰랐지만, 무엇보다 그 일을 진 짜로 하기가 싫었다. 하지만 나는 또 내맡겼고, 삶은 또다시 예 상치 못한 뭔가를 나를 위해 마련해놓고 있었다. 집중수행이 시 작되기 며칠 전, 마타지와 함께 산책을 하고 있는데 그녀가 갑 자기 걸음을 멈추더니 숲을 바라봤다. 그렇게 몇 분간 미동도 하지 않고 서 있던 그녀가 조용한 목소리로 말했다. "믹키, 여기 는 아주 성스러운 장소예요. 훗날 여기엔 아주 큰 사원이 생길 겁니다. 많은 사람들이 올 거예요." 그때 내 머릿속 목소리가 했 던 말을 아주 생생히 기억한다. '내 눈에 흙이 들어가기 전에는 없을 일이거든요!' 하지만 과연, 6개월도 채 지나기 전에 숲 속 바로 그곳에 사원이 들어설 것이었다.

마타지는 내 고요한 은신처를 영성센터로 바꾸는 과정의 테 이프를 끊어주기 위해 보내진 사람 같았다. 집중수행 기간에도 그녀는 한 번 이상 믹키의 땅에 큰 사원이 생길 것임을 언급했 다. 마타지가 한 번씩 그 얘기를 꺼낼 때마다 나는 민망함에 움 츠러들었다. 그 다음 주 일요일, 명상모임이 끝난 후 누군가가 사원을 지으려면 모금을 시작해야 하지 않겠느냐고 말을 꺼냈 다. 누구는 소액의 돈을 기부했고 누구는 노동력과 자재를 제공 하겠다고 나섰다. 나는 내 땅에 건물이 또 하나 더 들어서는 것이 진짜로 싫었지만 나를 제외한 모든 사람들은 그것을 바라고 있는 것 같았다. 다행히도 그때쯤은 나도 '내가' 원하는 것을 무시하고 삶의 흐름을 따라가는 데 상당한 이력이 쌓인 터였다.

바로 그 일요일 날, 나는 집으로 가서 종이에다 새 사원의 설계도를 그리기 시작했다. 몇 시간 만에 건물의 평면도와 입면도가 대강 나왔다. 나는 사원의 지붕을 건물의 주요 특징으로 만들고 싶었다. 그래서 친구인 밥 굴드와 상의한 끝에 사원의 지붕을 나비 형상으로 만들기로 결정했다. 나비 모양의 지붕은 중간이 낮고 양쪽 부분이 위로 솟는 스타일이었기 때문에 기존의 지붕 디자인과는 사뭇 달랐다. 실내에서 보면 거대한 날개가 하늘을 향해 펼쳐진 형상의 노출 빔 천장 덕분에 독특하고 역동적인 분위기가 느껴질 것이었다.

나는 내 집보다 대략 세 배는 많은 사람들이 앉을 수 있게끔 공간을 널찍하게 설계했다. 그리고 바로 다음 날, 건물을 세울 최적의 자리를 찾은 뒤 땅을 고르기 시작했다. 물론 그곳은 마타지가 응시하면서 '큰 사원이 생길 것'이라고 예언했던 바로 그 장소였다. 나는 건물 자재 값으로 대략 8천 달러 정도를 예상했다. 노동력은 전혀 문제가 되지 않았다. 몸을 쓰는 일은 우리가 직접 다 할 생각이었기 때문이다. 하지만 일요일 명상모임에 나오는 사람들은 딱히 재력이 뛰어난 사람들은 아니었다. 그 돈을 과연 어디서 구할 것인지에 대해서는 아무런 대책이 없었다.

돈은 매번 필요한 딱 그 순간에 맞춰서 나타났다. 누가 보낸 돈인지 모를 때도 꽤 있었다. 한번은 공사 중단 직전까지 간 적도 있었다. 자재창고에 나무판자가 한두 개 정도밖에 남지 않았을 때였다. 동료들은 마침내 그 일이 일어났다면서, 이제 재료가 다 떨어졌으니 자기들을 집으로 돌려보내야 한다며 나를 놀렸다. 나는 단 한 장의 판자라도 남아 있는 한 우리 일은 끝난 게 아니라고 말했다. 곧 점심식사 시간이 되어서 나는 우편함을 열어보러 나갔다. 그리고 우편함에서 현금 2천 달러가 들어 있는 봉투를 발견했다. 이름은 적혀 있지 않았는데, 지금까지도 나는 누가 그 돈을 거기에 넣어두었는지 알지 못한다. 그런 일들이 거듭거듭 되풀이해서 일어났다. 놀라운 것은, 돈이 딱 필요할 때마다 나타났다는 것뿐만 아니라 다음 단계로 진행하기 위해 필요한 그 액수만큼만 나타났다는 사실이다.

그렇게 사원이 지어졌다. 약 3개월이 걸린 공사는 어느 날 문득 완공돼 있었다. 1975년 9월, 우리는 새 사원에서 첫 번째 일요 명상모임을 가졌다. 사람들은 자신에게 의미가 있는 종교적 물건들을 선물로 가져왔다. 한 종교학 교수는 나무로 만든 아름다운 불상을 가져왔다. 어떤 사람은 예수의 사진을 제단에 올려놓았고, 나는 집으로 내려가 내가 이사 오면서부터 명상하는 방에 놓아두었던, 내가 제일 좋아하는 요가난다의 사진을 가지고 왔다.

온갖 종교와 성자와 스승들을 상징하는 물건들이 조금씩 사원으로 모였다. 지붕의 서까래가 하늘을 향해 위로 뻗어 있는 것처럼, 사원 역시 무한한 실재를 종교로 삼는 모든 사람을 위한 장소였다. 이 사원은 텅 빈 우주의 광활한 어둠 속을 돌고 있는 자그마한 공, 바로 지구라는 행성 위에 놓여 있다. 그리고 지구는 우리의 은하계만 따져도 그 수가 수십억 개에 달하는 별들 중 하나의 주위를 돈다. 이 사원은 모든 종교를 품는다는 의미에서도 우주적이었고, 우주 자체를 품는다는 의미에서도 우주적이었다. 그렇게 사원의 이름이 지어졌다. ― 우주의 사원, 템플 오브 유니버스.

역동적인 나비 형상의 지붕을 얹은 우주의 사원, 공사 중 모습

25

가슴 차크라가 열리다

엎질러진 물은 주워담을 수가 없었다. 집중수행 프로그램을 주최하고, 책을 내고, 강의를 하고, 사원을 짓는 동안에 우리는 요가와 뉴에이지 운동에 관심 있는 사람들 사이에서 인지도가 꽤 높아져 있었다. 해외에서 방문하는 영적 스승들의 집중수행 프로그램을 주최하는 것은 우리가 해야 할 일이었던 것 같다. 하나가 끝나면 다른 하나가 오는 식으로 계속해서 요청이 들어왔기 때문이다. 사원이 완성되기도 전에 나는 역시 들어본 적 없는 영적 스승의 또 다른 집중수행 준비를 맡게 되었다. 운명이었던지, 이 스승 역시 향후 몇 년간 내 인생의 중요한 부분으로 자리매김하게 될 것이었다.

암릿 데자이Amrit Desai는 여느 인도 스승들과는 달랐다. 그는 몇 년 전에 미국으로 건너와서 북쪽에 대규모 영성공동체를 세웠다. 그가 사원에 도착했을 때 나는 그를 보기 위해 몰린 사람들의 어마어마한 수에 놀랐다. 집중수행이 열린 첫째 날 밤, 사원은 인파로 가득 찼다. 아주 강력했던 프로그램이 끝난 이후 나는 암릿의 에너지에 무척 흥미가 끌렸다. 어떻게 그런 에너지가 사람에게서 나올 수 있는지를 알고 싶었다. 특히나 그는 아무도 건드리지 않았는데도 말이다. 나는 뻔뻔하게 돌진했다. 그는 우리 집에 오신 손님이니, 제대로 된 주인이라면 손님이 잘 지내고 있는지 살펴보는 게 도리라고 생각하기로 한 것이다. 나는 숨을 깊게 들이쉬고 암릿이 있는 객실로 들어갔다. 그가 명상하고 있는 것처럼 보였기 때문에 나도 조용히 그의 곁으로 가서 나란히 앉았다.

그의 옆에 앉는 순간 그가 느끼는 것이 내게도 그대로 느껴지는 것 같았다. 내 안에서 흐르는 에너지가 큰 폭으로 증가했고 나는 사랑의 바다에 빠져버린 것 같은 기분에 휩싸였다. 그렇게 한동안 고요히 앉아 있는데 잠시 후 그가 내 쪽으로 돌아앉으며 이렇게 말했다. "이런 일은 더 이상 하지 않지만." 그가 오른쪽 손을 내 이마에 살짝 댔고, 그 순간 따스한 에너지가 내 몸을 부드럽게 통과하는 게 느껴졌다. 그 흐름은 압도적일 만큼 강렬했고 나는 그 황홀한 경험에 완전히 얼어붙었다. 에너지가 내 안에 차곡차곡 쌓이면서 가슴 쪽으로 올라왔다. 그렇게 내 가슴은 에너지로 점점 차오르다가 마침내 왈칵 열렸다. 평생 그토록 큰 사랑을 느껴본 적은 없었다. 나는 그의 손에서 출발하여 내 몸속을 세차게 휘몰아치다가 활짝 열린 가슴으로 쏟아지듯 나가는 에너지의 흐름에 완전히 정신을 못 차렸다. 암릿이 내 이마에서 손을 떼었을 때, 나는 너무나 많은 에너지로 충만해서 움직일 수가 없을 정도였다. 겨우겨우 일어섰을 때는 어떤 강력한 자기장이 내 몸에 부착되어 있는 것만 같은 느낌이 들었다. 입도 벙긋할 수가 없었기 때문에 나는 암릿에게 아무 말도 하지 못하고 방을 나왔다.

그 후 몇 시간 동안 내 몸을 둘러싼 에너지장은 다시 가슴 쪽으로 서서히 수렴됐다. 나는 아무와도 몸이 닿지 않도록 조심했다. 사람과 접촉해버리면 에너지가 사그라져버릴 것 같았기 때문이다. 시간이 흘러 마침내 바깥쪽 장은 가라앉았지만 몸 안을 흐르고 있는 에너지는 그대로였다. 가슴에 통로가 하나 뚫려 따뜻한 에너지가 그곳을 계속 통과해 지나가는 것 같았다. 숲 속에서의 깊은 명상 이후 에너지가 계속 미간을 향해 흘렀던 것처럼, 암릿의 손길 한 번으로 가슴을 통과하는 아름다운 에너지의 흐름이 생긴 것이다. 그로부터 35년이 지난 지금도 저 두 에너지 흐름은 단 한 순간도 잠잠해지지 않았다. 평소보다 더 강해질 때가 있기는 하지만 그것은 언제나 그 자리에 있었다. 암릿의 건드림 한 번에 나의 가슴 차크라는 영원히 열려버렸다.

우주의 뜻이었는지 암릿의 방문은 우리의 삶에 또 다른 영구적인 변화를 가져다주었다. 마타지가 사원 건립 얘기를 처음 꺼냈던 것처럼, 암릿은 사람들에게 꾸준히 사원에 나와서 명상을 하라고 독려했다. 그는 이 문제에 대해 나와 한 번도 미리 상의한 적이 없었을뿐더러, 사실 그가 사람들에게 사원에 매일 나와서 수행하기를 재촉한 즈음의 나는 딱 죽을 지경의 상태에 놓여 있었다. 이 내맡기기 실험은 나의 삶을 훔쳐가고 있었다. 그나마 오전명상과 저녁명상이 내게는 신성불가침의 시간이었는데 그런 귀한 시간을 사람들과 나누다니, 나는 전혀 그럴 생각이 없었다. 하지만 암릿은 사람들을 초대하는 것으로 그치지 않고 내가 그들을 매일 아침저녁으로 만나 그들의 수행을 도와줘야 한다고 콕 집어 말했다. 다시 한 번, 삶은 내게 부탁이 아닌 통보를 보내고 있었다.

나는 여러 해 동안 내가 나 자신으로부터 해방되기 위해 그토록 노력해온 사실을 스스로에게 상기시켰다. 나는 마음을 내 영적 행로의 안내자로 삼지 않는 다른 길을 찾겠노라고 굳게 맹세했었다. 그러니 나만의 명상 시간을 타인들과 공유하는 것은 그저 삶과 추는 춤의 다음 스텝일 뿐이었다. 그때쯤 되자 뚜렷한 패턴이 보이기 시작했다. 나는 나 자신의 영적 성장보다는 다른 사람들의 영적 성장을 돕는 쪽으로 계속 강하게 밀려가고 있었다. 의식적으로는 절대로 하지 않았을 선택이었다. 나는 그런 선택을 할 만큼 현명하거나 이타적인 사람이 아니었다. 나는 그저 삶에 자신을 내맡기겠노라고 결심했고, 그 삶이 나를 데려온 곳이 여기였을 뿐이다.

사원을 지을 때 내 마음은 계속, 그건 어리석은 짓이라고 말하고 있었다. 일요 명상모임은 일시적인 유행이니 이내 흐지부지되어버릴 것이라고 했다. 곧 텅 빈 건물만 댕그라니 남게 되리라고 말이다. 나는 마음이 지껄여대는 그런 부정적인 말들을 모두 무시해버리고 사원 짓는 일에만 몰두했다. 사원 건물이 매일 아침저녁으로 사용되게 된 즈음에 와서, 나는 그 생각들을 되돌아보았다. 그 모든 일을 잘 돌이켜볼 수 있게 된 지금에 와서는 그 생각들을 더 자주 비추어본다. 35년이 넘는 세월 동안 70~80명의 사람들이 매주 일요일, 숲 한가운데에 있는 이 사원을 찾아왔다. 우리는 광고를 한 적도 없고 길을 안내하는 표지판 하나 걸어두지 않았다. 그런데도 사람들은 매주 온다. 월요일과 목요일 밤에 열리는 내 강의와 사원에서 진행되는 오전·저녁 프로그램에도 사람들은 꾸준히 나타난다. 삶은 자신의 계획을 정확히 알고 있었던 것 같은데 내 마음은 언제나 그랬듯이 아무것도 몰랐다.

26

그대여, 아쉬람으로 가라

1976년 3월은 유니버스 템플이 연방공인 비영리단체로 공식 등록된 달이다. 나는 이 단체에다 사원 건물과 도나의 오두막집, 그리고 내 집을 포함해 1만 2천 평의 땅을 모두 양도했다. 전 재산이 내 밴뿐인 상태로 되돌아왔지만 그것이야말로 내가 바라던 바였다. 나는 곧 서른을 눈앞에 두고 있었고 내 경제적 삶은 매우 단출했다. 수입은 한 해에 5천 달러 내외였고 자산이나 빚은 없었으며 그 돈으로 꼭 사고 싶은 것도 없었다. 나는 돈 문제로부터 자유롭다는 사실이 마음에 들었다. 마음을 고요해지게 만들고 싶어했던 내게 삶을 단순하게 꾸려가는 것은 확실히 도움이 되었다. 암릿 측에서 집중수행 프로그램의 수익 중 15퍼센트를 사원 몫으로 주겠다고 했지만 거설했다. 그때까지 집중수행을 개최하면서 수익금을 받은 적도 일절 없었지만, 그런 관행을 계속 유지하는 데에는 뭔가 매우 아름다운 것이 있었다.

암릿의 방문을 마지막으로 집중수행이나 스승들의 방문이
끝난 것은 결코 아니다. 우리의 주소와 전화번호가 이미 뉴에이
지 판에 쫙 퍼진 상태였기 때문에 어떤 영적 스승이든 일단 플
로리다를 방문하면 꼭 우리 사원에 들러 저녁 강의라도 하곤
했다.* 우리는 몇 년 동안 연중행사로 마타지와 암릿의 집중수
행을 진행했고, 미국인으로 굉장히 유명한 영적 스승인 람 다스
Ram Dass의 집중수행 역시 대규모로 두 번 진행했다.

그때 즈음 도나는 내 인생에서 빠질 수 없는 존재가 되었다.
나 혼자 감당하기에는 처리해야 할 일들이 너무나 많았는데 그
녀가 그 미진한 부분을 완벽하게 채워주었던 것이다. 이미 맡고
있던 일요 명상모임 준비 외에도 집중수행이 열릴 때는 음식
준비를 진두지휘했고 심지어 내 전화를 자기 집으로 옮겨놓고
사원으로 걸려오는 문의전화를 직접 처리했다. 도나와 나는 점
점 더 많은 시간을 함께 보내게 되었고 곧 우리 사이에는 엄청
난 사랑이 흘렀다. 앞서 몇 년간 벌어진 일은 나에게만 일어난

---

* 그런 방문의 대표적인 예가 1980년대에 있었다. 한 선불교 스승께서 자신이 사
원 근처를 지나가니 저녁이나 먹으러 들러도 되겠냐고 요청했다. 그분을 맞으러 간
나는 《선의 세 기둥》(Three Pillars of Zen)의 저자인 필립 카플로Philip Kapleau가 앉
아 있는 것을 보고 소스라치게 놀랐다. 삶이 내게 준 그 마법 같은 기회 덕분에 나
는 내 영적인 여정에 큰 도움을 준 그에게 감사인사를 전할 수 있었다.

것이 아니었다. 그녀에게도 그만큼의 일이 똑같이 일어났다. 덕분에 우리 사이에는 끈끈한 유대감이 형성되었고, 1976년 여름에 우리는 우리 사이를 공식화하고 결혼식을 올렸다.

다시 결혼한다는 생각이 완전히 편하게 느껴졌던 것은 아니다. 나는 여전히 이 모든 외적인 활동은 일시적인 것이라는 생각에 사로잡혀 있었다. 나는 곧 명상과 요가에만 집중하는 생활로 돌아갈 수 있으리라 생각했다. 하지만 도나와의 관계는 '일은 이렇게 굴러가야 한다'는 내 관념을 내려놓게끔 만들었다. 나는 사랑이나 결혼을 바라는 사람이 아니었는데 어쩐지 삶의 강력한 흐름은 고맙게도 내게 그 두 가지 모두를 선사해주었다. 다행히 도나 역시 영적인 측면이 강한 사람이었다. 우리는 혼자만의 고요한 시간을 즐겼고 결혼을 하고 나서도 각자의 집을 포기할 생각은 없었다.

하늘이 보기엔 일의 진행 속도가 느려 보였는지, 7월에 암릿의 공동체로 신혼여행을 갔다가 돌아와 보니 삶의 또 다른 국면이 이미 펼쳐져 있었다. 사원에서 이른 오전명상과 저녁명상 프로그램을 진행한 이래로 사원의 손님방에서 정기적으로 잠자리를 해결한 사람이 있었던 것 같다. 우리가 자리를 비운 내내 누군가는 사원에서 생활을 했고 라다 카우츠라는 이름의 매우 진지한 구도자는 아예 내 집에서 지내고 있었다. 몇 년 전 샌디의 경우와 마찬가지로 그들은 누구의 요청을 받고 들어온 것이 아니었다. 그저 어찌어찌 하다 보니 그곳에 살게 된 것이다. 도나와 나는 영성공동체에서 막 돌아온 참이었는데 이제는 우리가 그런 공동체 안에서 살아야 할 판이었다.

사실 나는 영성센터를 운영하고 싶다는 생각을 해본 적이 한 번도 없었다. 그 모든 일은 단지 삶에 자신을 내맡겼기 때문에 일어난 일이었다. 한 걸음씩 나아갈 때마다 적어도 얼마간의 내적인 저항은 있었지만 나는 그저 계속 내려놓았다. 나 혼자만의 장소를 누군가와 공유하는 것은 분명히 내가 원한다고 생각했던 바는 아니었다. 하지만 그것은 타인을 위해서 사는 것이 나 자신을 위해서 사는 것보다 훨씬 고차원적인 일임을 내가 이해하지 못했기 때문이다. 그로부터 40여 년이 흐른 지금, 가끔씩 이 사원 공동체를 어떻게 시작하게 되었냐고 묻는 사람들이 있다. 그들에게 뭐라고 이야기를 해야 할까? 그게 내가 한 일이 아니라는 것만큼은 확실히 잘 알고 있다. 나는 나 자신을 내려놓고 일어나야 할 일이 일어나게 했을 뿐이다. 이것이 내가 그들에게 해줄 수 있는 최상의 대답이다.

4부

내맡김의 사업

27

회사가 탄생하다

1976년 12월, 나의 내맡기기 실험의 결정체라고 할 만한 일이 일어났다. 앨런 로버트슨의 과외 선생이 되고, 산타페에서 학생들을 가르치고, 바바를 게인즈빌로 초청하는 일에 마지못해서나마 자신을 내맡김으로써 내 삶의 경로가 바뀌었던 것처럼, 내가 선택한 길에서는 어긋난 것처럼 보이지만 사실은 내 삶의 운명과 완벽하게 일치하는 일을 나는 다시 한 번 맡게 될 것이었다.

산타페 수업을 마치고 집에 돌아와서 숲 속을 조용히 거닐고 있을 때였다. 나는 사원 앞으로 연결되는 작은 길로 내려오고 있었는데 무언가를 보고 바로 걸음을 멈췄다. 사원 바로 앞에 보안관 순찰차량이 주차되어 있던 것이다. 순찰차나 그 옆에 서 있는 제복 차림의 보안관이나 상당히 위협적인 것은 매한가지였다. 이곳에서 그렇게 오래 살았어도 경찰관을 본 적은 한 번도 없었다. "여기 책임자십니까?" 보안관이 나를 불렀다. 머릿속 목소리는 이게 대체 무슨 일이냐며 혼비백산한 채 상황을 파악하려 애썼다. '왜 보안관이 여기 있지? 뭐가 잘못됐나? 사원 안을 들여다보고 온갖 종교의 저 이상한 성상들을 본 건가? 여기는 중북부 플로리다잖아. 내가 무슨 문제에 휘말린 거지?'

머릿속으로는 온갖 생각들이 휘몰아쳤지만 다행스럽게도 말은 꽤 정상적으로 나왔다. "네, 맞습니다. 제가 책임자입니다. 무슨 일이십니까?" 놀스 보안관보는 사원을 가리키며 이 건물을 내가 지은 것이 맞느냐고 물었다. 그렇다고 하자 그는 자신이 집을 증축하려고 하는데 그 공사를 맡아줄 수 있겠느냐고 했다. 그는 삼나무로 만든 사원의 시골풍 분위기며 목공 솜씨에 좋은 인상을 받은 모양이었다. 그는 차고를 집과 연결시켜서 생활공간으로 리모델링해줄 건축업자를 찾고 있다고 했다.

말문이 막혔다. 건축업자라니, 그런 것은 생각도 해본 적이 없었다. 물론 나는 내 땅에 건물을 몇 채 짓기는 했다. 하지만 다른 사람을 위해 건물을 지어줄 생각은 한 번도 해본 적이 없었다. 게다가 그 다른 사람이 보안관보 같은 공무원이라니. 나는 두 가지 상반되는 반응이 머릿속에서 오가는 것을 지켜보며 잠시 서 있었다. 하나는 이렇게 말하는 목소리였다. '말도 안 돼. 하기 싫어. 난 바빠. 산타페에서 학생들도 가르치고, 무엇보다도 난 건축업자가 아니잖아.' 다른 하나는 말이 필요 없이 그저 고요하고 평화롭게 그것을 자각하고 있는 느낌이었다. 그것은 내가 삶에 자신을 내맡기겠노라고 했던 서약을 지키려면 이 일이 나를 어디로 데리고 갈지를 끝까지 지켜봐야 한다는 것을 알고 있었다. 나는 숨을 한 번 크게 들이쉬고 보완관보를 쳐다보며 말했다. "그렇게 하죠. 기쁜 마음으로 공사를 도와드리겠습니다." 자, 그렇게 말은 내뱉어졌다. — 여느 때와 마찬가지로. 이제 나는 이 새로운 내맡김이 나를 어떤 마법의 토끼굴로 인도할지를 지켜보고 있기만 하면 될 것이었다.

놀스 보안관보는 내 첫 번째 건축일의 의뢰인으로서는 완벽한 사람이었다. 그는 자신이 무엇을 원하는지를 정확하게 알고 있었고 실비정산으로 일을 진행할 수 있게 해주었다. 실비정산은 꼭 필요한 조건이었다. 내 형편상 그에게 먼저 정확한 가격을 제시할 수도, 자재를 내 돈으로 구입할 수도 없었기 때문이다. 당시 내 벌이나 절약습관 등을 감안한다면 나는 그 누구보다도 훨씬 저렴한 가격으로 공사를 진행했다고 자부할 수 있다. 조수 한 명 정도는 필요한 상황이었는데 사원의 새 거주자였던 라다가 그 일에 자원했다. 대학의 크리스마스 방학을 맞아 사원에서 지내던 그녀는 자신이 망치도 다룰 줄 알고 제 몫은 충분히 해내는 사람이라고 자부했다. 우리는 작업용 앞치마를 둘러매고 집을 지으러 마을로 갔다.

내가 요청하지도 예상하지도 않았던 그 일은 나의 건설회사

'빌트위드러브Built With Love' 탄생의 기원이 되었다. 놀스 보안
관보는 우리 솜씨에 무척 만족하여 주변에 입소문을 내주었다.
얼마 지나지 않아 나는 앨라추아 카운티 보안부서 사람들의 인
테리어 공사를 수도 없이 맡게 되었다. 나는 그때도 늘 꽁지머
리에 샌들 차림이었지만 나의 외양에 신경 쓰는 사람은 아무도
없었다. 라다는 파트타임으로만 일할 수 있었기 때문에 몇몇 일
은 나 혼자서 해냈다. 나는 벽난로를 설치하고, 몇 개의 차고를
짓고, 수도 없이 많은 현관을 만들었다. 나는 내가 하는 일 하나
하나를 우주가 직접 내게 주문한 것처럼 대했다. 실제로 그러했
기 때문이다. 내가 집중수행을 주최하면서 봉사에 대해 배운 것
처럼, 이 모든 훌륭한 사람들을 위해 집을 고치는 것 역시 내 영
적 수행의 일부가 되었다. 나는 생판 남이었던 사람들의 삶에
기쁨을 줄 수 있는 기회를 갖게 된 것이다. 나는 건축일의 그런
면이 정말 마음에 들었기 때문에 무료봉사라고 해도 아주 기쁜
마음으로 일을 했을 것이다. 하지만 일은 그렇게 흘러가지 않았
다. 나는 작업의 대가로 돈을 받는 것과 사업을 운영하는 일을
받아들여야 했다. 삶은 나로 하여금 영적인 자아관념을 내려놓
게 만들었고, 나는 그 빈자리를 다른 것으로 채우지 않기 위해
언제나 깨어 있고자 했다. 나는 그저 무슨 일을 하건 그것에 온
마음을 쏟아 부었다. 산타페에서 학생들을 가르치는 것이나 사
원에서 아침저녁으로 사람들을 만나는 것이나, 집중수행을 주

최하는 것이나 건축 일을 하는 것이나 아무런 차이가 없었다. 이 모든 일에는 한 가지 공통점이 있었다. 바로 이 모두가 내 머리로는 이해할 수 없는 삶의 흐름에 내맡겼을 때 주어진 일이라는 사실이다.

28

건축업자

일어나게 될 일이 일어날 때 사건들이 하나하나 맞물리며 자연스레 펼쳐지는 광경을 보고 있노라면 참으로 놀라운 마음이 든다. 우선 나는 늘어나는 수입을 받아들여야 했다. 내가 맡은 일은 모두 소규모 리모델링 작업이었지만 그래도 내가 평소에 만지던 것보다 훨씬 큰 돈이 들어왔다. 그 와중에 라다가 부기 일을 한 적이 있다는 사실을 알게 됐다. 아버지가 플로리다주 농업관청의 청장이었는데 그곳 회계부서에서 여름방학 때마다 아르바이트를 했던 것이다. 손이 계산기 위를 날아다니는 것이, 라다만큼 계산기 빨리 두드리는 사람을 나는 그때 처음 봤다. 나 역시 대학에서 회계를 부전공했기 때문에 우리는 함께 회사의 회계 시스템을 구축했다. 창업에 대해 조언을 구하고자 CPA(공인회계사)이자 매제인 하비에게도 연락을 했는데, 내 전화를 받고 그가 얼마나 놀랐을지는 안 보아도 눈에 선하다. 그는 빌트위드러브를 설립하는 데 필요한 서류작업을 도맡아주면서 회계장부 검토 및 소득신고서 작성까지 처리해주겠다고 나섰다. 아마 빌트위드러브는 CPA가 있는 가장 작은 규모의 회사였을 것이다. 언제나 그랬듯이 나는 이 모든 일만으로도 좀 지나친 게 아닌가 하는 생각이 들었다. 하지만 정말 일어날 법하지 않은 일이 그다음에 벌어졌다.

빌트위드러브를 세운 지 얼마 지나지 않은 일요일, 우리는 명상이 끝난 후 모두 들판에 모였다. 크게 원을 그리고 둘러앉아 모임의 공지사항을 발표한 뒤 차와 쿠키를 들며 담소를 나누는 것이 당시 우리의 전통이었다. 공지사항을 발표한 후였는데 한 남자가 다가오더니 내가 건축 일을 시작했다는 소식을 들었다며 말을 건넸다. 나는 그렇다고 말했고, 그는 혹시 건축업자 면허가 필요하냐고 물었다. 지금까지는 필요한 모든 허가를 집주인이 직접 해결했지만 이제부터는 큰 규모의 일거리가 들어올지도 모르므로 도급업자 면허가 있는 편이 훨씬 좋았다. 내가 관심을 표하자 그는 자신에게 건축업자 면허가 있으니 필요하다면 얼마든지 사용하라고 말했다. 머리부터 발끝까지 히피 같은 사람이었기 때문에 나는 그가 면허를 가진 도급업자라고는 상상도 못했다. 그에게 어떻게 면허를 따게 되었냐고 물었더니 몇 해 전 카운티 면허청과 주 면허청 사이에 분쟁이 있었는데 덕분에 그때는 서류를 제출하기만 하면 도급업자 면허가 나왔다고 했다. 그래서 그냥 서류를 제출했고 사용가능한 면허를 취득하게 됐다는 것이다. 너무 완벽해서 오히려 믿기지가 않는 말이었다. 나는 다음 날 카운티에 전화를 해서 그가 알려준 면허번호를 조회했다. 해당 면허는 유효했고 가입비까지 모두 완불된 상태였다. 덕분에 빌트위드러브는 면허가 필요한 모든 일거리를 맡을 수 있게 되었다.

지금까지의 삶만 해도 충분히 놀라운데 그것만으로는 부족했던 것인지 나는 이제 공식 도급업자가 되었다. 그리고 그것은 다행스러운 일이었다. 아주 특별한 건축일이 얼마 후 사원 부지에서 진행됐기 때문이다. 바로 도나의 오두막이었다. 3.6×4.8 미터짜리 오두막은 그녀가 곧 태어날 아기와 함께 지내기에는 다소 좁은 편이었다. 몇 달 전에 그 면허를 받지 않았다면 나는 도나의 집을 증축할 수 없었을 것이다. 하지만 내가 거듭 내맡긴 결과 우주의 완벽한 흐름은 있는지조차도 몰랐던 문제를 찾아서 해결해주었다. 우리는 생활방식을 바꾸지 않았기 때문에 빌트위드러브로 들어온 수익은 모두 사원으로 재투자되었다. 나는 도나의 오두막 한 면을 완전히 허물고 아기침대를 놓을 방과 제대로 된 욕실을 만들었다.

우리 딸인 더가 데비는 1977년 8월에 태어났다. 암릿과 마타지를 비롯한 많은 사람들이 건강과 번영과 영성을 비는 축복의 선물을 보내주었다. 딸아이는 영성공동체에서 태어난 셈이었다. 나는 이 아이가 어떻게 성장할지 무척 궁금했다.

이쯤 되면 이제는 나도 정착하여 삶에서 벌어진 모든 변화들을 차분히 소화시켜야 할 때라고 사람들은 생각할 수 있겠다. 나는 산타페에서 강사로 일하며 한 달에 350달러를 벌 때조차 언제나 그 예산 내에서 생활했다. 하지만 이제 빌트위드러브 덕분에 나는 산타페 월급 외에도 한 달에 몇백 달러를 더 벌게 되었다. 그 이상의 수입은 확실히 필요 없었다. 적어도 나는 그렇게 생각했다. 에너지의 흐름이 이제는 끝났다고 생각할 때, 혹은 끝났으면 좋겠다고 바랄 때 사실은 일이 본격적으로 시작되고 있곤 하는 것은 아예 내 인생의 한 패턴으로 자리 잡아가고 있었다. 내가 에너지를 주도하지 않고 그것을 따라간 것이 다행이었다. 우주의 계획은 내 마음이 상상할 수 있는 것보다 스케일이 언제나 훨씬 더 컸기 때문이다.

더가가 태어나기 직전에 나는 게인즈빌에 위치한 ABC 주류점을 의류매장으로 바꾸고 싶어하는 업체로부터 전화 한 통을 받았다. 상업적인 일은 한 번도 해본 적이 없었지만 빌트위드러브의 면허 덕분에 우리는 그 일을 맡을 수 있었다. 그즈음은 전담 작업팀이 대부분의 실무를 담당하고 나는 픽업트럭을 타고 이리저리 다니며 건축업자 노릇을 하고 있을 때였다. 나는 그일을 따냈다. 하지만 본격적으로 공사를 시작하기도 전에 재미있는 일이 벌어졌다. 매장 오픈을 총괄하던 여성 담당자가 전화를 해서는 미팅을 해야 하니 즉시 자기가 있는 곳으로 오라고 통보했다. 오라는 곳으로 가니 그녀는 계획이 변경되었다며 추가작업이 필요하다고 설명했다. 그러자면 가격조정이 필요하다고 내가 말하자 담당자는 매우 짜증을 내면서 비용 따위는 상관없으니 일만 당장 끝내달라고 고집을 부렸다. 담당자의 에너지가 점점 격렬해졌기 때문에 나는 호흡을 고르고 만트라에 집중하기 시작했다. 그때 이미 나는 현실에서 일어나는 모든 일을 나 자신을 내려놓고 중심을 잡기 위한 기회로 사용하고 있었다. 나는 정중하게, 하지만 약간은 농담 식으로, 그럼 지금 내게 원하시는 게 당장 우리 작업팀이 일하는 데로 달려가서 하던 일을 모두 멈추게 하고 요청한 추가작업부터 시키는 것이냐고 물었다. "맞아요, 바로 그렇게 해주세요." 담당자의 말을 듣는 순간 나는 문제가 생겼음을 직감했다. 나는 그렇게 하자면 돈이 상당히 많이 들 것이라고 말했지만 그녀는 아주 확실한 어조로 지금 스케줄이 매우 빠듯한 상황이라서 일 하나하나가 만만치 않을 테지만 일만 제대로 끝낸다면 회사에서 돈은 얼마든지 줄 것이라고 답했다. 나는 최선을 다해 일을 처리하겠다고 담당자에게 약속했다.

공사 기간 내내 그녀는 계속 지시사항을 바꾸고 모든 일을 지금 당장 해달라고 요구했다. 하지만 동시에 일할 맛이 날 만큼 돈은 확실하게 뿌렸다. 나는 그 모든 변경사항을 일일이 반영하면서도 원래 예상한 기간의 반 만에 공사를 완료했다. 공사하며 받은 보너스며 야근 수당이며 추가 비용이 얼마나 많았던지 나는 약 4주간 일하고 대략 3만 5천 달러의 이익을 남겼다. 그 액수를 정확하게 기억하는 이유는 내가 그때까지 벌던 한 달의 몇백 달러 수준을 훨씬 뛰어넘었을 뿐 아니라 바로 그다음에 일어난 일 때문이다. 나는 우리 땅 바로 옆에 붙어 있던 6천 평 부지의 땅주인으로부터 전화연락을 받았다. 자기 땅에 매우 소박한 오두막 두 개를 짓고 있었던 사람인데 이사를 가야 하는 바람에 그 부지를 내놨다고 했다. 그러면서 현금으로 3만 7천 달러를 주면 땅을 나에게 넘기겠다고 말했다.

그 희한한 일로 번 돈이 딱 그만큼이었다는 사실에 '겸허해졌다'라고 말하는 것은 실제로 내가 느낀 감정을 제대로 표현해주지 못한다. 나는 평생 잊지 못할 동시발생적인 흐름을 본 것이다. 기존의 1만 2천 평이었던 사원을 더 넓히는 것이 우주의 계획 중 일부였을까? 나는 사원 확장에는 아무 관심이 없었다. 그것에 대해서는 생각해본 적도 없었다. 하지만 나는 돈이 생겼고 그 돈이 쓰여야 할 곳은 누가 봐도 명백했다. 그 어느 것도 나와는 상관없었다. 나는 그저 중개인이자 관리인이었다. 나는 그 돈이 내 돈 같지 않았다. 나는 한 번도 돈을 바란 적이 없고 빌트위드러브로 일을 수주하고자 애를 쓰지도 않았다. 일거리는 입소문을 타고 꼬리에 꼬리를 물고 이어졌고 나는 그 일

하나하나를 최선을 다해 맞이했다. 이제 내가 해야 할 일은 단하나, 그저 옆으로 물러난 뒤 그 이상한 일로 번 돈을 이용해서 사원 명의로 이웃의 부지를 구입하는 것이었다.

29

커뮤니티 은행

라다와 내가 놀스 보안관보의 차고 공사를 끝낸 지 채 1년도 채 지나지 않았을 때다. 빌트위드러브는 작업 전담팀이 두 개로 늘어날 정도로 성장했고 라다는 정식 직원으로서 사무실 관리와 회계를 담당했다. 우리는 점점 더 많은 일을 맡게 되었고 일의 규모도 점점 더 커졌다. 의류매장 일을 끝낸 직후인 1977년 9월, 오고야 말 일이 드디어 일어났다. 한 젊은 부부가 집을 지어달라고 의뢰한 것이다.

그때까지 빌트위드러브는 리모델링 일을 주로 했고 공사에 필요한 비용은 언제나 집주인이 조달했다. 그러나 집을 지으려면 회사가 은행에서 공사비 대출을 받아야 했다. 문제는 나에게 내 이름으로 된 자산이 없었다는 점이다. 모든 것을 사원 앞으로 넘겼기 때문이다. 빌트위브러브에서 발생하는 수익 역시 전부 사원으로 기부되고 있었다. 그러니 회사나 나나 첫 번째 공사비 대출에 필요한 대차대조표가 없었다. 나는 우리가 집을 지을 운명이라면 어떻게든 되겠지, 라는 마음가짐으로 일을 진행했다.

나는 예전에 했던 공사의 주인들로부터 추천서도 받고 9개월간의 재무상태표를 합쳐서 빌트위드러브의 포트폴리오도 만들었다. 회사가 벌어들인 돈은 채 10만 달러도 되지 않았지만 내가 주택 건축에 경험이 있다는 사실을 보여주기 위해 내 땅 위에 지었던 건물들 역시 목록에 넣었다. 그리고 이 대출 신청서와 포트폴리오를 수많은 은행에 뿌렸다. 이후 면접날이 되어 은행을 방문했을 때 나는 차례차례 거절당했다. 이유는 간단했다. 빌트위드러브는 첫 번째 공사비 대출에 필요한 자격을 갖추지 못했다.

포기하기 전에 나는 삶과 게임을 했다. 나는 딱 한 은행만 더 가보고 그래도 안 되면 주택 건축이 우리 일이 아니라고 생각하기로 마음먹은 것이다. 게인즈빌 시내에 있는 큰 은행의 로비였다고 기억한다. 대출담당자를 만나기 위해 오랜 시간을 기다리고 있었지만 내 차례는 오지 않고 다른 사람들만 자꾸 사무실로 들어갔다. 적이 낙심한 것은 사실이었지만 나는 기다리는 동안 목소리가 그 상황에 대해 하는 말들을 내려놓는 데에만 계속 집중했다. 그때 내가 한 가지 깨달은 것이 있다. 사업을 하면서 마주치는 상황은 숲에서 혼자 살 때의 경험과는 현저히 다르다는 사실 말이다. 나는 그것이 나의 영적 성장에 매우 도움이 된다고 생각했다. 나는 내 정신의 각기 다른 부분이 자극되는 것을 지켜보면서 그것들을 내려놓을 수 있었다. 그 결과, 거절당할 것이 뻔한 대출상담을 기다리면서도 그 시간을 목소리가 하는 말을 내려놓는 기회로 삼을 수 있을 만큼 내 의식은 나도 모르는 사이에 매우 명료해졌다. 내가 삶에 자신을 내맡기는 이유가 '나'를 없애기 위한 것이라면 그 일은 상당히 잘 진행되고 있었다.

마침내 내 앞의 모든 사람들을 들여보내던 접수원이 나를 불러 자기를 따라오라고 말했다. 하지만 그녀가 향한 곳은 로비에 있는 대출상담원이 아니었다. 그녀는 로비를 굽어보고 있는 사무실 중 한 곳으로 나를 데려갔다. 그녀가 문을 노크할 때 명판이 눈에 띄었다. ― 지점장 짐 오언즈. 그때 이미 약간 충격을 받았지만 그다음에 일어난 일을 생각하면 그것은 아무것도 아니었다. 나는 사무실 안으로 안내받았고 지점장은 책상 뒤편 의자에 앉았다. 그는 내 신청서가 대출위원회가 정한 일반기준에 못 미치는 것은 사실이지만 개인적으로는 지역은행이라면 지역의 사업을 지원해주는 게 옳은 일이라고 생각한다면서 이야기를 시작했다. 알고 보니 짐 오언즈는 내 신청서에 지대한 관심을 갖게 되어 급기야 내 부지로 직접 차를 몰고 내려와 창문 너머로 내 집과 사원의 내부까지 들여다봤던 모양이었다. 그는 그 후 직접 대출위원회를 찾아가서 나의 신청서를 손수 처리했다. 그리고 지금, 2만 달러의 건축대출이 승인되었으며 이번 일로 자기 목이 위태로워 질 수도 있으니 자신을 제발 실망시키지 말아 달라고 내게 얘기하고 있는 것이었다.

내가 이 사람에게 뭐라고 할 수 있겠는가? 그나저나 이 사람들 — 앨런 로버트슨, 라마 말론, 놀스 보안관보 — 은 누구인가? 이들은 신의 사자使者처럼 내게로 와서 내가 무엇을 해야 할지를 말해주었다. 산타페에서 가르치고, 바바를 게인즈빌로 초대하고, 빌트위드러브를 시작하고, 계속해서 주택을 지으라고 말이다. 내가 그 자리에서 할 수 있는 일이라고는 그저 감사를 표하며 당신을 실망시키느니 차라리 죽겠노라고 확답해주는 것뿐이었다.

젊은 부부는 펄쩍 뛰며 좋아라 했고 우리는 그들에게 아름다운 작은 집을 만들어주었다. 그뿐 아니라 빌트위트러브는 이제 더 큰 규모의 맞춤형 주택을 지을 수 있는 자격을 갖추었다. 나는 짐 오언즈 같은 사람을 만난 것이 너무나 영광스러웠다. 나는 은행의 지점장씩이나 되는 사람이 생판 남, 그것도 영성공동체에 거주하는 사람을 위해 그렇게 애써줄 수 있을 거라고는 한 번도 생각하지 못했다. 나는 분명히 많은 것을 배웠다.

짐 오언즈와의 인연이 거기까지였다고 생각했다면 나는 완전히 틀린 것이었다. 약 10년 후 내가 사업적으로 상당한 성공을 거두었을 때 삶은 가장 엉뚱한 상황에서 우리를 다시 만나게 해주었다. 그날은 내가 도나의 집에서 밤늦게까지 일한 뒤 잠시 쉬어야겠다고 마음먹었을 때였다. TV에 재미있는 프로가 하나도 없길래 나는 게인즈빌 북쪽 동네에서 봐둔 새 비디오 대여점으로 차를 몰았다. 여기서 내가 밤에 시내로 나가는 것은 아주 드문 일임을 말해두는 편이 좋겠다. 대여점에는 카운터 뒤에 있는 한 사람을 빼고는 아무도 없었다. 가게 뒤편에서 영화를 죽 살펴보던 중에 점원이 통화하는 내용을 어쩔 수 없이 듣게 됐다. 그는 누군가에게 기업유동자금 대출을 받으러 은행에 갔던 일에 대해 말하고 있었다. 아무래도 은행에서는 작은 비디오 가게에 대출을 승인해주지 않은 것 같았다. 나는 그 남자가 어딘가 낯이 익었지만 딱 누구라고 집어낼 수는 없었다. 그러다가 비디오를 계산하러 카운터에 갔을 때야 그가 누군지가 확실히 떠올랐다. 카운터 뒤에 있던 그 남자는 짐 오언즈였다.

짐 역시 나를 알아보았고, 우리는 지난 10년 동안의 안부를 물었다. 그는 은행을 나온 뒤 자영업을 시작했다고 말했다. 나는 대출이 필요하다는 대화를 어쩌다 듣게 되었다고 미안한 기색으로 말을 붙였다. 그가 오래전 베풀었던 선의를 생각하며 나는 그에게 혹시 도움이 필요한지 물었다. 그는 내 제안에 매우 놀란 듯 보였으나 결국 가게 확장을 위해 현금 2만 달러를 은행에서 대출받으려고 했었다고 털어놓았다. 2만 달러는 10

년 전, 우리 역할이 정반대였을 때 그가 내게 대출해주었던 돈
과 거의 똑같은 액수였다. 나는 이 일이 믿기지 않았다. 은행이
그의 대출 신청을 거절한 직후, 그가 전화통화를 하던 바로 그
시간에 내가 그 가게에 와 있게 될 확률을 위시해서 이런 일이
실제로 벌어질 가능성이 얼마나 되겠는가? 마치 10년 전의 짐
의 친절에 보답하기 위해 내가 그곳으로 보내진 것만 같았다.
말할 필요도 없이 나는 영광스러운 마음으로 그에게 그 돈을
빌려주었다.

30

끝없이 펼쳐지는 유니버스 템플

1978년 봄쯤 되자 빌트위드러브는 고급 맞춤형 주택 건축과 대규모 주택 리모델링을 담당하는 회사로 성장했다. 그즈음 나는 산타페 일을 그만두었다. 대학에서는 내게 계속 있어달라고 했지만 전임으로 강의하는 조건이었고 게다가 모든 수업에서 사회학 교과서를 사용해야 했다. 사실 내려야 할 결정이랄 것도 없었다. 이미 삶은 내게 정규직을 주었다. 그때쯤 나는 이미 빌트위드러브의 일을 완전히 내 것으로 받아들였다. 변화의 시기에 이르면 으레 고개를 쳐들곤 하던 정신적 저항도 전혀 없었다. 뱀이 허물을 벗듯, 내 인생의 이번 전환은 자연스럽게 일어났다.

산타페를 떠난 지 오래 지나지 않아 나는 PGA 투어의 프로 골퍼인 톰 젠킨스의 집을 짓게 되었다. 알고 보니 젠킨스 부부가 구입한 부지는 사원에서 도로 하나 떨어진 곳에 위치해 있었다. 우리 숲 속 들판에서 한 구역만 건너가면 나오는 곳이었다. 내게 이것은 또 다른 기적과도 같았다. 내 집에서 걸어갈 수 있는 거리에 내가 지은 가장 아름다운 맞춤형 주택이 있다니! 당시의 나는 그 정도만으로도 아주 특별한 일로 여겼지만, 장차 우리가 그 집을 소유하게 될 것이며 그 덕에 몇몇 사원 거주자들이 완벽한 집을 갖게 된다는 사실을 알았다면 어땠을까?

이것은 유니버스 템플의 확장이라는 매우 흥미로운 주제로 이어진다. 1978년 말 즈음 사원에 살고 있는 사람은 총 예닐곱 명 정도였다. 우리는 사원에 거주하는 모든 사람들에게서 소액이나마 임대료를 받았는데 덕분에 적어도 무임승차하는 사람은 없었다. 빌트위드러브를 통해 우리는 소규모 사업을 제대로 운영하는 법을 배웠고, 라다는 빌트위드러브에서와 다르지 않은 전문가적인 태도로 사원의 일을 도맡아 처리했다.

무슨 인연인지 유일하게 부엌이 있는 오두막으로 이사 온 사람은 채식 요리를 대접하는 일을 좋아했다. 오래지 않아 모든 사람들이 저녁만 되면 그 집에 나타났다. 명절이나 생일파티 때에도 그 집에서 모였다. 우리가 상당히 공동체적인 면모를 갖추게 된 것이다. 사원에 거주하는 사람이라면 누구나 오전명상과 저녁명상에 참여하고 임대료를 내야 했다. 이것은 그다지 어려운 부분이 아니었다. 동시에 개인적인 마음의 끊임없는 지껄임에 붙들리지 않도록 최선을 다해야 했다. 이것이야말로 훨씬 어려운 부분이었다.

빌트위드러브는 사원과 맞닿아 있는 인근 부지가 매물로 나왔을 때 그것을 살 수 있을 만큼만 돈을 버는 것 같았다. 나는 삶과 다시 한 번 게임을 했다. 근처 부지가 매물로 나왔는데 우리에게 자금이 있다면 사원이 그곳을 사들이기로 말이다. 그런 다음엔 어쩌면 그렇게 딱 맞는 사람들이 나타나 해당 부지의 집을 차지하게 되는지를 앉아서 지켜보는 것이 그렇게 흥미로울 수가 없었다.

사람들이 사원과 인연을 맺게 된 데는 참으로 놀라운 사연들이 많았고 그 이야기들은 나의 내맡기고자 하는 의지에도 깊은 영향을 끼쳤다. 사람들은 자신의 영적 성장을 위해, 그리고 우리 모두의 성장을 위해 누가 손으로 뽑기나 한 듯 적시에 나타났다. 하지만 사원에서 여러 해 살았던 한 학생의 이야기만큼 놀라운 사연은 아마 없을 것이다. 내 기억에 그 여학생을 처음 만난 건 산타페 재임 기간 중 후반기의 어느 겨울이었다. 수업에 들어갔는데 학생들이 교실의 난방이 너무 세서 졸음이 온다고 불평을 했다. 나는 창가로 가서 창문을 열고 신선한 공기가 들어오도록 손을 저었다. 그 직후에 새로운 학생 한 명이 교실로 들어와 자리에 앉았다. 나는 미등록 학생들도 자주 받았기 때문에 그런가 보다 했다. 그 학생이 사원의 명상모임에 참석하기 시작했을 때에도 별생각은 없었다. 그녀는 아주 진지한 태도로 수행에 임했고, 나중에는 사원 부지의 한 집으로 이사도 했다. 몇 년이 흐르고 나서야 그녀는 자신이 얼마나 오랫동안 내 수업에 들어오고 싶었는지, 하지만 너무나 수줍어서 차마 수업에 들어가지 못했는지를 털어놓았다. 그러면서 그 추운 겨울날 복도에서 망설이고 있는 자기를 보고 내가 들어오라고 창문에서 손짓해줬을 때 얼마나 고마웠는지 모른다며 눈물을 글썽이며 말했다. 나는 그녀가 생각하는 그날의 일을 들으며 깜짝 놀랐다. 내 버전의 이야기를 들려주자 그녀는 내면의 두려움을 깨고 수업에 들어오게끔 그녀를 초대한 것은 다름 아닌 삶의 손길이었음을 깨달았다.

그런 일들이 계속 일어났다. 나는 자연스럽게 펼쳐지는 그 힘에 더욱 깊이 나를 내맡겼다. 실제로 1978년 말 즈음에 누군가가 내게 물었다면 나는 내 삶 전부를 우주의 흐름에 내맡겼노라고, 매 순간 그 흐름에 따라 움직일 뿐이라고 답했을 것이다. 그 힘은 내게 영적 수행을 꾸준히 하면서도 세상에서 일하는 법을 가르쳐주었고, 다른 사람 역시 그렇게 할 수 있도록 돕는 법을 알려주었다. 그것은 영적인 작업을 계속 확장시키는 데 도움이 되는 사업을 시작하고 운영하는 법을 알려주었다. 그것은 나로 하여금 유명한 영적 스승들의 대규모 집중수행을 주최하게 하고 열두 명 정도로 늘어난 아주 특별하고 진지한 구도자들에게 집을 제공하게 함으로써 타인에게 봉사하는 법을 가르쳐주었다. 나는 이 일이 그저 시간을 따라 차근차근 커져가겠거니 했다. 당시의 나는 그때까지 내가 본 것은 아무것도 아니라는 사실을 짐작도 못했다. 그때까지 배운 모든 것이 앞으로 다가올 일을 위한 기반에 불과했다는 사실 역시 전혀 알지 못했다. 그 누구도 이 내맡기기 실험의 초기에 일어난 모든 일은 단지 다단 로켓의 발사단계에 지나지 않으며, 그 로켓은 저 멀리 별을 향해 날아갈 것임을 짐작할 수가 없었을 것이다.

31

크리쳐의 변신

1980년대에 일어났던 엄청난 성장 이야기로 넘어가기 전에, 내맡기기에 대해 굉장히 많은 것을 가르쳐준 내 삶의 또 다른 측면에 대해 얘기해볼까 한다. 바로 교도소 작업이다. 아무리 눈코 뜰 새 없이 바빠졌다 해도 나는 격주 토요일에 열리는 교도소 명상모임만큼은 꼭 참석했다. 라다는 학교를 졸업한 후 이 방문에 합류했다. 그녀는 점점 늘어가는 수감자들과의 서신교환을 처리했고 그들이 요청하는 영성서적들을 가져다주었다. 나는 필요하다면 삶의 우선순위를 얼마든지 바꿀 의향이 있었을 만큼 교도소 방문에 심혈을 기울였다.

경비가 그토록 삼엄한 곳에 갇혀 있는 수감자들이 얼마나 진지한 자세로 내면의 자유를 추구하게 되었는지는 설명하기 어려울 정도다. 벽은 그들의 신체를 가둬놓을 수 있었지만, 그들의 영혼을 감금할 수 있는 것은 아무것도 없었다. 오직 그들 자신의 마음만이 그렇게 할 수 있었다. 수감자들은 이 사실을 아주 깊은 차원에서 자각했다. 나는 그들에게 명상과 약간의 요가를 가르쳐주었다. 하지만 우리가 나눈 대부분의 대화는 내려놓음에 관한 것이었다. 그들은 머릿속의 목소리를 지켜보는 법에 대해 배웠고, 그것이 말하는 온갖 쓰레기들에 귀 기울이지 않는 법을 배웠다. 강의가 끝나면 우리는 그룹으로 모여 경험과 소감을 나누는 시간을 가졌다. 때때로 사람들은 주중에 있었던 일을 떠올리며 그 목소리가 어떻게 어리석은 짓을 하라고 자신을 부추겼는지에 대해 얘기하곤 했다. 그리고 그 말을 들을 것인지 아니면 그저 내려놓을 것인지를 선택할 수 있는 찰나의 의식에 대해 얘기했다. 그 이야기를 하는 수감자들은 열이면 열, 옛날 같았으면 아마 그런 파괴적인 행동을 곧장 해버리고 말았을 것이라고 털어놓으면서 웃었다. 하지만 이제는 달라졌다. 그들은 목소리를 놓아 보내버렸다. 어떻게 하면 그렇게 할 수 있는지, 즉 어떻게 하면 자신을 내려놓을 수 있는지를 서로 얘기하는 수감자들을 보며 내 가슴은 녹아내리곤 했다. 그들과 그 자리에 함께 있을 수 있게 해준 삶에 내가 얼마나 큰 감사함과 존경심을 느꼈는지는 어떠한 말로도 표현이 안 된다.

내 그룹에 속한 사람들은 대부분 그 교도소에서 종신형을 살고 있었지만 정기적으로 이감되는 사람들도 일부 있었다. 유니언 교도소에서 오랜 시간 복역했던 사람들 사이에는 깊은 유대감이 형성되어, 영적인 삶을 살 수 있도록 서로가 용기를 북돋아주었다. 그룹의 어떤 사람의 배움이 지극히 깊어져서 결국 다른 사람들의 리더가 되는 경우도 종종 있었다. 다음의 이야기는 절대 그럴 것 같지 않던 한 사람에 대한 이야기로서, 내맡기기에 관한 깊은 통찰을 선사한다.

내가 처음 데이비드를 만난 것은 1975년이었다. 유니언 교도소 예배당 2층에서 모임을 갖고 있는데 덩치가 산만 한 어떤 사람이 걸어와 내 옆에 앉았다. NFL 럭비선수 같았던 그는 살이 찐 게 아니라 그냥 덩치가 컸다. 강의가 끝나자 그는 내게로 와서 이렇게 말했다. "안녕하세요, 제 이름은 크리쳐Creature예요. 무법자의 일원이죠." 나는 '무법자'에 대해 들어본 적 있었다. 그들은 '지옥의 천사'와 같은 폭주족 중의 하나였다. 나는 자리에서 일어나 손을 내밀었다. "안녕하세요, 난 믹키입니다." 이것이 바로 크리쳐라는 사내와의 첫 만남이었다.

크리쳐의 셔츠에는 '데이비드 클라크'라고 쓰여 있었다. 그는 이후 내 수업에 빠짐없이 나왔다. 명상모임에 나오는 사람들은 흑인 아니면 히스패닉 계였기 때문에 남부 출신의 백인이었던 데이비드는 확실히 튀었다. 나는 그와 같은 이력을 가진 사람이 왜 명상 그룹에 계속 나오는 것인지 흥미가 생겼다. 차츰 나는 그가 매우 진지한 자세로 자기발전과 영적 성장을 추구하고 있음을 알게 되었다. 그는 수많은 책들을 요청하기 시작했고, 제일 먼저 요가난다의 《요가난다, 영혼의 자서전》을 읽었다. 몇 번의 만남 후 나는 크리쳐가 요가난다의 사진을 지니고 다닌다는 사실을 알게 됐다. 나는 미국에서 가장 폭력적인 폭주족의 두목으로서 다수의 종신형을 선고받은 이 진지하고 지적인 사람에 대해 어떻게 생각해야 할지 몰랐다. 다만 나는 그에게 어마어마한 사랑을 느꼈고, 그를 이렇게 중요한 성장단계에서 만날 수 있게 해준 삶에 깊은 감사를 느꼈다는 점만은 확실하게 말할 수 있다.

데이비드는 수업이 끝나면 꼭 내게로 와서 명상을 많이 한 사람만이 할 수 있는 매우 심도 깊은 질문들을 던졌다. 실제로 나는 데이비드가 그룹 사람들과 하는 대화를 듣고 그가 자기 구역 수감자들을 위해 명상모임을 시작했음을 알게 되었다. 이 만남은 수년간 지속되었다. 데이비드는 그룹의 다른 구성원들과 친구처럼 지내면서도 그들로부터 존경받는 리더가 되었다.

하루는 데이비드가 나에게 와서 그룹에 오지 못할 상황이 생겼다고 말했다. 수년 전 사망한 라이벌 폭주족 단원들의 시체를 당국이 발견하여 데이비드를 비롯한 몇몇 무법자 조직원들을 기소했다는 것이다. 그는 이러한 사태의 변화에 흔들리지 않는 듯해 보였다. 오히려 그 덕분에 과거의 카르마를 해소할 수 있는 기회가 생긴 것 같다고 말했다. 그는 자신이 과거에 저질렀던 죗값을 완전히 청산할 수 있는 기회가 오기를 바랐다. 나는 자신이 처한 상황을 평화롭게 받아들이는 데이비드의 완벽한 내맡김을 지켜보며 절로 겸허해졌다.

재판을 기다리는 동안 데이비드는 록Rock이라 불리는 교도소 독방건물에 감금되었다. 이 건물은 1925년부터 유니언 교도소의 독방동이었는데 환경이 워낙 끔찍하여 1999년에는 법원의 명령으로 결국 폐쇄될 곳이었다. 독방에 감금되어 있었기 때문에 그를 볼 수는 없었지만 그는 편지를 통해 하루에 몇 시간씩 명상과 챈팅을 하고 있다고 내게 소식을 전했다.

해마다 열리는 집중수행을 위해 암릿이 게인즈빌을 방문하게 된 즈음에 데이비드가 편지를 써보냈다. 그와 같은 위대한 요기를 만난다면 얼마나 뜻깊겠냐는 요지였다. 데이비드는 자신의 상황상 그를 만날 일은 결코 없을 것임을 잘 알고 있었다. 하지만 편지에서 뿜어져나오는 그의 헌신은 누구라도 느낄 수 있을 만큼 진지했다. 나는 암릿에게 편지를 보내어 혹시 내가 자리를 마련할 수 있다면 데이비드를 만나러 갈 용의가 있냐고 물었다. 암릿은 한 번도 교도소에 가본 적은 없었지만 편지와 데이비드의 이야기에 깊이 감동받았다. 암릿은 아주 간단하게 답을 보냈다. "내가 어떻게 안 갈 수가 있겠습니까?"

나는 교도소 내의 모든 연줄을 동원했다. 나는 지난 몇 년 동안 교도소 내 사제와 매우 친해졌고 교도소장 또한 우리가 내는 기부금 덕분에 나를 잘 알고 있었다. 빌트위드러브를 시작하고 난 이후 우리는 예배실 확장과 사제의 수감자 봉사 등을 돕기 위해 매년 수천 달러씩 기부를 하던 참이었다.

결국 나는 암릿과 데이비드의 만남을 허가받았다. 하지만 조건이 매우 엄격했다. 데이비드는 밖으로 나갈 수가 없었다. 암릿과 내가 록의 독방 구역으로 들어가서 그를 만나야 했다. 나는 그날을 절대 잊지 못할 것이다. 암릿은 성자처럼 길게 늘어진 황백색의 가운을 입고 있었다. 정문을 지나 교도소 안으로 들어갈 때 우리는 침묵을 지켰다. 그곳에 사는 것이 과연 어떤 느낌인지를 암릿이 경험해보고 싶어했기 때문이다. 나는 지금까지 록 안으로 들어갔을 때의 느낌을 제대로 묘사하는 데 성공한 적이 없다. 건물이라고 해봤자 굳게 잠긴 감방들이 돌벽을 마주 보고 빽빽하게 줄지어 있는 게 다였다. 색이라고는 한 방울도 보이지 않는 곳이었다. 하지만 우리는 그쪽으로 가지 않았다. 우리는 그 건물들을 지나 창문 하나 없는 어두운 구역으로 들어갔다. 그곳이 록의 독방 구역이었다. 그다음 우리는 면회실로 쓰이는 것이 분명한, 어두침침한 감방 안으로 들어갔다. 방 한가운데에 아주 더러운 변기가 덩그러니 놓여 있는 독방이었다. 부서진 작은 테이블과 의자 세 개 외에는 아무것도 없었다. 여러 명의 교도관들이 주위를 둘러싸고 서 있는 가운데 암릿과 나는 흔들거리는 테이블에 자리를 잡고 앉았다.

잠시 후 데이비드가 방 안으로 들어왔다. 그의 손과 발에는 쇠사슬이 채워져 있었지만 내 눈에 그는 참으로 아름다워 보였다. 나는 그를 다시 보게 된 것이 너무나 기뻤다. 우리는 포옹했고 나는 그를 암릿에게 소개했다. 우리는 데이비드와 암릿이 서로 마주 보도록 앉았다. 우리는 그 상태로 오랜 시간 앉아 있었고 데이비드는 점차 머리를 아래쪽으로 떨구었다. 방 안의 에너지는 암릿이 만트라 챈팅을 끝낸 후의 사원과 다를 바 없었다. 아무 생각도 할 수 없을 정도로 강한 에너지였다. 침묵이 이어지고 있을 때 암릿이 데이비드에게 기분이 어떠냐고 물었다. 데이비드가 말을 하기 위해 고개를 들었을 때 나는 처음으로 그의 얼굴을 보았다. 두 뺨은 눈물범벅이었고 얼굴은 은은한 빛으로 빛나고 있었다. 속삭이는 목소리로 그가 말했다. "나에 대한 당신의 사랑이 얼마나 깊은지를 느꼈던 것 같아요. 사랑에 완전히 압도당했거든요." 그것이 그날의 만남에서 나온 말의 전부였다. 우리는 조금 더 침묵 속에 앉아 있었고, 잠시 후 교도관이 데이비드를 그의 감방으로 다시 데려갔다. 암릿과 나 역시 교도관의 안내하에 어두운 독방 구역에서 나와 감방 건물을 지난 뒤 록 밖으로 나왔다. 정문까지는 우리 스스로 나가야 했다.

눈이 햇살에 적응해가는 동안 나는 단 하나의 생각에 사로잡혀 있었다. 이 지구상에는 사람들이 실로 다양한 곳에서 살고 있다. 어떤 곳은 높고 어떤 곳은 낮다. 데이비드가 갇혀 있던 그 구멍 같은 독방, 감옥 중에서도 진짜 감옥인 그곳은 아마 인간이 지구상에서 처할 수 있는 가장 낮은 자리 중 하나일 것이다. 그보다 더 낮은 곳으로 내려갈 수는 없는 법이다. 하지만 그는 진실한 영적 수행을 통해 지구상에서 가장 높은 자리에 있는 존재를 그 어두운 구멍 속으로 불러들였다.

　나는 데이비드에게 그날의 경험이 어떠했는지를 묻지 못했으나 떠나가는 그에게서는 분명 빛이 났다. 나는 암릿이 내 이마에 손을 대던 밤에 경험했던 것을 떠올렸다. 내 소중한 친구 데이비드가 남은 평생을 그 압도적인 사랑 속에서 살아갈 것이라고 생각하니 깊은 평화가 나를 가득 채웠다.[*]

---

[*]　궁금해하실 분을 위해 얘기하자면, 재판에서 데이비드는 법원의 결정에 온전히 순복했다. 그의 수감 중 행동 기록을 바탕으로 법원은 그에게 기존 형기와 동일한 기간을 복역하라는 판결을 내렸다. 즉, 데이비드는 기존 형기에 하루도 더하지 않고 과거를 청산할 수 있게 된 것이다. 해당 판결 후 그는 즉시 다른 교도소로 이감되었다. 나는 그가 새롭게 배정된 시설에서 '모범수'가 되었으며 예배당에서 일한다는 소식을 들었다. 그 이후로 데이비드와의 연락은 끊겼다.

5부

값없이
소중한 것의
탄생

32

개인적 자아에서 개인용 컴퓨터로

1978년 가을, 다시 한 번 모든 것을 바꿔놓을 사건 하나가 예고도 없이 불쑥 찾아왔다. 인생을 돌이켜보다가 우리의 운명을 결정짓는 것이 사실은 한 줌의 순간들이었음을 깨달을 때, 우리는 얼마나 큰 영감을 얻곤 하는가. 혹여 삶이 그런 순간들을 나에게 주지 않았더라면, 혹은 내가 그 순간에 다른 식으로 반응했더라면? 시간이 지남에 따라 모든 것은 완전히 달라졌으리라.

그때 즈음 나는 우주가 내게 원하는 것이 뭔지를 스스로 잘 알고 있다고 생각했다. — 빌트위드러브를 최선을 다해 운영하고, 그렇게 번 돈으로 사원에서 진행하는 행사를 잘 이끌어가는 것 말이다. 하지만 언제나 그랬던 것처럼 나는 틀렸다. 틀려도 한참 틀렸다. 삶이 나를 위해 준비하고 있었던 것은 그 크기와 범위 면에서 훨씬 더 원대했다. 내가 앨라추어 숲을 벗어나지 않고 영성수행 역시 소홀히 하지 않으면서도 직원 2,300여

명에 연매출이 3억 달러에 달하는 컴퓨터 소프트웨어 회사를 운영하게 되리라는 사실을 당시의 내가 어떻게 상상이나 할 수 있었겠는가? 삶은 어떻게 그런 일이 가능해지게 만들었을까? 특히나 나는 그때까지 컴퓨터를 만져본 적도 없고 내 돈벌이에 완벽하게 만족하고 있었는데 말이다. 오늘날 누군가가 저 질문에 답을 해보라고 나를 굳이 채근한다면 나는 '내맡김'이라는 단어를 말할 것이다. 내맡기기 실험은 나에게 언제나 지금 이 순간에 머물면서 개인적인 호오가 삶의 주도권을 갖지 못하게 하는 법을 가르쳐주었다. 대신 나는 현실의 삶이 목적지를 손수 정하게끔 했다. 덕분에 나는 그때까지 환상적인 여정을 걸어올 수 있었는데, 삶은 거기에 그치지 않고 더욱 경이로운 30년을 마련해두고 있었다. 그 어마어마한 사건들이 마치 짜놓은 듯이 얼마나 완벽하게 펼쳐졌는지를 알고 싶다면 나는 대단히 영광스러운 마음으로 그 이야기를 들려드리겠다.

그 모든 일은 특별할 것 없던 어느 날, 빌트위드러브에 필요한 물건을 사러 동네에 있는 라디오쉑Radio Shack에 들르면서부터 시작되었다. 나가는 길에 12인치 텔레비전 스크린에 플라스틱 타자기 키보드가 달려 있는 물건을 보게 되었다. 두 물품 위에는 'TRS-80 컴퓨터'라고 쓰여 있는 이름표가 놓여 있었다. 그것이 시중에 나온 첫 번째 개인용 컴퓨터와의 운명적인 만남이었다. 원체 호기심이 많았던 나는 진열대 위의 그 물건으로 가서 키 몇 개를 눌러보았다. 마술처럼 내가 눌렀던 키가 그 위의 모니터에 나타났다. 내 평생 그런 경험은 처음이었다. 대학에서 컴퓨터 입문 수업을 듣기는 했어도 우리가 만져본 것은 고작 천공카드였지, 실제로 컴퓨터에 연결된 단말기는 근처에도 갈 수가 없었다.

나는 라디오쉑에 있는 이 기계에 그만 홀딱 반해버렸다. '첫눈에 반한 사랑'이라고밖에 설명할 수 없을 정도로 내 안에서 무언가가 활짝 열렸다. 나는 오랫동안 그 기계를 만지작거리며 서 있었다. 이런저런 쉽고 복잡한 수학계산을 키보드로 치면 그 결과가 화면에 불쑥 나오는 것이 너무나 신기했다. 겨우겨우 그 기계와 이별하고 상점을 나왔지만 나는 내가 곧 돌아오리라는 사실을 알았다. 그 기계를 처음 만졌을 때부터 내면의 아주 깊은 곳에서 어떤 부름이 올라왔다. 그 부름에는 자신을 내맡기지 않을 재간이 없었다. 며칠 후 600달러를 들고 최신사양의 컴퓨터를 사러 라디오쉑에 다시 갔을 때, 나는 그것을 딱히 어떻게 써야겠다는 생각조차 없었다. 그저 그것을 가져야 한다는 생각밖에 없었다.

내 첫 번째 컴퓨터는 메모리 16k에 12인치 모니터, 저장장치로 일반 카세트녹음기가 달려 있는 라디오쉑 TRS-80 Model Ⅰ이었다. 당시에 구할 수 있는 컴퓨터는 그게 다였다. 컴퓨터에 딸려온 것은 단 하나, BASIC 프로그램 언어에 대해 간략하게 설명하는 매뉴얼이 다였다. 그다음부터는 다들 알아서 사용법을 익혀야 했다.

컴퓨터를 집으로 가져온 다음부터 나는 프로그램 명령어를 익히고 응용해보는 재미에 푹 빠졌다. 어떤 이유에서인지 모든 것이 내게는 너무도 자연스럽게 느껴졌다. 무언가를 새롭게 배운다는 느낌이 들지 않았다. 내가 항상 알고 있던 것을 기억해낸다는 느낌에 훨씬 가까웠다. 기계 앞에 앉는 순간 마음은 매우 고요해졌다. 꼭 명상에 들어가는 것 같았다. 에너지가 올라와 미간 쪽으로 부드럽게 집중됐고 평화가 온몸을 감싸 안았다. 아무리 봐도 나는 이 컴퓨터를 써야 할 운명이었다. 나는 그것에 대해 의심하지 않았다. 그저 일어나는 일에 계속 항복할 뿐이었다.

컴퓨터가 내 손에 들어오기 전에도 나는 이미 유니버스 템플과 빌트위드러브라는 풀타임의 일거리가 두 개나 있었다. 그러니 컴퓨터 할 시간을 확보하자면 저녁명상이 끝난 뒤에도 일을 할 수밖에 없었다. 꼭두새벽까지 일하다가 서너 시간밖에 못 자고 오전명상을 위해 일어난 적도 꽤 있다. 하지만 워낙에 신명난 상태로 일을 했던 터라 나는 전혀 피곤한 줄 몰랐다. 그때 이미 나는 뭔가 매우 특별한 일이 벌어지고 있다는 사실을 알았다.

나는 이 물건이 과연 무슨 일을 할 수 있는지 감을 잡기 위해 시험 삼아 이리저리 프로그램을 짜보았다. 몇 주가 되자 이제 진짜 프로그램을 짜도 되겠다는 생각이 들었다. 내가 스스로에게 부여한 첫 번째 과제는 빌트위드러브의 회계시스템을 만드는 것이었다. 나는 모든 것을 독학해야 했다. 라디오쉑의 판매원들은 프로그래밍에 대해 아무것도 몰랐고, 물어볼 만한 사람도 없었다. 나는 그저 시행착오를 스승 삼아 혼자서 만들어나갔다.

빌트위드러브의 회계시스템을 일단 완성하고 나자 프로그래밍 일은 아주 빠른 진전을 보였다. 나는 라디오쉑의 매니저와 친해져서 가게에 들를 때마다 내가 작업한 결과물을 그에게 보여주었는데, 그는 그것이 인상 깊었는지 고객들을 내게 보내도 되겠느냐고 물었다. 놀랍게도 그는 프로그램 작성을 원하는 사람들을 실제로 몇 명 보냈다. 갑자기 나에게 새로운 사업이 생긴 것이다. 믿기 힘들겠지만 이 변변치 않은 시작이 바로 훗날 수백만 달러의 매출을 자랑하는 전국구 소프트웨어 기업, 퍼스널라이즈드 프로그래밍Personalized Programming의 탄생이다.

흐름을 따라가겠다고 결심한 이후 내 인생의 모든 것이 그러했듯이, '퍼스널라이즈드 프로그래밍' 역시 그렇게 저절로 시작되었다. 미팅도, 비즈니스 계획도, 벤처 투자가도 없었다. 유니버스 템플과 빌트위드러브 때처럼 나는 내게로 온 에너지를 그저 묵묵히 섬겼다. 나는 숲을 떠나지 않았다. 이 모든 일은 내가 요청하지도 원하지도 않았는데 내게로 온 것이다. 다행히도 나는 사람들 돕는 일을 진심으로 사랑했다. 그들이 머릿속의 목소리를 잠재우는 법을 배우기 위해 내게 온 것이든, 집을 지어 달라고 온 것이든, 프로그램을 짜달라고 온 것이든, 아무 상관 없었다. 어느 것이나 내게는 똑같았다. 나는 프로그래밍 일을 열렬히 사랑했고, 그 재능을 살려 사람들을 돕는 일 역시 사랑했다.

처음에는 모두 자잘한 일들이었기 때문에 얼마를 받아야 할지 감이 오지 않았다. 플로리다 대학의 한 교수에게 학점 매기는 프로그램을 만들어주고 받은 돈은 300달러였다. 나는 지독한 완벽주의자였기 때문에 수정에 수정을 거듭하며 스스로 만족할 정도가 돼서야 완성본을 내놓았다. 프로그래머로서의 커리어가 시작된 순간부터 내 가슴은 코드 한 줄 한 줄에 내가 할수 있는 최선의 능력을 발휘할 것을 요구했다. 보수는 얼마를 받건 상관없었다. 다만 모든 것이 완벽해야만 했다.

1979년 내내 나는 점점 더 많은 시간을 방 안에 홀로 앉아 프로그램을 짜는 데 보냈다. 라디오쉑의 매니저가 손님들을 내게 보내도 되겠냐고 물었을 때 나는 그게 어떤 일이 벌어지게 만들지를 전혀 예상하지 못했다. 게인즈빌 전역의 라디오쉑은 물론이고 저 멀리 잭슨빌에 있는 지점에서도 내게 전화를 해왔다. 곧 내가 처리할 수 있는 양 이상의 일거리가 쏟아지기 시작했다. 한때 경제학도였던 만큼 수요와 공급의 법칙을 이해하고 있었던 나는 가격을 조금씩 올렸다. 하지만 소용없었다. 아랑곳없이 일거리는 계속 들어왔다. 그때 즈음 나는 모든 일이 시기적절하게 나타나 프로그래머로서의 내 커리어를 한 단계씩 업그레이드시켜주고 있음을 알아차리기 시작했다. 나는 여전히 숲 속에서 홀로 일하고 있었지만 — 그것만큼은 확실히 해두자 — 삶은 나를 전문프로그래머로 변신시키고 있었다.

고객맞춤형 소프트웨어를 만드는 것이 시간이 많이 걸리는 일임을 깨닫게 되기까지는 그리 오랜 시간이 걸리지 않았다. 고객의 필요를 충족시킬 수 있는 기성 소프트웨어 제품을 파는 편이 나로서는 훨씬 나았다. 나는 캘리포니아의 시스템스 플러스Systems Plus라는 기업이 판매하는 최고급 회계소프트웨어 패키지의 딜러가 되었다. 굳이 그 소프트웨어를 선택하게 된 연유는 기억나지 않는다. 하지만 지금 와서 생각해보면 어떤 영감에 의해 내린 결정이 아닌가 싶다. 결국은 그 회사와 상당히 깊은 인연을 맺게 되었기 때문이다.

1979년 후반이 되자 회계 패키지 일의 비중이 점점 더 커졌다. 패키지와 관련 하드웨어를 판매하는 일 외에도 고객지원까지 포함되는 업무였다. 나의 고객관리 수준은 아주 뛰어난 편이어서 본사에서조차 고객들을 내게로 보내기 시작했다. 내가 의뢰받은 일을 처리하는 중에 모든 프로그래밍 기술을 터득하게 되었던 것처럼, 이 새로운 일 역시 다양한 규모의 전산화 작업을 분석하고 실행하고 지원하는 방법을 스스로 터득해가게끔 나를 가르쳐주었다.

입소문은 들불처럼 번져나갔고 내 제품과 서비스를 찾는 사람은 계속해서 늘어났다. 시스템스 플러스의 소개로 찾아오는 고객과 라디오쉑의 고객과 내 기존 고객들 외에, 전국 곳곳의 사업장에서도 나를 찾기 시작했다. 하지만 나는 몸뚱이가 하나였고 사원에서 열리는 오전명상과 저녁명상은 내가 무슨 일이 있어도 꼭 참석하는 일과였다. 외박 출장을 피하기 위해 나는 다른 지역의 일거리들은 포기하고 수행을 최우선시하는 데에 자신을 온전히 내맡겼다. 별일이 없었더라면 나는 아마 계속 그렇게 했을 것이다. 그런데 제임스가 나타났다.

제임스 피어슨은 사원 부지의 집으로 이사 온 지 얼마 안 된 매우 진지한 구도자였다. 흥미롭게도 제임스에게는 파일럿 자격증이 있었다. 그는 어느 날 내가 다른 지방 고객들을 맡을 수 없는 이유에 대해 얘기하는 것을 우연히 듣고는 자기가 비행기 조종을 해주겠다고 나섰다. 작은 단발엔진 비행기를 임대한다면 자신이 훨씬 저렴한 운임으로 조종을 맡아주겠다고 했다. 그렇게 우리는 직접 방문 서비스에 프리미엄을 지불할 의향이 있는 다른 지역 고객들을 만나기 위해 당일치기 출장을 다니기 시작했다. 보통 그런 고객은 돈이 많은 사업체인 경우가 많았다. 웨스트 팜의 자가용비행기 중개업 회사처럼 말이다. 삶이 스승이었던 앨라추아 숲 출신의 이 평범한 히피는 성공한 사업가들과 전문가답게 협상하는 법을 조금씩 배워가게 된다. 나의 성공공식은 매우 단순하다. '내 앞에 놓인 모든 일을 개인적인 결과에 연연하지 말고 가슴과 영혼을 다해 최선을 다한다, 우주가 직접 나에게 준 일이라고 생각하면서 한다.' 왜냐하면 실제로 그러하기 때문이다.

퍼스널라이즈드 프로그래밍은 한시도 지루할 틈이 없는 재미있는 사업이었다. 게다가 이제 나는 자그마한 2인용 비행기를 타고 구름 위를 날아다니게 되었다. 나는 가끔씩 광활한 하늘을 바라보며 의아해하곤 했다. '내가 어쩌다 여기까지 오게 됐지?' 나는 속세를 버리고 숲으로 들어가 영적 수행에 인생을 바쳤다. 그 뒤로 나는 숲을 벗어난 적이 없고 단 한 순간도 예전의 삶으로 돌아간 적이 없다. 그런 내가 미국에서 가장 부유한 도시 중 하나인 웨스트 팜의 한 부티크 회사에 고용되어 그들의 사업을 전산화해주기 위해 비행기를 타고 내려가고 있었다. 모든 것이 내 이해를 넘어서는 일이었다. 심지어 나는 이런 분야로는 교육을 받아본 적조차 없지 않은가 말이다. 나는 그야말로 동화 속을 살고 있었다.

33

메디컬매니저의 탄생

퍼스널라이즈드 프로그래밍은 성공적인 1인 기업으로 성장했다. 1980년, 매제인 하비가 법적 책임 문제도 있으니 법인을 설립하는 게 어떻겠냐고 제안했다. 사업체를 또 하나 설립하는 것이 얼마나 불필요하게 느껴졌는지 지금도 기억난다. 하지만 나는 그의 조언을 받아들여 퍼스널라이즈드 프로그래밍을 플로리다 주에 등록했다. 플로리다 주는 내게 공채증서를 보내주었고 나는 그것을 은행 금고에 대충 넣어두었다. 공식문서임을 나타내는 멋들어진 직인이 찍힌 증서였지만 그 서류는 나를 제외한 모든 사람들에게는 한낱 종이쪽지에 불과한 것이었다. 어쨌든, 퍼스널라이즈드 프로그래밍 사는 이제 플로리다 주의 법인이 되었다.

나는 퍼스널라이즈드 프로그래밍에서 하는 일을 정말로 좋아했다. 좋아한 정도가 아니라 라디오쉑에서의 첫날 이후 컴퓨터에 대한 내 열정은 하루가 다르게 점점 커지고 있었다. 내가 설치한 컴퓨터 한 대 한 대가 마치 고객들을 잘 돌봐달라며 내가 남기고 온 소중한 친구처럼 느껴졌다. 세상의 눈으로는 내가 일인기업가처럼 보였을지언정, 나는 고객의 사무실 하나하나에 내 일꾼들을 남기고 온 것이다. 그들은 돈도 받지 않고 밤낮으로 일했고 불평하는 법도 없었다.

통합시스템 솔루션을 판매하고 사후 고객지원 하는 일을 시작하자 퍼스널라이즈드 프로그래밍은 연 십만 달러 이상의 수익을 내기 시작했다. 몇 년 전까지만 해도 산타페에서 강의하여 버는 돈이 연간 오천 달러였다는 것을 감안하면 차원이 다른 수준의 돈이었다. 게다가 빌트위드러브 역시 괜찮은 수입을 올리고 있었다. 하지만 이 모든 변화에도 불구하고 내 생활은 거의 변하지 않았다. 회사에서 버는 돈은 모두 사원으로 기부되어 부지 구입 및 커뮤니티 유지비용으로 쓰였다. 모든 것이 너무도 완벽하게 굴러가는 통에 내 개인적인 마음도 잠잠해졌다. 바로 그즈음 나는 세속과 영성을 구분하는 나의 정신적 관념들이 마침내 사라졌음을 깨달았다. 모든 것이 놀랍도록 완벽한 삶의 흐름으로 보이기 시작했다.

'나의' 길이란 것이 있었다면 나는 아마 그 방향으로 계속 살아갔을 것이다. 하지만 어찌 된 일인지 나는 내맡기기 실험을 하면서부터 나의 길이라는 것을 가져본 적이 없는 것 같다.

1980년대 초반, 나는 이 경이로운 여정의 다음 단계를 열어줄 두 통의 전화를 같은 날 받게 된다. 그것은 의료비청구 시스템을 찾는 사람들에게서 걸려온 특이할 것 없는 전화들이었다. 그들은 환자 대상 의료비청구와 보험회사 대상 의료비청구를 모두 처리할 수 있는 개인용 컴퓨터 소프트웨어를 찾고 있었다. 나에게는 그런 제품이 없었기 때문에 한 번 알아보고 다시 연락을 주겠다고 말했다.

얼마간의 수소문 끝에 나는 마이애미의 지인을 통해 제품 하나를 찾았다. 전국으로 유통되는, 설치율 높은 소프트웨어 패키지라고 했다. 그 말만 믿고 평판조회를 하지 않은 것이 실수였다. 나는 해당 시스템의 설명서와 가격 정보를 받아다가 잠재고객들에게 가격을 제시했다. 이때까지만 해도 나는 내가 무슨 길로 걸어 들어가고 있는지 알지 못했다. 그런데 소프트웨어를 테스트하기 시작하면서 나는 이 패키지가 완벽한 쓰레기라는 사실을 깨달았다. 나는 그 소프트웨어를 절대로 팔 수가 없었다.

나는 고객들에게 나쁜 소식을 전해주기 위해 전화를 걸었다. 그런데 각기 다른 두 사람이 똑같은 대답을 했다. 듣자하니 당신이 무수히 많은 사업체에 맞춤형 소프트웨어를 직접 제작해준 매우 믿음직한 프로그래머인 것 같은데 병원용 소프트웨어를 당신이 직접 만들어보는 것은 어떻겠는가, 하고 말이다.

당시 나는 작은 사무실의 바닥에 앉아 있었다. 머릿속의 작은 목소리는 소프트웨어를 직접 만든다는 것이 얼마나 많은 시간을 잡아먹는 일이며, 그러느니 차라리 다른 사람이 만든 소프트웨어를 가져다 파는 것이 낫다는 소리를 계속 해대고 있었다. 환자 및 보험회사를 대상으로 한 의료비청구 시스템을 만드는 것은 지금까지 내가 했던 어떤 작업보다도 규모가 클 게 틀림없었다. 나는 고객들에게 그런 시스템을 만들려면 족히 2년은 걸릴 수 있다고 엄포를 놓았다. 그런데 불행하게도 두 사람 모두 2년이 걸리더라도 그동안 자기들이 피드백을 할 수만 있다면 얼마든지 기다릴 수 있다고 답했다. 나는 그 정도 규모의 프로그래밍 작업에는 정말 손을 대고 싶지 않았다. 하지만 이 고객들과의 합의가 확정적이지 않다고 해도, 삶의 흐름을 존중하겠노라고 나 스스로와 약속한 바가 있었다. 삶이 이끌어온 이 상황에 자신을 내맡기는 것 말고는 선택지가 없다는 사실을 깨닫자 마음은 점점 고요해졌다. 내려놓고 싶지 않았지만 결국 내려놓게 된 그 모든 일들이 또 한 번 반복되는 순간이었다. 나는 숨을 크게 들이쉬고 두 명의 고객에게 최선을 다해 의료비청구 시스템을 만들어보겠다고 약속했다.

두 통의 전화를 끊자마자 나는 손을 뻗어 내 옆에 놓여 있는 보험청구 표준양식을 집어들었다. 보험청구서가 도대체 어떻게 생겼는지 보려고 전에 얻어놓은 것이었다. 나는 이 양식에 들어갈 다양한 데이터를 수집하고 저장할 프로그램을 어떻게 체계

화할 것인지 생각을 굴리기 시작했다. 바로 그 첫 생각들이 향후 30년에 걸친 의료계 전산화의 효시라는 사실을 당시의 나는 거의 알지 못했다. 사람들은 내게 종종 묻는다. 어떻게 1980년대에 벌써 의료계에 주력할 혜안이 있었느냐고. 이제 알겠지만 답은 간단하다. 삶이 내 앞에 가져다놓아준 일에 온 마음과 영혼으로 최선을 다한 것이 전부다. 하지만 이번에 주어진 일의 규모는 지금까지 내가 마주쳤던 그 어떤 것보다도 거대했다.

미팅도, 예산도, 계획도 없었다. 오로지 나만 있었다. 나는 즉시 메디컬매니저Medical Manager라고 불리게 될 소프트웨어를 코딩하기 시작했다. 메디컬매니저는 향후 미국의 병원 원무업계를 혁신적으로 바꿔놓는 제품이 된다. 사람들은 이해하기 어렵겠지만, 나에게 프로그램 코드를 짜는 일은 다른 사람과 대화를 나누는 일과 별반 다르지 않다. 내가 무슨 말을 하고 싶은지, 그것을 어떻게 말해야 하는지에 대해 생각할 필요도 없었다. 나는 머리에 떠오르는 생각을 그대로 컴퓨터에 입력했다. 프로그램을 짤 때 내 머릿속 목소리는 컴퓨터 언어로 말했다. 나는 영어로 생각한 다음 그것을 컴퓨터 언어로 변환한 것이 아니다. 아예 처음부터 생각을 컴퓨터 언어로 했다. 이 때문에 나는 컴퓨터에 앉자마자 바로 완벽하게 구조화된 코드를 짤 수 있었다. 앞서 얘기했던 '영감이란 과연 어디서 오는 것일까'의 주제로 돌아온 셈이다. 베토벤은 음악을 먼저 듣고 그것을 써내려갔다고 한다. 미술가들은 창조적인 계시를 본 뒤 그것에 형태를 부여한다. 메디컬매니저가 어떤 장대한 계시를 통해 한 번에 내 눈앞에 나타난 것은 아니었다. 하지만 매일같이 끊임없이 흘러나오는 영감은 이 프로그램이 가야 할 길을 정확하게 알려주었다. 나는 그저 컴퓨터에 앉아 코드의 형태로 터져 나오는 영감의 흐름을 받아 적기만 할 뿐이었다.

나는 거의 두렵게 느껴질 정도의 열정과 열의에 휩싸인 채 코드를 짜고 또 짰다. 처음에는 환자기록을, 다음에는 요금청구에 필요한 의료적 절차들을. 나는 내가 하는 모든 일에 내 능력의 최대치를 발휘했다. 두 고객만을 위해서 프로그램을 짜는 것이 아니었다. 나는 우주에 선물로 바친다는 마음으로 내가 할 수 있는 최고의 프로그램을 만들었다. 쏟아지는 영감의 흐름이 어찌나 거센지, 단 하나도 허투루 넘어갈 수가 없었다. 세세한 것까지 꼼꼼히 따지던 이 태도가 결국 메디컬매니저를 다른 의료비청구 시스템과 차별되게 만든 요소였다. 간단히 말해서 나는 그것이 얼마나 오래 걸리건, 사업가의 눈으로 볼 때 얼마나 말이 안 되건 상관없이 그저 이 프로그램이 최고로 완벽하기만을 바랐다.

사실을 말하자면 나는 사업적인 안목은 거의 제로에 가까웠다. 나는 이 프로그램을 동네의 몇몇 의사들한테는 팔 수 있겠거니 생각했을 뿐, 더 폭넓은 유통이 가능하리라고는 한 번도 생각해보지 않았다. 다행히 프로그램 개발비용은 완벽하게 펼쳐지는 삶의 흐름 덕분에 내 수중에 있는 돈으로 충당이 가능했다. 내가 '완벽'이라는 단어를 가볍게 쓰는 사람이 아님을 알아주시길. 의료비청구 프로그램을 만들고 있는 동안 사원 부지에서 1.5킬로미터밖에 떨어지지 않은 숲 속에 빌트위드러브 지부가 문을 열었다. 빌트위드러브는 그 지부에서 굉장히 많은 맞춤형 저택 계약을 따냈는데, 이는 곧 내가 일을 처리하러 다른 곳으로 갈 필요가 없어졌음을 의미했다. 게다가 퍼스널라이즈드 프로그래밍 역시 기존 고객들이 있었다. 나는 젊은이 한 사람을 파트타임으로 고용해 기존 고객들을 위한 소규모 프로그래밍 일을 함께 진행해갔다. 나는 내가 만들었던 옛날 프로그램으로 그를 교육시켰고, 그가 짜온 코드를 검토하고 테스트했다. 나는 내가 그를 교육시킨다고 생각했지만, 정작 교육을 받는 사람은 나였다. 나는 나도 모르는 새에 프로그래머 관리방법을 배워가고 있었던 것이다. 그것은 가까운 미래에 내가 꼭 알아야만할 기술이었다. 고도로 숙련된 수백 명의 소프트웨어 개발자들을 관리하게 될 것이기 때문이었다.

34

초기 프로그래머들

정신이 제대로 박힌 사람이라면 '이제부터 앉아서 의료비청구 시스템을 내 힘으로 다 만들어야지' 하고 생각하지는 않을 것이다. 하지만 나는 정신이 제대로 박힌 사람이 아니었다. 나는 이 프로젝트를 삶이 제시한 다음번 임무로 생각하고 받아들였다. 나에게 이 일은 무척 성스러운 의미를 지녔다. 나의 영적 행로 전체가 내맡기기 실험에 초점을 맞추고 있었다. 내면의 지껄임으로부터 거리를 유지하기 위해서 명상 시간을 꼬박꼬박 지켰고, 매 순간 지금 여기에 머무는 훈련을 계속해왔다. 프로그래밍 작업을 하기 위해 컴퓨터 앞에 앉을 때마다 나는 심호흡을 크게 하고 내가 이것을 우주에 바치는 하나의 선물로서 만들고 있음을 상기했다. 나는 우주공간을 맴도는 자그마한 행성 위에 앉아 있는 한 존재였고, 이것은 그에게 주어진 임무였다. 남의 도움을 얻어야겠다는 생각은 애초부터 떠오르지도 않았다.

프로그램이 반쯤 완성되었을 때 내 수호천사가 지원군을 보내주었다. 요청하지는 않았어도 절실하게 필요한 도움의 손길이었다. 우리의 삶에는 운명이라고밖에 할 수 없는 몇몇 순간들이 있다. 1980년의 어느 가을날에 일어났던 짧은 순간이 바로 그러했다. 일요일 오전, 사원 입구에 몰려 있는 인파를 헤치며 나아가고 있을 때 한 젊은 여성이 내게 다가왔다. 나는 그녀가 누구인지 알아보지 못했고 그쪽도 말소리가 워낙 나지막하여 사람들의 말소리를 뚫기에는 역부족이었다. 그녀는 자기소개를 하며 자신이 막 플로리다 대학을 졸업했고 대학에서 프로그래밍 수업을 몇 개 들은 적이 있다고 했다. 내가 프로그래밍을 한다는 말을 들었는데 처음에는 무급이어도 좋으니 나와 일하고 싶다는 것이었다. 그녀의 이름은 바바라 던컨이었다.

나는 분명 도움이 필요했지만 과연 나를 도와줄 수 있는 사람이 있을는지는 잘 상상이 되지 않았다. 나는 머리에 떠오르는 것을 바로 컴퓨터에 입력하는 방식으로 프로그램을 짜고 있었기 때문에 누군가가 비집고 들어올 수 있는 연결고리가 전혀 없었다. 게다가 나는 이 사람을 몰랐고 무엇보다 그녀는 아주 수줍음이 많은 사람처럼 보였다. 다행히도 나는 머리를 스쳐 지나가는 이런 생각들을 무턱대고 믿기보다는 있는 그대로 지켜보는 훈련이 잘 되어 있는 상태였다. 나는 잠시 멈춘 뒤 숨을 한 번 들이쉬고 이 모든 부정성이 변화를 싫어하는 마음의 저항임을 알아챘다. 나는 즉시 그 저항을 내려놓고 있는 그대로의 현실에 나를 내맡겼다. 즉, 이 사람은 진실한 마음으로 봉사를 제의했고, 나는 분명히 도움이 필요한 상황임을 받아들였다. 나는 그녀에게 내가 혼자 일하기에 익숙해 있는 사람이라 아무것도 약속할 수는 없다고 말했다. 하지만 나는 기꺼이 시도해보고 싶었다. 우리는 며칠 후로 면담 날짜를 잡았고 나는 그녀에게 보수를 제공하고 싶으니 합당한 수준의 초봉에 대해 꼭 생각해오라고 말했다.

사원에 불쑥 나타난 이 사람이 속에 얼마나 많은 능력과 재주를 숨기고 있는지를 나는 미처 상상하지 못했다. 처음에 바바라는 분명 매우 겁 많고 수줍음 많은 사람이었다. 하지만 이후 20년간 그녀는 자신에게 주어지는 모든 일에 주저 없이 뛰어들어 탁월한 능력을 보여주었다. 그뿐 아니라 그녀는 사원에서 진행되는 명상모임에 매일 빠짐없이 나오기 시작했고 나와 일을 시작한 직후 사원으로 이사했다. 바바라는 명실공히 퍼스널라이즈드 프로그래밍의 첫 번째 정직원이었으며, 회사뿐 아니라 사원 커뮤니티의 든든한 초석이 되어주었다. 그 운명의 날, 사원 문간에서 만났던 이 수줍은 젊은 여성은 알고 보니 명석한 마음과 전사의 가슴을 갖고 있는 사람이었다.

바바라가 나와 함께 일을 시작했을 때 나는 이미 프로그램의 절반 정도를 완성한 상태였다. 사실 내 생각을 언어화하여 누군가에게 전달한 적은 한 번도 없었기 때문에 시스템 전반에 대한 내 비전을 다른 사람에게 설명하는 것은 나에게도 어마어마하게 큰 도움이 되었다. 우리는 훌륭한 팀워크를 일궈냈고, 바바라는 누가 봐도 내 비전을 완벽하게 이해하고 그것을 현실화시킬 줄 아는 뛰어난 직원이었다. 프로그래머의 수가 점점 늘기 시작하자 바바라의 역할은 더욱 중요해졌다. 한마디로 말해, 바바라는 하느님이 주신 선물이었다. 바바라는 내가 그녀를 필요로 하던 바로 그 순간에 짠 하고 나타났다. 그녀의 도움이 진짜 필요한지 나 스스로도 잘 알지 못했는데 말이다. 내가 바바라를 찾은 것이 아니었다. 그녀가 그저 홀연히 나타났을 뿐이다.

사실 라다도 마찬가지다. 출근 첫날부터 그녀는 회사와 사원의 회계 및 사무실 관리를 모두 책임졌다. 30년이 지난 지금도 그녀는 여전히 사원에서 살면서 사원의 큰살림을 다 맡고 있다. 이들은 영적 수행을 중심으로 돌아가는 사원의 엄격한 생활방식에 딱 맞는 사람들인 동시에, 당시 새롭게 생겨나던 고도로 숙련된 업무 요구에 완벽히 들어맞는 인재들이었다. 사업이 확장되어가는 동안 나는 이런 일이 벌어지는 것을 거듭거듭 목격했다. 마치 내가 '완벽의 우주'와 함께 한바탕 춤을 추고 있는 것처럼 느껴졌다. 당시에는 온전히 자각하지 못한 사실이지만, 짐스러운 '나'의 느낌을 없애는 데는 여러 시간 동안 앉아 영적 수행을 하는 것보다 나의 내맡기기 실험의 결과를 지켜보는 것이 훨씬 더 효과가 컸다. 일들이 이토록 완벽하게 펼쳐지는 것은 내가 그렇게 해서 그런 것이 아니라는 사실을 나는 잘 알고 있었다. 나는 그저 내 눈앞에서 펼쳐지는 삶의 완벽함을 지켜보며 깊은 감사와 경외를 느꼈다.

다음 해에 우리는 프로그래머 몇 명을 더 영입했다. 첫 번째 버전의 소프트웨어를 다 만들었을 때는 나를 포함해서 총 네 명의 풀타임 직원이 이 일에 매달리고 있었다. 하지만 우리는 코딩을 도와줄 사람이 더 필요했다. 바바라와 내가 만들어낸 시스템은 일을 가장 간단하게 처리하는 데에 중점을 둔 것이 절대 아니었다. 그것은 일을 제일 '잘' 처리하는 데에 중점을 둔 시스템이었다. 가령, 우리가 작성한 기능 중에서 가장 흥미롭고 핵심적인 것이 보험청구양식을 출력하는 부분이었다. 의뢰인들과 함께 앉아 그들의 보험청구에 필요한 사항들을 검토했던 날들이 기억난다. 병원에서 소위 표준양식을 작성할 때 발생하는 그 모든 미묘한 차이들을 이해하려면 로켓 과학자가 되어야 할 판이었다. 하지만 그들은 각기 다른 보험회사들로부터 비용을 제대로 받아내려면 이런 차이점들 하나하나가 매우 중요하다고 주장했다.

결국 바바라와 나는 의사들이 원하는 모든 양식에 대응할 수 있는 매우 정교한 시스템을 개발했다. 양식을 어떻게 작성할 것인지를 의사 본인이 구체적으로 선택할 수 있기 때문에 어떤 보험회사가 등장해도 문제가 없었다. 우리는 보험청구 시 병원의 요구사항을 완벽하게 충족시켜줄 수 있는 시스템을 개발하기 위해 심혈을 기울였고, 그것은 우리 소프트웨어의 빠른 보급률을 견인한 주요 동력 중 하나가 되었다. 아주 짧은 시간 내에 메디컬매니저는 전국의 보험회사와 거래하는 데 필요한 수백 개의 양식을 구축하게 된다.

이것만 봐도 메디컬매니저의 완성도가 어느 정도였는지를 엿볼 수 있다. 심지어 이때는 초기 버전이었다. 우리는 계속 전력을 다했고 우리가 발휘할 수 있는 최대한의 능력을 모두 쏟아냈다. 나는 평생 이 프로그램만큼 높은 완성도를 요하는 일을 해본 적이 없었다. 프로그램이 완성되었을 때, 그것은 마치 세공이 아주 잘 된 다이아몬드와도 같았다. 나에게 그것은 살아 있는 생명체나 다름없어서 매번 만질 때마다 엄청난 존경심이 절로 들었다. 이 프로그램을 창조해낸 삶의 아름다운 흐름을 보라. 나는 이 소프트웨어가 자체적인 생명을 지녔으며, 우리는 그저 그것을 섬기기 위해 여기에 존재했던 것뿐이라는 생각이 들었다.

1982년 초, 2년간의 치열한 개발 끝에 우리는 처음 의뢰를 준 두 명의 고객에게 프로그램을 설치해주었다. 우리 중 그 누구도 그와 같은 대형 프로그램을 만들어본 적이 없다는 점을 감안한다면 설치는 아주 순조롭게 진행되었다. 나는 그 프로그램이 설치된 후 어떤 일이 일어날 것인지에 대해서는 단 한 번도 생각해본 적이 없었다. 우리는 압도적으로 최고인 그런 시스템을 만들어 고객에게 전달해주는 일에만 온통 집중했다. 그것이 삶이 우리에게 부여한 임무였기 때문이다. 설치 완료된 프로그램의 운명은 오로지 저만의 길을 따라 펼쳐져야 할 것이었다. 이제까지의 모든 순간들이 그렇게 이어져왔던 것처럼 말이다.

35
발사 준비

프로그램이 거두고 있던 장족의 발전도 발전이었지만 나는 내 주변 사람들, 특히 진짜로 열심히 일한 바바라에게 좋은 일이 생기는 것이 보기 좋았다. 그때 즈음 이웃집의 밥 틸친이 이사를 가기로 해서 사원에서 그의 집을 매입했다. 바바라는 바로 그 집으로 들어갔고 때마침 퍼스널라이즈드 프로그래밍이 다섯 명의 직원과 함께 새 건물로 이전함에 따라 자신의 능력에 걸맞은 새 사무실도 가지게 되었다. 나 역시 더 멋진 사무실을 얻게 되었다. 그곳에서 장차 아주 중요한 사건들이 벌어지게 되는데, 그중에서도 백미는 어느 날 컴퓨터 앞에 앉아 있을 때 받게 된 운명의 전화 한 통이었다.

전화가 울린 것은 메디컬매니저의 첫 번째 설치를 막 마쳐놓고 프로그램 매뉴얼을 최종점검하고 있을 때였다. 전화를 건 것은 당시 우리가 취급하고 있던 회계 프로그램의 배급사인 시스템스 플러스였다. 본사의 입장에서 볼 때 나는 피라미급 딜러였기 때문에 그들이 나에게 전화를 하는 일은 거의 없었다. 전화는 며칠 전, 새로 출시된 소프트웨어에서 문제가 발견돼서 내가 연락을 한 적이 있는데, 그에 대한 답신이었다.

시스템스 플러스의 고객서비스 책임자는 자신을 로렐라이라고 소개했다. 로렐라이는 먼저 문제가 발생한 것에 대해 매우 미안해했다. 사과와 약속이 이어지는 와중에 그녀가 말하길, 자기네들은 중소기업용 소프트웨어 전문기업으로 업계 최고가 되고자 하기 때문에 새로 출시되는 소프트웨어에 계속 주목해주길 바란다고 했다. 그러면서 일반회계를 넘어 최고 수준의 부동산 패키지, 법률 패키지, 의료비청구 패키지를 물색하고 있다고 말했다.

그녀가 '의료비청구 패키지'라고 말한 순간 나는 화들짝 놀랐다. 처음에는 너무 민망한 나머지 아무 말도 못했다. 시스템스 플러스는 실리콘밸리의 대규모 컴퓨터 회사인 반면 나는 숲속에서 살면서 독학으로 프로그래밍을 배운 일개인에 불과했다. 물론 나는 지난 2년을 꼬박 의료비청구 프로그램 만드는 데에 바치긴 했다. 하지만 실적이라 해봤자 고작 몇 주 전에 작은 개인병원 한 곳에 설치된 것이 다였다. 내 머릿속의 목소리는 시스템스 플러스 같은 대회사가 나의 이 보잘것없는 프로그램에 관심을 가질 리 없다고 장담했지만, 나는 숨을 한 번 들이쉬고 그 순간에 자신을 내맡긴 뒤 로렐라이에게, 내가 얼마 전 의료비청구 패키지를 하나 만들었노라고 말했다. 무언가를 말하려던 그녀가 갑자기 말을 멈췄다. 잠깐의 정적 후에 그녀가 말했다. "잠깐만요, 사장님이 지금 방금 지나가셨는데 혹시 관심 있으신지 알아볼게요." 이때 나는 무슨 생각을 해야 할지, 그저 아무런 생각이 없었다.

로렐라이가 전화기로 돌아와서 사장님이 의료비청구 소프트웨어라면 어떤 물건이든 보고 싶어하신다고 내게 말했다. 그녀는 소프트웨어와 내가 막 완성한 매뉴얼을 함께 보내달라고 한 뒤 전화를 끊었다. 나는 어안이 벙벙했다. 방금 무슨 일이 일어난 거지? 나는 소프트웨어 유통사를 찾아봐야겠다는 생각은 단 한 번도 해본 적이 없었다. 그런데 업계 최고의 소프트웨어 유통사 중 하나가 플로리다 앨라추아의 숲 속에 사는 내게 전화를 걸어 내가 만든 소프트웨어를 보여달라고 요청하는 이런 일이 생기다니 말이다. 나중에 알게 된 사실인데 로렐라이가 '사장님'이라고 말한 사람은 사실 우리가 전화를 하던 바로 그 순간에 그녀의 책상 옆을 우연히 지나가던 회장님, 바로 릭 메리치였다. 아마 지금쯤이면 당신도 내가 삶의 흐름을 왜 그토록 깊이 존중하게 되었는지를 알 수 있으리라.

모든 것을 다 챙겨서 시스템스 플러스 본사로 발송하기까지는 한두 주 정도가 걸렸다. 완성된 패키지를 우주에다 바치고서서 있노라니 무언가 매우 초현실적인 느낌이 들었다. 나는 그저 흐름을 따랐을 뿐이다. 혹여 좋은 일이 생길지도 모른다는 기대나 희망이나 꿈같은 것은 전혀 갖지 않았다. 몇 년 동안 나는 내게 무슨 일이 주어지건 그저 최선을 다해 섬기면서 한 발 한 발 착실하게 걸어왔을 뿐이다. 내가 생각하는 나는 컴퓨터 프로그래머가 아니었다. 나는 숲 속에 사는 요가수행자였다. 나는 몇 년 전 600달러를 주고 장난감 같은 자그마한 컴퓨터를 사서 그 것을 가지고 놀았다. 그리고 어쩌다 보니 내 인생의 2년을 의료비청구 패키지를 만드는 데 바치게 되었지만 이미 마음속으로는 소프트웨어 만드는 일이 지나치게 시간을 많이 잡아먹는다고 판단을 내린 상태였다. 그런데 지금, 나는 전화 한 통 내 손으로 걸지 않고도 캘리포니아의 잘나가는 소프트웨어 기업의 회장에게 내가 만든 프로그램을 보내게 되었다. 어떻게 이런 일이 벌어질 수가 있단 말인가? 동화에서도 일어나기 힘든 일 아닐까?

몇 주 후 나는 시스템스 플러스로부터 전화 한 통을 받았다. 회장님이 앨라추아로 직접 날아가 나를 만나고 싶어한다는 내용이었다. 나는 좋다고 했고, 그는 순식간에 내 사무실에 나타나 메디컬매니저의 유통을 제안했다. 그는 내 소프트웨어가 지금까지 본 것 중 최고이며 제품 홍보를 아주 잘할 자신이 있다고 말했다. 나는 그의 솔직함과 좋은 의미의 찬사가 마음에 들었고 즉석에서 이 사람과 일해도 좋겠다는 생각이 들었다. 여기서 내가 이러한 사건의 전개를 어떤 눈으로 바라보고 있었는지를 이해하는 게 중요하다. — 즉, 나는 내 앞에 앉아 있는 이 남자를 내가 낳은 이 아이를 세상으로 내보내줄 사람으로서 우주의 힘이 간택한 존재로 바라봤다. 난데없이 불쑥 나타난 바바라가 알고 보니 우리 일에 딱 맞는 완벽한 인재였던 것처럼, 하늘에서 뚝 떨어진 이 남자 역시 자신이 이 소프트웨어 패키지를 유통하기 위해 보내진 사람이라고 내게 말하고 있었다.

나는 다른 유통사를 접촉해보지 않은 것은 물론이고, 여타의 선택지도 검토해보지 않았다. 나는 삶의 완벽한 흐름에 그저 자신을 내맡겼다. 릭과 내가 유통에 합의하는 의사를 확인하며 악수하고 있을 때만 해도 우리가 향후 몇십 년간 동업자로서 환상적인 여정을 함께 걷게 되리라는 사실은 그도 나도 알지 못했다. 릭과 시스템스 플러스가 결국 메디컬매니저의 유통사로서 그야말로 완벽한 파트너임이 드러났다는 사실은 이제 그다지 놀랍지도 않은 일이다. 삶이 다시 한 번 마법을 부린 것이다.

9월이 되자 시스템스 플러스는 11월에 열리는 1982 컴퓨터 딜러 박람회(COMDEX)에서 메디컬매니저를 선보일 예정이라고 내게 알려왔다. 매년 라스베이거스에서 열리는 COMDEX는 미국 최대 규모이자 전 세계적으로는 두 번째로 큰 컴퓨터무역 전시회였다. 시스템스 플러스가 대규모 부스에 제품을 진열해놓을 계획이었기 때문에 우리는 빨리 유통계약을 맺고 완성된 버전을 캘리포니아로 발송해야 했다.

그런데 알고 보니 그해 람 다스의 대규모 집중수행이 10월 첫째 주에 예정돼 있었다. 공교롭게도 시스템스 플러스가 완성된 버전을 보내달라고 지정한 마감일과 정확히 맞물렸다. 나는 그것을 집중수행 장소로 떠나기 전에 발송하지 못해서 결국 그것은 차를 몰아가는 내내 람 다스의 무릎 위에 놓여 있게 되었다. 어느 순간 그가 특유의 단도직입적인 화법으로 내게 물었다. "이거 좋은 겁니까?" 나는 나도 모르겠다고 대답했다. 아무 쓸모가 없을 수도 있고, 100만 달러의 가치가 있을 수도 있었다. 물론, 나는 거기에 0이 몇 개는 더 붙는다는 사실을 그때는 몰랐다. 나는 언제나 람 다스를 진심으로 존경해왔다. 나 역시 스스로에게 절대적으로 정직하다는 것이 무엇인지를 보여준 그의 아우라 하에서 성장한 많은 사람들 중 하나였기 때문이다. 그런 그로 하여금 세상으로 나가기 직전의 소프트웨어를 품에 안고 있게 만든 이 완벽한 상황들이 내게는 너무도 놀랍게 느껴졌다. 그것이 어떻게 작용할지 누가 알겠는가? 나는 무엇 하나 안다고 확실하게 말할 수가 없다. 나는 이 소프트웨어가 어떻게 잉태되었는지를 지켜봤다. 그리고 그것이 단순히 형태를 갖추는 것에 그치지 않고 출시 즉시 업계의 리더로 발돋움하기 위해 꼭 필요한 요소들을 정확하게 끌어당기는 것 역시 지켜보왔다. 그것은 자신을 유통시켜줄 일류 회사까지 마술처럼 끌어 당겼고, 이제는 세계에서 가장 존경받는 뉴에이지 영적 스승의 무릎 위에 앉아 있었다. 이 소프트웨어는 자기만의 운명을 가지고 있었다. 그리고 이제 그것은 우리를 상상조차 해본 적 없는 여정으로 데리고 갈 것이었다.

6부

자연스러운
성장을
이끄는 힘

36

성공의 발판

메디컬매니저는 라스베이거스 박람회에서 화려한 첫선을 보였다. 나는 시스템스 플러스의 직원들도 만나고 현장 분위기도 엿볼 겸 라스베이거스로 날아갔다. 내 평생 그런 박람회는 처음이었다. 내가 몇 년간 숲에서만 살았다는 사실을 기억해주시길. 시스템스 플러스의 부스는 '메디컬매니저'라고 쓰여 있는 배너로 온통 도배되어 있었다. 18년을 곱게 키운 아이가 고등학교 졸업식에서 대표로 단상에 서는 모습을 지켜보는 것도 참으로 감동적이지만, 태어난 지 몇 달밖에 되지 않은 아이가 COMDEX 같은 대규모 박람회에서 전문가용 제품들 가운데 당당히 한 자리를 차지하고 있는 모습 역시 가슴 벅찬 광경이다. 시스템스 플러스는 박람회에서 가장 큰 부스를 갖고 있는 회사 중 하나였고 직원들 모두가 제품홍보에는 일가견이 있었다. 시장은 이미 의료비청구 소프트웨어를 받아들일 만큼 무르익어 있었기 때문에 우리 부스에 쏟아지는 관심은 굉장했다. 나는 시스템스 플러스의 모든 영업사원들이 일사불란하게 제품을 시연하고 있는 광경 앞에서 입을 다물지 못했다. 메디컬매니저는 예열 기간도 없었다. 앨라추아의 조용한 숲으로부터 화려한 빛이 번쩍거리는 라스베이거스로 곧바로 직행한 것이다.

하지만 이 영광에 안주할 시간은 없었다. 시스템스 플러스는 즉시 대리점을 모집하고 제품을 판매하기 시작했다. 그러자 곧 신규기능 추가 및 맞춤 요청이 물밀듯 쏟아졌다. 분야별로 원하는 사항이 다 달랐고 거의 모든 병원이 자기네가 종이로 하던 것을 프로그램으로도 똑같이 재현해내고 싶어했다. 하지만 그 중에서도 백미는 프로그램 출시 후 한두 달 정도 지났을 때 시스템스 플러스가 우리에게 제안한 사항이다. 우리가 만든 의료비청구 시스템이 참으로 훌륭하긴 하지만 앞으로도 제품이 잘 팔리려면 여기에 진료예약 시스템을 비롯한 여러 병원관리 기능이 추가돼야 한다는 의견이었다.

그 모든 일을 우리가 어떻게 해내겠는가? 우리 중에서 의료 소프트웨어 설계 분야에서 정식으로 훈련을 받거나 경험을 쌓은 사람은 아무도 없었다. 우리는 어떻게든 우리끼리 방법을 알아내야 했다. 그리고 해냈다. 도대체 어떻게 해냈느냐고 내게 묻는다면, 다년간의 명상 결과 우리가 '마음'이라고 부르는 것에는 완전히 다른 두 가지 측면이 있음을 알게 되었다고 말하런다. 하나는 논리적이고 사고중심적인 마음으로서 우리가 이미 아는 것들을 복잡한 사고 패턴으로 연결해 논리적인 해결책을 생각해내는 측면이다. 다른 하나는 문제를 보는 즉시 창조적인 해결책을 떠올리는 직관적이고 영감중심적인 마음이다. 머릿속의 목소리를 조용해지게 만들기 위해 여러 해 동안 내가 행해온 수행이 거의 끊임없이 샘솟는 영감의 문을 활짝 열어젖힌 것 같았다. 마음이 조용해질수록 더욱더 자명한 해결책이 나왔다. 이는 바바라 역시 마찬가지였다. 어떻게 된 일인지는 모르겠지만 그녀는 내가 포착한 창조적인 해결책을 거의 동시에 알아차리고는 그것을 논리적으로 풀어내는 작업에 손을 보탰다. 메디컬매니저는 바로 그렇게 만들어졌다. 우리가 여러 해 동안 업계의 선두주자였다는 사실은 이 과정이 얼마나 강력한 것이었는가를 입증한다. 소프트웨어를 신속하게 설계해내는 우리의 능력은 업계의 신화가 되었다.

한편 제품에 대한 세간의 관심은 우리가 따라갈 수 없을 정도로 열광적이었다. 모든 방향에서 우리의 한계를 시험받는 느낌이었다. 딜러교육 세미나의 예를 들어보자. 1년에 한 번 열리는 딜러교육 세미나를 맨 처음 시작한 것은 1983년 봄, 게인즈빌 힐튼 호텔의 자그마한 방에서였다. 참석자가 열다섯 명에서 스무 명 정도였기 때문에 방 하나만으로도 행사 진행이 충분히 가능했다. 하지만 몇 년 지나지 않아 우리는 객실 200개, 회의실, 식당 등을 포함해 게인즈빌 힐튼 호텔을 전부 임대해야 했다. 1990년대 초반이 되자 게인즈빌 힐튼만으로는 모자라 인근 모든 호텔의 객실을 잡아야 했고 참석자 전원을 수용할 공간이 없어 딜러 세미나는 올랜도에서 열어야 할 정도였다.

퍼스널라이즈드 프로그래밍의 일을 계속 해나가면서도 영적인 성장은 매우 깊게 일어났다. 이제 내 일상은 사원 운영에서부터 일주일에 세 번 하는 영성 강의, 수백 명의 딜러들에게 병원 원무관리를 강의하는 것에 이르기까지 각양각색의 일로 가득 찼다. 하지만 이 모든 외적인 변화에도 불구하고 나는 전형적인 사업가가 되지는 않았다. 나는 삶의 흐름에 자신을 내맡기고 그저 삶이 부여하는 임무에 온 마음과 영혼을 쏟는 영적 행로를 가는 한 사람으로서 살았다. 물론 하루에 두 번씩 가지는 명상 시간이 이 모든 것을 유지하는 데에 도움을 주었다.

1985년은 기념비적인 해로 기억될 만하다. 단 2년 만에 시스템스 플러스는 100명 이상의 딜러들과 계약을 했고, 우리는 매달 평균 150개 이상의 병원에 메디컬매니저를 새로 설치했다. 모든 양식에 대응할 수 있는 보험비청구 설계는 대단한 성공을 거두었고 우리는 전국의 거의 모든 보험회사에 의료비를 청구할 수 있는 시스템을 구축했다. 하지만 숨도 고르기 전에 업계는 다시 한 번 대대적인 변화의 시기로 들어서게 된다. 점점 더 많은 의료분야가 전산화되면서 기존의 문서기반 의료비청구를 전자청구로 대체하는 것이 돌연 가능해진 것이다. 전자청구가 가져다주는 이점은 말도 안 되게 클 것이었으므로 업계에서도 전산화 압력이 시작되리라는 사실은 불 보듯 뻔한 일이었다. 문서청구 시스템으로 큰 성공을 거두었지만 우리는 의료업계 전체가 컴퓨터 간 통신의 시대로 떠밀려가고 있다는 사실 앞에서 항복할 수밖에 없었다. 하지만 불행히도 우리는 그것에 대해 아는 바가 아무것도 없었다. 그랬던 우리가 그럼에도 불구하고 해당 분야의 선두주자로 우뚝 서게 된 사연은 삶의 완벽한 흐름을 입증해주는 또 하나의 사례일 뿐이다.

전자청구 시스템 구축을 위한 첫 번째 미팅이 기억난다. 우리는 문서청구 시스템을 만들었을 때처럼 모든 양식에 대응할 수 있게 하는 것이 최적의 해결책임을 바로 깨달았다. 하지만 전자청구 시스템에 필요한 양식들을 체계화하는 작업은 우리의 기존 역량으로는 넘볼 수 없는 일이었다. 우리가 아는 한 그런 해결책을 시도해본 사람은 아무도 없었다. 프로그래밍 팀에서는 아무래도 불가능할 것 같다는 쪽으로 의견이 모이고 있었고 사실상 어디부터 손을 대야 할지도 몰랐다. 그 많은 보험회사들이 제각기 사뭇 다른 전자청구 파일을 요구할 수 있었기 때문이다.

하지만 나는 포기하고 싶지 않았다. 그리고 바로 그 주에 삶은 또 한 번 기적을 행사했다. 명상모임이 끝난 어느 일요일, 한 남자가 암릿의 요가공동체에 살던 사람이라며 자신을 소개했다. 그는 자신이 이 근방에 살게 된다면 혹시 일자리를 얻을 수 있을지를 알고 싶어했다. 그의 이름은 래리 호르위츠였다. 나는 암릿 공동체의 몇몇 거주자들로부터 그가 얼마나 명석한 사람인지에 대해 얘기 들었던 일을 어렴풋이 기억해냈다. 그의 배경과 능력을 살펴본 나는 우리의 당면과제를 해결해주기 위해 삶이 또 한 번 우리에게 완벽한 사람을 보내준 것이 아닐까 하고 생각하게 되었다. 래리는 보험비청구와 관련된 일은 한 번도 해본 적이 없지만 우리의 혁신적인 전산화 아이디어에는 굉장한 관심을 보였다. 나는 그에게 기회를 줘봐야겠다고 생각했다. 그래서 우리의 계획에 대해 간략하게 브리핑만 한 뒤 그가 혼자 생각할 수 있게 내버려두었다.

래리는 혼자서 국내 보험회사의 사양서 250개를 일일이 검토한 뒤 프로그램 하나로 전국의 보험회사를 관리하자면 어떤 체계를 어떻게 구축해야 하는지 그 청사진을 그려왔다. 우리는 그가 제시한 바를 착실하게 반영했고, 그리하여 메디컬매니저는 업계 최고 설계의 의료비 전자청구 프로그램을 갖게 되었다. 시장의 반응은 경이로웠다. 양식을 구축하는 업무의 양이 어찌나 많아졌는지, 래리를 중심으로 아예 부서 하나를 새로 만들어야 할 정도였다. 게다가 보험회사는 정기적으로 사양을 바꾸기 때문에 래리 호르위츠는 25년이 지난 후에도 여전히 전자청구업무 관리자로 근무하게 된다. 어떻게 이런 사람이 딱 필요한 때에 스스로 나타날 수가 있을까?

메디컬매니저는 업계에서 전자청구 시스템으로 입지를 탄탄히 다졌다. 미국의 대표적인 보험회사인 블루크로스 블루실드Blue Cross Blue Shield와 메디케어 보험회사에 비용을 직접 청구할 수 있다는 사실이 제품의 성공을 견인했다. 1987년에는 50개 모든 주에서 전자청구를 할 수 있는 최초의 병원원무 시스템으로 등극했다. 2000년, 메디컬매니저는 의료계 전산화를 주도한 공로를 인정받아 스미소니언 협회의 영구 아카이브에 설치되기도 했다. 수만 개 병원의 전자거래를 성공적으로 이끈 우리의 노력을 미래 세대도 볼 수 있게 된 것이다. 나는 이 모든 것을 그저 삶이 행하는 기적들 중의 하나로 바라봤다.

37

업계가 우리의 문을 두드리다

퍼스널라이즈드 프로그래밍은 진정 이례적인 회사였다. 사원 부지의 숲 한가운데에 있는 작은 건물이 우리의 업무공간이었다. 세련된 사업가도, 경험 많은 전문 프로그래머도 없었다. 우리는 그저 삶이 이 일을 위해 한데 모아들인 사람들일 뿐이었다. 통상 잘나가는 회사라면 사업계획도 세우고 예산도 짜면서 성장을 도모하는 게 일반적이다. 하지만 우리의 경우엔 그저 우리를 인도하는 삶의 강력한 파도에 몸을 싣고 최대한 잘 따라가는 것이 사업계획이라면 계획이었다. 예산 역시 우리를 도울 수 있는 사람이 나타나면 누구든 고용하는 것이 유일한 계획이었다. 하지만 우리가 아무리 기를 쓰고 노력해도 삶은 계속해서 일을 또 다른 단계로 몰아가는 것 같았다.

우리가 조직으로서 얼마나 기적적인 성장을 이루었는가를 보여주는 완벽한 예가 1980년대 중반에 걸려온 예상 밖의 전화들이다. 첫 번째 전화는 1985년 봄, 자신을 엠파이어 블루크로스 블루실드의 부사장이라고 소개한 여성으로부터 걸려왔다. 엠파이어는 뉴욕시를 담당하는, 전국에서 규모가 가장 큰 블루크로스 블루실드 지사 중 하나였다. 해당 지사에서는 지역 내 병원의 전자청구 시스템 도입을 장려하고자 의사들에게 원무 프로그램을 판매하고 있었다. 회사에서 자체 소프트웨어를 개발해서 판매해왔지만 메디컬매니저만큼 경쟁력이 있다고 판단되지는 않았던 모양이다. 엠파이어의 부사장이 자기네 시스템을 버리고 메디컬매니저를 자사 브랜드로 판매하고 싶다고 말했을 때, 나는 큰 영광이라고 생각했다. 블루크로스 블루실드가 어떤 제품을 자기네 의사들에게 마케팅하겠노라고 나선다면 게임은 이미 끝난 것이다. 그 후 숨도 돌리기 전에 뉴저지의 블루크로스 블루실드가 똑같은 요청을 해왔다. 이후 사우스캐롤라이나, 조지아, 애리조나, 하와이, 미시시피, 콜로라도를 비롯해 몇 개의 다른 주에서도 연락이 왔다. 이 모든 블루크로스 블루실드 지사들이 메디컬매니저를 자기네 주의 의사들에게 마케팅하게 된 것이다. 나는 이것을 내맡기기의 강력한 힘을 보여주는 살아 있는 교훈으로 여겼다. 수년간 나는 개인적인 호오를 기꺼이 내려놓고 삶이 맡기는 일에 최선을 다하는 것에만 오로지 집중해왔다. 나는 그에 대해 어떠한 대가도 바란 적이 없지만, 현실로 펼쳐지는 일을 보면 정말 겸허해지지 않을 수가 없었다.

1986년에서 88년까지 퍼스널라이즈드 프로그래밍의 직원
은 약 열두 명이었는데, 대부분이 프로그래머들이었다. 우리는
규모는 아주 작았지만 저작권료만으로 매년 수백만 달러의 수
입을 올리는 실속 있는 회사였다. 시스템스 플러스는 의료시장
이 지니고 있는 무한한 잠재력을 재빨리 알아차리고는 다른 제
품 라인을 모두 정리하고 메디컬매니저에만 전적으로 매달렸
다. 퍼스널라이즈드 프로그래밍의 대표로서 이제 내 업무는 대
기업들을 상대하는 일이 되었다. 나는 한 번도 그렇게 높은 직
급을 갖고 일해본 적이 없었다. 하지만 삶이 실전훈련을 통해
나를 건축업자로 키우고 프로그래머로 키웠던 것처럼, 이번에
도 나는 삶으로부터 기업경영자가 되는 수업을 받았다. 하지만
일반적인 경영자가 되기에는 난 이미 너무 많은 것을 알아버렸
다. 사업을 할 때조차 나는 계속 삶의 흐름을 내 궁극의 조언가
로 믿고 따를 작정이었다.

삶의 흐름을 탄 이후부터 내가 거듭거듭 목격한 것 한 가지
는, 적재적소에 딱 맞는 사람이 나타나곤 하는 현상이었다. 나
는 그 완벽한 묘기에 말 그대로 완전히 의지했는데, 너무나 놀
랍게도 그런 일은 꼬리를 물고 일어났다. 사내 변호사인 릭 칼
조차 요가와 명상에 푹 빠진 사람이었다. 사원에서만이 아니라
사업에서도 삶은 나를 영성지향적인 사람들로 에워싸놓는 것

만 같았다.

삶이 어떻게 이런 짓을 벌이는지를 가장 잘 보여주는 예는 아마도 서로 완벽하게 맞물려 일어난 다음의 사건들일 것이다. 모든 일은 시스템스 플러스의 어떤 요청에서 비롯됐다. 한 실험실 설비회사의 대표가 메디컬매니저 개발팀을 만나보고 싶어 하는데 그분을 잘 맞이해달라는 내용이었다. 시스템스 플러스가 예비고객을 앨라추아의 숲으로 보내는 일은 거의 없었지만 이번 경우에는 달리 선택의 여지가 없었다. 시스템스 플러스의 직원은 내게 제발 상의도 입고, 끈 달린 구두도 신고, 모두들 최대한 전문가처럼 행동해달라고 거의 애걸하다시피 했다. 우리 방문객의 이름은 폴 도빈스였고, 그는 수석 기술분석가이자 제품관리자로 경력이 무척 많은 사람이었다.

나는 어디에 내놔도 손색없는 우리의 변호사 릭 칼을 보내어 게인즈빌 공항에서 그 신사분을 모셔왔다. 공항에서 돌아온 릭은 의미심장한 미소를 얼굴에 한가득 띠고는 내 사무실로 고개를 내밀었다. 그를 뒤따라 우리의 VIP 손님이 들어왔다. 가장 먼저 눈에 띈 것은 팔 윗부분에 둘려진 특이한 보석이었다. 그것은 요가난다가 차곤 했던 특별한 팔찌와 모양이 놀랍도록 유사했다. 그리고 실제로 내 생각이 맞았다. 폴 도빈스는 요가난다의 추종자로서 그의 가르침을 배우며 크리야 요가를 여러 해 수행해온 사람이었다. 내가 받은 충격이야 짐작할 수 있겠지만 그는 또 어떤 기분이었을지를 상상해보시라. 이 중요한 출장을 위해 세인트루이스에서 비행기를 타고 날아와 전국 최고의 원무관리 시스템을 개발한 회사의 회장을 만나러 왔는데, 사무실에 들어서보니 사방에 요가난다의 사진이 놓여 있다니 말이다.

처음에는 아무 말도 오가지 않았다. 폴은 그저 소파에 앉아 그 순간의 아름다움을 음미했다. 방 안에는 위대한 스승이 자리에 함께한 것과 같은 에너지가 흘렀다. 나는 눈을 뜨고 있을 수가 없었고 폴은 누가 보아도 압도된 것 같았다. 한동안 그렇게 침묵 속에 있다가 나는 그에게 사원을 구경해보지 않겠냐고 물었다. 우리는 나무가 곧게 늘어선 길로 내려가 시골 특유의 흙길로 들어선 뒤 위대한 스승의 사진들로 도배된 그 성스러운 장소에 도착했다. 말할 것도 없이 이것은 폴의 통상적인 출장과는 거리가 먼 것이었다.

폴은 주말까지 방문기간을 연장한 뒤 사원 부지의 가로세로 3미터짜리의 작은 손님방에 머물렀다. 돌아오는 일요일에도 그는 떠나고 싶지 않아했다. 듣자하니 폴은 혼자 명상에 입문했고 주변에는 요가를 하는 사람도 많지 않았다. 그랬던 만큼 그는 사원에서 벌어지는 일과 게인즈빌의 영성커뮤니티가 지닌 힘에 압도당했다. 일요 명상이 끝난 후 그는 내게 다가와서 필연적인 질문을 던졌다. "제가 여기서 살면서 당신 회사에서 일할 수는 없을까요?" 나는 폴이 이곳에 속한 사람이며 그가 진실로 사원과 우리 회사의 일원이 되고 싶어한다는 사실을 마음 깊이 느낄 수 있었다. 하지만 동시에 그가 자신을 이곳으로 보내준 회사를 그렇게 퇴사해버리는 것은 왠지 맞지 않다고 느꼈기 때문에 나는 그에게 기다리면서 상황이 어떻게 흘러가는지를 한번 지켜보자고 말했다.

몇 달이 지났을까, 폴이 다소 겁에 질린 목소리로 전화를 걸어왔다. 회사가 갑자기 매각되는 바람에 사장이며 직원들이 현재 줄줄이 퇴직하고 있다는 소식이었다. 그는 사직서를 제출하기는 했지만 어떤 식으로든 메디컬매니저 관련 일을 하고 싶다고 했다. 삶이 주는 메시지는 완벽하게 명료했다. 폴에게 일자리를 제안할 때가 온 것이다.

폴은 일주일도 안 되어 몇 가지 소지품을 들고 도착했다. 그는 살 곳이 정해질 때까지 예전에 묵었던 가로세로 3미터짜리 손님방에 머물기로 했다. 하지만 5년이 지난 후에도 폴은 여전히 그 작은 방에서 살았다. 그가 자신의 물건들을 어떻게 처분했는지는 나도 모른다. 하지만 그가 사원에서 열리는 오전명상과 저녁명상 시간에는 알람시계처럼 정확히 참석했다는 사실은 알고 있다.

폴은 우리 회사의 대단히 귀한 자산이었고, 가장 필요한 바로 그 시기에 나타났다. 그가 회사에 합류한 지 얼마 되지 않아 국내의 메이저급 실험실로부터 연락이 오기 시작했다. 모두 메디컬매니저를 설치해달라는 요청이었다. 폴이 없었다면 우리가 그 정도의 성공을 거두지는 못했을 것이다. 그가 우리와 함께하게 된 과정을 돌이켜보노라면 그가 우주의 선물 같다는 느낌을 거두기가 어렵다. 폴은 20년 넘게 우리 회사에서 근무했으며, 지금까지도 사원 부지 경계에 있는 집에서 가족들과 함께 살고 있다. 세상의 어떤 일들은 그저 그렇게 되는 것이 운명인 것 같다.

38

확장해가는 사원

소프트웨어 회사의 규모가 점점 커져감에 따라 오전명상은 완전히 다른 의미를 띠게 되었다. 명상과 요가는 내 내면의 여정을 지속하기 위해서도 꼭 필요한 것이었지만 제정신을 유지하는데도 꼭 필요했다. 그렇게 많은 사람들의 생계가 달려 있는 조직을 운영하자면 해야 할 일이 많을 수밖에 없다. 그러니 마음을 조용히 가라앉히고 시야를 넓게 가지려면 혼자 있는 시간이 꼭 필요했다.

겨울 새벽에 명상을 마친 뒤 사원을 나가면 이슬이 자욱하게 깔린 들판의 풍경과 종종 마주친다. 거대한 오크 나무와 소나무와 히코리 나무들이 들판의 세 면을 둘러싸고 있고 북쪽으로는 탁 트인 아름다운 목초지가 완만하게 펼쳐지며 그 끝자락에는 일렬로 늘어선 나무들 사이로 개울이 고고히 흐르는 곳이다. 고요한 마음으로 서 있으면 여기가 바로 지상천국인가 싶을 정도로 아름다운 풍경이다.

하지만 1988년 12월 초의 안개 긴 아침은 그렇지 않았다. 고요한 사원에서 나와 안쪽 들판으로 걸어가는데 북쪽에서 웬 거대한 기계의 굉음이 들렸다. 놀랍게도 거대한 불도저와 개간 장비들이 이웃의 구릉에 모여 있었다. 이 광경을 어떻게 이해해야 할지 몰랐던 우리 일행은 목초지 경계에 위치한 내 옛날 집까지 걸어 올라갔다. 우리는 그곳에서 일하는 사람들을 발견했고 도대체 무슨 일이냐고 물었다. 그들은 우리 이웃 부지에 있는 모든 나무를 벌목할 수 있는 권리를 사들였다고 말했다. 우리 북쪽에 있는 땅은 윌버와 줄리엣이라는 부부가 소유한 100만 평이 넘는 농장이었다. 사람 좋은 부부였던 이들의 집은 사원에서 가장 멀리 떨어진 쪽에 위치해 있었다. 이 땅은 오랜 세월 동안 이들 가족의 소유였기 때문에 해당 부지에 대한 부부의 자부심은 대단했다. 그래서 이 상황이 더더욱 이해가 되지 않았던 우리는 부부에게 전화를 걸었다.

겨우 윌버 씨와 연락이 닿았을 때, 그는 숲에 남아 있는 나무들을 모두 베어낸 뒤 단엽송을 심을 생각이라고 말했다. 15년에서 20년쯤 그대로 두면 현금작물이 된다고 했다. 나는 그에게 이 일에 대해 대화를 나누고 싶다고 말하면서 우리가 만날 때까지만이라도 우리 부지의 경계에 있는 땅만은 개간 작업을 중지시켜줄 수 있겠냐고 물었다. 그는 주저했지만 결국 현장감독에게 전화를 걸어두겠다고 말했다. 솔직히 말하자면 나는 윌버 씨를 만나 무슨 말을 해야 할지조차 전혀 감이 잡히지 않았다. 나는 그저 그 땅의 아름다운 숲을 지키기 위해서라면 무슨 일이라도 해야 한다는 깊은 의무감을 느꼈을 뿐이다.

윌버 씨 댁으로 운전해 가면서 나는 삶이 이 일을 어디로 이끌고 가는지를 깨달을 수 있도록 어떤 경험이건 마음을 열고 받아들이는 태도를 유지하는 데에 집중했다. 지금 돌이켜보면 내가 고요한 마음과 활짝 열린 가슴으로 삶의 춤사위에 기꺼이 장단을 맞출 수 있게 된 것은 모두 내맡김 덕분이었다. 그리고 나는 그 점에 너무나 깊이 감사한다.

윌버 씨 댁에 도착해 이야기를 나눴다. 하지만 그는 우리 부지와 개울 사이에 놓인 약 4만 평 정도의 땅은 팔 생각이 전혀 없다고 딱 잘라 말했다. 나는 그 부지에 있는 나무들이 너무나 아름다우므로 그대로 남겨 두어야 한다고 설득했다. 그는 나무가 아름답다는 말에는 동의했으나 농장을 경영하는 농장주로서 부지 전체에 단엽송을 심겠다는 결정은 이미 내린 것이라 어쩔 수 없다고 말했다. 우리의 노력이 다 부질없어 보였던 순간, 마지막으로 내가 그에게 한 가지 제안을 했다. 얼마를 불러도 좋으니 단엽송으로 벌게 될 이익보다 높은 가격에 그 부지를 임대하겠다고 한 것이다. 냉철한 사업가였던 윌버 씨에게 이 제안은 솔깃한 것이었다. 작물에는 아무래도 위험요소가 따르기 마련이지만 담보가 있는 장기 임대에는 그런 걱정이 없기 때문이다. 윌버 씨는 개간도 안 된 부지의 임대료치고는 상당히 높은 가격을 불렀다. 하지만 그 아름다운 땅덩어리의 나무와 목초지를 보호하겠다는 우리의 관점에서 본다면 가격이야 어쨌건 그것은 가치 있는 일이었다. 그렇게 윌버 씨와 장기임대 계약을 맺은 덕분에 우리는 북쪽에 면해 있는 부지, 내가 한때 엘리시안 들판으로 불렀던 그 지대를 보존하고 보호하고 이용할 수 있게 되었다.

이 경험은 내맡기기 실험을 통해 내가 배운 것들을 한층 강화해주었을 뿐이다. 처음에는 대재앙처럼 보였던 것이 결국에는 긍정적인 결과를 낳았다. 지금 불어닥치고 있는 폭풍우에 잘 대처하다 보면 결국 그것이 큰 선물을 불쑥 가져다준다는 사실을 다시 한 번 목격한 것이다. 나는 이 폭풍우를 변성의 전조로 보기 시작했다. 어쩌면 변화는 일상의 관성을 넘어설 이유가 충분히 있을 때만 발생하는 것일지도 모른다. 힘든 상황은 변화를 일으키는 데 필요한 힘을 창조한다. 문제는, 우리가 변화를 일으키기 위해 끌어올린 이 모든 에너지를 대개는 변화에 저항하는 데에다 써버리고 말게 된다는 것이다. 나는 우짖는 폭풍의 한가운데에 고요히 앉아서 지금 내게 요구되는 건설적인 행동은 무엇인지를 지켜보는 법을 배우고 있었다.

그 부지에 대한 이야기가 여기서 끝이라 하더라도 나는 여전히 그것을 '우주의 선물'이라 이름 붙일 것이다. 하지만 끝은 한참 멀었다. 임대계약서에 사인을 하고 일주일밖에 지나지 않았을 때 우리 커뮤니티의 핵심지역이라고 할 수 있는 곳과 맞붙어 있는 땅덩어리 하나가 또 매물로 나왔다. 놀랍게도 그 땅을 매매하고 나자 바로 얼마 전 윌버 씨에게서 임대한 땅이 우리가 소유한 부지 전체의 북쪽 경계를 감싸면서 모든 부분을 하나로 이어주고 있음을 깨닫게 됐다.

이 모든 일의 전개를 지켜보며 나는 충격에 빠졌다. 나는 삶과 게임을 하고 있었는데, 삶이 한 번 움직일 때마다 시끄러운 내 마음의 일부도 함께 떨어져나갔다. 내가 왜 필요한가? 모든 일이 (내가 나서서 '한' 것은 말할 것도 없고) 내가 '상상한' 것보다 훨씬 더 나은 방향으로 저절로 펼쳐지고 있는데 말이다. 우리 부지와 맞닿아 있는 땅이 매물로 나오고 그것을 살 수 있는 현금이 우리에게 있을 때는 어김없이 그 땅을 샀다는 얘기를 앞서 했었다. 그 결과 사원은 임대한 땅을 포함해 총 10만 평의 대지를 보유하게 되었다. 곧 알게 되겠지만, 이 임대한 부지는 삶이 우리를 위해 마련한 시나리오에서 훨씬 더 중요한 역할을 맡게 된다.

기적 같은 일들은 사원의 부지 문제나 사업의 벼락같은 성공에서만 일어난 것이 아니다. 자잘하지만 너무나 말도 안 되는 일들 역시 주기적으로 벌어지면서 이성적인 마음을 조금씩 허물어뜨렸다. 그중 대표적인 예가 80년대 후반 보스턴 출장길에서 벌어졌던 일이다. 워낙 많은 블루크로스 블루실드 지사가 메디컬매니저를 자사브랜드로 유통시키다 보니 매사추세츠 지사에서 한 번 만나자는 연락이 왔다. 나는 오전 내내 달려 오후 늦게서야 보스턴에 도착했는데 종일 아무것도 먹질 못했던지라 배가 너무 고팠다. 이동하면서 인스턴트 음식을 먹으니 차라리 호텔에 체크인하고 근사한 채식 레스토랑을 찾아보기로 했던 것이다. 보스턴 지리에 대해서는 아무것도 몰랐지만 차도 렌트했겠다, 뭐 그리 어렵겠나 싶었다.

하지만 호텔 직원이 알려준 식당을 찾아가다가 나는 길을 완전히 잃어버리고 말았다. 거의 한 시간 동안 헤매고 다닌 끝에 겨우 하버드 스퀘어에 도착했다. 근방을 빙빙 돌며 채식 식당이 있나 찾아보았지만 하나도 보이지 않았다. 조금 전까지만 해도 보스턴은 큰 도시이니 아주 고급스러운 채식 요리를 먹을 수 있겠거니 하며 들떠 있었는데 이제는 그저 채소를 곁들인 현미밥만이라도 너무 행복할 것 같았다. 나는 차로 둘러보기를 포기하고 호텔에서 룸서비스나 시켜먹어야겠다고 생각했다. 그런데 어쩌다 보니 또 길을 잃어버려서 다시 하버드 스퀘어로 돌아오고 말았다. 그때 어쩌면 우주가 나에게 무언가를 말해주고 싶은 것이 아닐까 하는 생각이 머리를 스쳤고, 그 생각에 따라 나는 차를 주차하고 밖으로 나왔다.

이번에는 작은 식당일지라도 채식 메뉴가 있을 만한 곳을 찾아 훨씬 더 주의 깊게 주위를 살폈다. 그때 건물들 사이로 난 좁은 골목길이 몇 개 보였다. 차가 다니는 길은 아니었으나 도로 양측으로 상점들이 줄지어 서 있었다. 나는 그중 한 골목길을 택해 들어갔는데, 보라! 15미터 정도 걸어가자 '오늘의 특별메뉴: 현미밥과 신선한 채소'라고 적힌 자그마한 칠판이 눈에 들어왔다. 나는 안도와 감사에 젖어 고개를 떨궜다. 하지만 그조차 아무것도 아니라는 사실을 곧 깨닫게 될 것이었다.

표시를 따라가자 지하의 작은 레스토랑으로 내려가는 계단이 나왔다. 당시의 내 기분에 딱 어울리는 곳이었다. 나는 주문을 했고 삶이 내게 차려준 그 훌륭한 밥상을 음미하며 깊은 평화에 젖어들었다. 하지만 단 하나, 내 평화로운 휴식을 방해하는 것이 있었다. 내가 레스토랑에 들어온 순간부터 계속 날 뚫어지게 쳐다보고 있던 계산대 뒤의 남자였다. 그 시선에 약간의 불편감까지 느껴질 정도였다. 내가 식사를 다 마치자 웨이터가 아닌 계산대 뒤의 그 남자가 계산서를 들고 내게 왔다. 지갑을 꺼내려고 손을 뻗을 때 그가 내게 물었다. "혹시 믹키 싱어 씨 아닙니까?" 나를 이 레스토랑으로 오게 만든, 있을 법하지 않은 일련의 사건들이 머릿속을 획 스치며 나를 완전히 얼어붙게 만들었다.

이게 다 무슨 일인가? 나는 이 사람을 몰랐다. 내가 맞다고 애기하자 우리 사이에 매우 강렬한 영적인 에너지가 감돌기 시작했다. 그는 "싱어 씨는 저를 기억하지 못하겠지만 저는 싱어 씨를 기억합니다"라고 말했다. 때는 1972년, 거의 16년도 전의 일이었다. 그가 게인즈빌에서 히치하이킹을 했을 때 그를 밴에 태워준 것이 바로 나였던 것이다. 당시 아주 힘든 시기를 겪고 있었던 그는 자동차 계기반 위에 모셔진 요가난다의 사진을 보고 이 사람이 누구냐고 물었고, 나는 내가 요가를 아주 열심히 하는 사람인데 지금 공부하는 것이 바로 이 위대한 요가 스승의 가르침이라고 말했다. 그 후 애틀랜타로 돌아온 그는 우연히 한 서점 옆을 지나다가 창문으로 요가난다의 사진을 봤고, 바로 서점으로 들어가서 내가 꼭 읽어보라고 권했던 《요가난다, 영혼의 자서전》을 한 권 샀다. 그리고 그것이 그의 삶을 바꿔놓았던 것이다. 그는 이후 바바의 월드투어에서 바바를 만났고 현재는 보스턴의 한 요가센터에서 살고 있다고 했다. 그는 종종 내가 바바를 만난 적이 있을까 궁금해했는데 어느 날 바바와 내가 디즈니월드에서 함께 찍은 사진을 봤다며, 그것이 너무나 기뻐서 언젠가 나를 직접 만나 내가 자신의 깨어남에 얼마나 큰 역할을 했는지 직접 감사의 말을 전하고 싶다고 기도를 드렸다고 한다. 그 기도에 기적처럼 응답이 온 그날, 그는 눈물이 그렁그렁한 채 조용히 내 앞에 서서 입을 열었다. "감사합니다." 그렇게 말하고 그는 뒤를 돌아 걸어갔다.

골목을 지나 차 쪽으로 가면서 나는 고개를 돌려 이 말도 안 되는 장면으로 나를 이끈 작은 칠판을 다시 한 번 바라봤다. 식당으로 들어가기 전까지만 해도 나는 내가 지금 무슨 일이 일어나고 있는지를 안다고 생각했다. '아주 흥미로운 사건의 흐름 덕에 결국 현미밥과 야채를 먹게 됐군.' 하지만 나는 틀렸다. 그것은 내 생각보다 훨씬 큰일이었다. 삶은 언제나 내 생각보다 훨씬 더 크다. 누구에게나 그렇다. 나는 내가 내맡기는 법을 배우는 데에 평생을 바치겠노라고 결심한 것이 너무나 흡족했다. 나는 무슨 일이 일어나는지를 몰랐고, 심지어 알고 싶어하지도 않는 지경에까지 이르렀다. 나는 그저 완벽하게 흘러가는 삶을 내 손으로 훼방하고 싶지 않았다. 분명히, 보스턴 출장 같은 평범한 일마저도 기적을 맛볼 수 있는 통로가 된다.

7부

먹구름이
무지개가 될 때

39

마법의 손길

내 별자리는 황소자리다. 그만큼 나는 천성적으로 안정된 기반을 추구하고 내 일만 열심히 하는 데에 만족하는 편이다. 늘 변화를 좇는 그런 유형의 사람은 아닌 것이다. 나는 똑같이 반복되는 안정적인 일상과 점진적이고 지속가능한 성장을 좋아했다. 사업도 사원도 성장의 단계를 차근차근 밟아 나갔다. 그리고 어떤 단계에 접어들건 나는 그 상태가 계속 지속되겠거니 하고 생각했다.

1990년대 초반이 되자 우리의 급속한 성장은 이제 끝났다는 생각이 확실해졌다. 퍼스널라이즈드 프로그래밍은 이미 놀랄 만한 성장을 이룬 상태였다. 직원은 20명으로 늘었고 1년에 최소 몇백만 달러의 순수입을 올리고 있었으니까. 그렇다고 내가 사는 방식이 바뀐 것도 아니어서 나는 여전히 그 돈을 사원의 기부금으로 적립해놓고 여러 가지 자선활동을 지원하는 데 사용했다. 당시 내 집에는 바바라가 살고 있었고 나는 사원 식당건물의 작은 손님방에서 생활하고 있었다. 이 건물에는 습지대를 지나 퍼스널라이즈드 프로그래밍의 사무실까지 이어지는 긴 원목 산책로가 연결돼 있었다. 이 산책로가 내 출근길이었다. 사원에 거주하는 사람들은 모두 열심히 일하면서 아침명상과 저녁명상을 함께 이끌어갔다. 게인즈빌 커뮤니티 사람들은 월요일과 목요일 저녁에 열리는 내 강의에 정기적으로 참석했고 일요일 오전명상은 언제나 많은 인원으로 북적였다. 상황은 더할 나위 없이 좋았고 나는 미친 듯한 성장의 시기는 끝났다고 생각했다. 하지만 나는 또 틀렸다.

이번에 다가올 성장의 물결을 이해하자면 당시 내 내면에서 무슨 일이 벌어지고 있었는지를 이해할 필요가 있다. 내맡기기 실험을 통해 그 모든 사건들이 얼마나 완벽하게 펼쳐졌는지를 목격한 나는 개인적인 호오가 만들어내는 내면의 소음을 기꺼이 놓아 보내면 보낼수록 주변에서 발생하는 미묘한 동시성 현상들을 더 잘 알아차릴 수 있음을 알게 되었다. 예상치 못한 사건들의 동시성을 맛볼 때마다 나는 삶이 자신이 가는 방향으로 내 옆구리를 슬쩍 밀어주는 것같이 느꼈다. 나는 내 개인적인 호불호가 만들어내는, 그다지 섬세하지 않은 정신적, 감정적인 반응에 귀를 기울이는 대신 이런 미묘한 손짓에 나를 맡겼다. 바로 이렇게 나는 일상 속에서 내맡기기 연습을 했다. 내가 하는 모든 이야기는 삶의 여정이 얼마나 완벽하게 펼쳐지는가를 당신과 함께 나누기 위해서다.

사원 부지를 예로 들어보자. 앞서 말했듯이 우리는 땅을 많이 소유하는 데는 별 관심이 없었다. 하지만 시간이 흐르면서 사원은 어마어마한 크기의 땅덩어리를 소유하게 되었고, 땅을 매입할 때마다 매번 마법 같은 일이 일어났다. 1990년 10월에 있었던 일이 바로 그런 예다. 나는 부동산업자로부터 근방의 부지가 매물로 나왔다는 전화를 받았다. 숲과 들판이 같이 있는 10만 평 정도의 땅인데, 앨라추아 카운티에서 가장 아름다운 명소로 꼽히는 곳이라고 했다. 나는 우리가 관심 있는 것은 사원 부지와 맞닿아 있는 땅인지라 그곳에는 그다지 끌리지 않는다고 말했지만 그는 그래도 한 번 둘러보시라고 강권했다. 그래서 이 아름답기 그지없는 땅이 사실은 사원이 임대한 땅에 바로 맞닿아 있다는 사실을 발견하고는 우리는 둘 다 무척 놀랐다. 그것만으로도 나는 운명이 또 한 번 내 옆구리를 찔렀음을 충분히 알아차릴 수 있었다. 그렇게 나는 최소한의 노력만을 들였고, 매매는 저 혼자 마무리되는 것처럼 보였다. 나는 그 땅을 우주가 준 선물로 여겼다. 그것은 전혀 예상치 못하게 우리에게로 왔고, 나는 이 모든 부지들이 직소퍼즐처럼 딱딱 맞아떨어지는 것을 보며 말을 잇지 못했다. 골퍼인 톰 젠킨스가 전화를 걸어 땅을 팔고 이사하려고 한다는 소식을 알려온 것은 그로부터 딱 3개월 후의 일이었다. 우리는 직전에 매입한 땅이 사실상 그의 부지를 에워싸고 있다는 사실을 깨달았다. 이 말인즉슨, 사원이 이제 하나로 연결된 약 20만 평 넓이의 땅을 소유하게 됐다는 뜻이다. 우리가 애초에 한 덩어리로 된 부지를 샀더라도 이렇게 완벽하지는 못했을 것이다. 마치 살 수 있는 여유가 생길 때까지 땅 조각 하나하나가 우리를 기다려준 것만 같았다. 삶의 흐름이 보여준 그 완벽함 앞에서 우린 모두 얼이 빠졌지만, 그마저도 끝이 아니었다.

젠킨 씨의 부지를 매입한 후 그곳에 있는 집으로 라다가 이사했다. 그때 그녀가 주방 건물 뒤편의 그 좁은 공간에서 살지 말고 더 나은 집을 찾아보는 게 어떻겠냐고 내게 말했다. 그 방은 좁기도 너무 좁았지만 모든 사람들이 밤낮으로 드나들던 곳이었기 때문에 사생활이라는 게 거의 없는 곳이었다. 나는 그녀에게 괜찮다고, 삶이 자연스러운 흐름을 통해 그런 일을 마련해줄 때까지 기다리고 싶다고 말했다. 그러자 라다는 바로 그 흐름이 우리에게 많은 땅과 충분한 돈을 준 것이라고 반박했다. 나는 무엇을 기다리고 있었을까? — 우주가 어느 날 내게 전화를 해서 '자, 이제 집을 짓게나'라고 말해주기를? 나는 그녀에게 내가 정말 집을 갖게 될 운명이라면 그 메시지를 확연하게 보여줄 어떤 일이 일어날 것이라고 말했다. 그리고 그때가 될 때까지 나는 내가 머무는 곳에 만족하며 살았다.

270

그로부터 딱 2주 후, 나는 이웃으로부터 집을 매물로 내놓았다는 전화를 받았다. 그의 땅과 내 첫 번째 땅인 1만 2천 평짜리 부지 사이의 토지는 사원에서 진즉에 매입한 상태였다. 즉, 그의 부지와 사원 부지는 바로 맞닿아 있었다. 바로 몇 주 전에 라다와 했던 얘기도 있었기 때문에 나는 그가 하는 말에 특별히 주의를 기울여 들었다. 그는 자기가 몇 년을 공들여 지은 아주 특별한 집이 있는데 그것을 내게 보여주고 싶다고 말했다. 나는 전화로는 쿨한 척했지만 실제로는 그렇지 않았다. 곧 일어날 일을 예감하자 말 그대로 짜릿한 전율이 척추를 타고 올라왔다. 나는 라다에게 전화를 걸어 이 집을 같이 보러 가는 게 좋겠다고 말했다. 혹시 내 집과 관련해 우주로부터 걸려온 전화가 바로 이것일 수도 있었으니 말이다.

구불구불 이어진 차도를 한참 달리자 부지의 뒤쪽 편에서 우리를 기다리고 있던 아름다운 오두막 스타일의 집이 보였다. 집을 처음 보고 든 생각은, 뭔지 몰라도 저 집이 매우 특별해 보인다는 것이었다. 알고 보니 내 이웃은 보트를 직접 만들 수 있을 정도로 실력 있는 목수였다. 그는 최고급 요트나 범선을 만들 듯이 장장 12년에 걸쳐 그 집을 한 땀 한 땀 손수 공들여 지은 것이다.

집은 대략 50평 정도로, 그리 크지는 않았다. 부지는 약 1만 5천 평 정도였는데 워낙 관리가 잘 돼 있어서 정원처럼 느껴졌다. 내부를 둘러본 나는 내가 직접 설계했어도 이렇게 완벽한 집은 만들 수 없었을 것이라는 사실을 깨달았다. 집안 구석구석 특별하지 않은 게 없었지만 그중에서도 백미는 부엌 바로 위인 3층 공간이었다. 가파른 계단을 올라갈 때는 꼭 나무집에 올라가는 것 같았다. 하지만 내 눈앞에 나타난 것은 상상에서만 보던 완벽한 명상 공간이었다. 3×3.5 미터 정도의 이 작은 꼭대기 방은 처음부터 끝까지 장인이 자신의 꿈을 정교하게 구현해 놓은 공간 같았다. 사방은 고풍의 납틀 유리창으로 도배되어 있었는데, 그 창은 몇백 년 된 보스턴의 한 제독의 저택에서 철거 직전에 가져온 것이라고 했다. 덕분에 마치 18세기로 순간이동한 것 같은 아름다운 공간이 탄생한 것이다. 하지만 그 정도로 놀라는 건 아직 이르다는 듯, 위를 올려보자 집 위를 덮고 있는 둥근 지붕이 보였다. 노출 빔이 중간에 높이 솟아 있어서 피라미드 안에 서 있는 느낌을 주는 구조였다. 어찌나 세련되고 정교한 공간이었던지 그곳에 서 있는 것만으로도 마음까지 고요해졌다.

말할 것도 없이 나는 그 집을 매입했고, 지금까지 그곳에서 살고 있다. 사원이 소유한 모든 부지를 하나로 이어준 마법은 이 집의 매입으로 절정에 달했다. 내 이웃은 언제나 집 앞 진입로를 통해 부지로 들어왔다. 그런데 그 근처를 살피자마자 부지 뒤편이 우리가 윌버 씨로부터 임대한 들판과 바로 맞닿아 있다는 것을 발견했다. 집 뒤편의 나무들 사이로 길을 내면 사원 부지에서 벗어나지 않고도 사원으로 걸어가거나 운전해 갈 수 있었다. 놀랍게도 이 들판 하나 덕분에 지난 20년간 우리가 매입해온 모든 부지들이 하나의 땅덩어리로 매끄럽게 이어지게 된 것이다. 이것은 누가 계획한 일이 아니었다. 그저 그렇게 펼쳐졌을 뿐이다. 삶이 또 한 번 행한 이 일 앞에서 나는 '겸허해졌다'라는 말로는 다 담지 못할 감정을 느꼈다.

나는 새 집과 사원의 기존 산책로를 하나로 잇는 긴 원목 산책로를 만들었고, 그 길이 나의 새 출근길이 되었다. 얼마 후 마타지가 왔을 때 나는 그녀에게 이 집을 보여주었다. 그녀가 조용한 목소리로 이렇게 말했다. "그러니까 하느님이 어느 날 당신에게 전화를 해서 '믹키, 너의 집이 준비됐다'라고 말한 거로군요." 나는 이 말이 모든 것을 상당히 잘 압축했다고 생각한다.

삶이 전화를 걸어 이렇게 말하다. "믹키, 너의 집이 준비됐어."

진짜 멋있는 내 출근길

40

무시무시한 변화의 전령

1991년 봄에 나는 새 집으로 이사했다. 꼭 꿈속을 살고 있는 것 같은 기분이 들었다. 나는 삶의 모든 것에 완벽히 만족했다. 가족이며 사업이며 사원 공동체며 무엇 하나 빠지는 게 없었다. 나를 둘러싼 상황은 이성적인 마음을 꼼짝 못하게 할 만큼 충분히 완벽했다. 하지만 나는 그중에 내가 요청한 것은 하나도 없었다는 것을 언제나 인지하고 있었다. 나는 삶의 흐름이 만들어준 삶을 살고 있었을 뿐이다.

나는 지금에서야 그다음의 변화 시기를 알리는 바람이 정확히 언제 내 얼굴을 처음 때렸는지를 알 것 같다. 당시에는 그게 무슨 일인지를 이해하지 못했다. 하지만 적어도 내 앞에서 벌어지는 모든 일을 수용해야 한다는 사실만큼은 알았다. 일어나는 일이 머리로 이해되는지 어떤지 여부는 중요하지 않다는 것을 이미 무수히 되풀이해서 배우지 않았던가. 지금 이 순간에 나를 바치고, 삶이 알아서 잘 처리할 것을 믿고 맡기는 것만으로 충분했다. 그다음에 일어난 일련의 사건들은 기적이라고밖에 할 수 없을 정도로 놀라워서, 이때를 계기로 나는 개인적인 마음이라는 껍질을 온통 다 버릴 수 있게 되었다. 이런 일까지 성사시킬 수 있을 만큼 삶이 완벽한데 내가 어찌 온전히 항복하지 않을 수 있겠는가?

하지만 이 이야기를 시작하기 전에 고백할 것이 하나 있다. 나는 미래를 볼 줄 모른다. 퍼스널라이즈드 프로그래밍의 향후 성장에 발맞추려면 25명이던 직원을 두 배, 심지어 세 배까지 늘려도 모자란다는 사실을 당시의 내가 어찌 알 수 있었을까. 나는 결국 직원 수를 300명 이상으로 늘리게 될 것이었다. 건물 역시 기존의 120평에서 2,400평 이상으로 확장해야 회사의 필요를 수용할 수 있게 된다는 것을 나는 상상도 하지 못했다. 90년대 초에 누군가가 앞으로 이런 일이 일어날 것이라고 내게 말했다면 나는 그를 미쳤다고 생각했을 것이다! 어쨌건 그 정도의 성장이 가능해지려면 무슨 계획이 있어야 했을 것이다. 분명 계획이 있기는 했다. 하지만 내가 세운 계획은 절대로 아니었다.

미래에 있을 성장을 위해 삶이 얼마나 완벽하게 포석을 깔았는가를 보여주는 이 놀라운 이야기는 어느 금요일 오후, 용도지역 감독관이 우리 사무실에 불쑥 찾아온 것으로 시작된다. 숲 속에 회사가 있는 것을 발견하고 화들짝 놀란 그는 당장 카운티의 용도지역 책임자인 자신의 상사에게 전화를 하라고 말했다. 그렇게 그 모든 일이 시작되었고, 시작은 매우 불길해 보였다.

나는 빌트위드러브 일 덕분에 용도지역 책임자를 알고 있었다. 담당자에게 전화를 걸자 그는 약간의 인사치레 후 내 회사가 위치한 곳이 사람들의 왕래가 많은 지역은 아니지만 어쨌건 그곳은 토지용도상 사업을 할 수 없는 곳이라고 설명했다. 나는 토지용도 변경이나 특별면제허가 취득 등, 당장 취할 수 있는 조치들에 대해 물어봤으나 모두 소용없었다. 그는 플로리다 주에는 엄연히 토지사용계획이 존재하기 때문에 설령 아버지가 미국 대통령이거나 돈을 백만 달러나 뿌린다 하더라도 내 부지가 사업가능 지역으로 허가를 받을 가능성은 전무하다고 쐐기를 박았다.

그가 사업장을 폐쇄해버리면 큰일이라는 생각에 나는 피해를 최소화하는 쪽으로 초점을 돌렸다. 나는 그의 입장을 충분히 이해한다고 말한 뒤 그러면 내가 어떻게 해야 하는지를 물어봤다. 그러자 그는 중앙도로 아래쪽이 그나마 우리 부지에서 제일 가까운 사업가능 지역이므로 그쪽 땅을 찾아보라고 말했다. 수년간 유기적으로 완성되어온 이 작은 천국이 변하게 된다고 생각하자 가슴이 덜컥 내려앉았다. 중앙도로는 최소 5킬로미터는 떨어져 있는 곳이었고 그 근처에서 살 수 있는 땅까지는 또 거리가 있을 테니 지금 있는 곳과는 훨씬 멀어지게 될 것이었다.

나는 숨을 깊게 들이쉬고 턱을 곧게 세운 뒤 이 문제를 잘 해결하겠다고 말했다. 그리고 부지를 찾아 이사를 갈 때까지 시간을 좀 달라고 부탁했다. 그는 내게 어떠한 약속도 하지 않은 채 우리가 요구사항을 잘 준수하고 있는지 다시 전화해서 확인하겠다고 말했다.

이렇게 삶은 새 사업 부지를 찾아보라고 그다지 부드럽지 않은 방식으로 내 옆구리를 찔렀다. 전화를 끊자마자 나는 릭 칼의 사무실로 가서 법률 자문을 구했다. 릭은 사방이 농업지대인 이곳에서 한 구역만 중소기업 용도로 허가받기에는 근거가 미약한 게 사실이라고 말했다. 우리는 할 수 없이 부동산 업자에게 전화를 걸어 가장 가까운 사업용 부지를 찾기 시작했다. 물론 회사를 사원에서 옮기고 싶지는 않았지만 내맡기기 실험을 하고 있는 이상 마음을 활짝 열고 삶의 흐름이 나를 어디로 데려가는지를 지켜봐야 했다. 시간은 흘러 몇 달이 지났지만 적절한 매물은 전혀 나오지 않았다. 시간이 갈수록 카운티에서 우리의 사업장을 폐쇄할 위험성은 커졌다. 그럼에도 나는 삶이 움직임을 개시하기를 참을성 있게 기다렸다.

그해 9월, 드디어 삶이 행동을 개시했다. 1년 전쯤 우리 측에 약 10만 평 크기의 아름다운 땅을 팔았던 사람으로부터 전화가 한 통 왔다. 바로 그 땅과 인접해 있으면서 카운티의 포장도로

까지 연결되는 부지가 6만 평 정도 있는데 그것을 팔고 싶다는 전화였다. 그 땅은 사원의 부지와 완벽하게 맞아떨어지는 곳이었으므로 우리는 두말하지 않고 매입을 진행했다. 이 매입이 결국은 퍼스널라이즈드 프로그래밍의 사업용 부지를 찾는 일과 직결된다는 사실을 당시엔 상상도 하지 못했다. 우리는 그저 우리 앞에 놓인 일만을 처리했던 것이다.

몇 달 후 토지와 관련하여 우리가 처리해야 할 일이 또 하나 벌어졌다. 사원이 매입한 6만 평 부지 바로 맞은편에 거리 하나를 두고 누군가 22만 평 크기의 건축물폐기물 하치장을 만들려고 하는 것 같았다. 혹시나 사실인지 조사해본 우리는 그것이 사실이라는 말에 큰 충격을 받았다. 그 땅은 몇 년 전 엘라추아 시로 합병되었기 때문에 더 이상 카운티의 용도지역에 속하지 않았다. 원래 소유주였던 저명한 시의원이 최근 건축폐기물 하치장 용도로 해당 부지를 누군가에게 판 모양이었다. 계획대로 실행된다면 향후 20년간 100대의 거대한 덤프트럭이 일주일 내내 우리의 도로를 달리면서 우리 땅 및 이웃 땅과 바로 인접한 부지에 쓰레기를 버리게 될 것이었다. 삶의 흐름 치고는 너무 심했다. 나는 우리가 푸른 초장으로 인도될 줄 알았지 쓰레기하치장으로 인도될 줄은 몰랐는데!

이웃들은 들고 일어났다. 인근 지역에서 땅을 가장 많이 소유하고 있는 측은 사원이었기 때문에 사람들은 우리에게 어떻게 해야 하냐고 묻기 시작했다. 자세히 알아본 결과 앨라추아 시는 실제로 폐기물하치장에 대해 특별사용허가권을 내어줄 권한이 있었다. 단, 시의원들의 동의가 있어야 했다. 우리는 사무실 부지를 찾는 일은 잠시 접어두고 이 문제를 해결하는 데에 매달릴 수밖에 없었다.

우리는 앨라추아 시민들에게 서한을 보내 사태의 심각성을 알리는 것이 당장 취할 수 있는 최고의 방책이라고 생각했다. 시에 폐기물관리종합계획이 부재한 관계로 하치장은 어디든지 지어질 수 있다, 당신들 집 바로 옆에 있는 공터도 예외는 아니다, 등의 내용을 알린 것이다. 우리의 목표는 시가 이번처럼 제멋대로 특별허가권을 남발하지 않고 폐기물관리종합계획을 통과시키도록 압력을 가하는 것이었다.

믿거나 말거나 우리의 전략은 통했다. 해당 안건에 대해 시의원회 회의가 열리던 날 밤, 시청은 몰려온 사람들로 꽉 차서 발 디딜 틈이 없었다. 그런데 장내정숙 이야기도 나오기 전에 시장이 먼저 자리에서 일어나 시가 폐기물관리종합계획을 통과하기 전까지는 오늘이든 언제든 특별허가권에 대한 투표가 진행될 일은 없으니 모두들 걱정하지 마시라고 말했다. 위원회는 시민들이 보여준 관심에 감사를 표하며 가능한 한 빨리 종합계획을 마련하겠다고 약속했다.

하지만 이때는 알지 못했다. 폐기물하치장 계획을 무효화시킨 우리의 승리가 사실은 퍼스널라이즈드 프로그래밍의 토지 용도 문제를 해결하기 위한 삶의 기적적인 손길이었다는 사실을. 며칠 후 우리는 폐기물처리장 예정지역에 사용허가권이 떨어지지 않자 22만 평의 그 토지가 아주 괜찮은 가격에 갑작스레 매물로 나왔다는 전화를 받았다. 그 부지는 앨라추아 시에 속해 있기 때문에 사업용도 허가도 받을 수 있다고 했다. 나는 릭이 내 사무실로 들어와 부동산업자와 나눈 대화를 전할 때의 그 표정을 평생 잊지 못할 것이다. 불가능한 일이 벌어졌다. 삶의 흐름이 사원 부지 바로 옆에 폐기물하치장이 지어진다는 내용이 아닌, 그곳에서 사업을 할 수 있다는 소식을 전하는 전화통화로 이어진 것이다. 릭과 나는 잠시 침묵 속에 그저 앉아만 있었다. 그때 그 방 안을 가득 채운 강렬한 경이와 은총의 기운 덕분에 우리 두 사람은 모두 말은커녕 움직이지도 못했다.

릭과 내가 지난 6개월간 목격했던 바를 잠시 짚어보자. 첫째, 삶은 확실한 말로 내가 사원 부지에 있는 사무실에서 나가서 새로운 장소를 찾아야 한다고 통보했다. 나는 그 뜻에 순응하고자 했지만 아무것도 맞아떨어지지 않았다. 그런데 사원 부지와 미래의 사무실 부지 사이를 이어주게 될 땅이 아직 아무것도 모르는 우리의 눈앞에 난데없이 나타났다. 그런 뒤 삶은 우리 부지 바로 옆에다 누군가가 폐기물하치장 건설을 준비하고 있다는, 최악의 상황처럼 보이는 시나리오를 던져주었다. 그러나 사실 그것은 삶이 우리에게 주려고 준비하고 있었던 엄청난 선물이었다. 바로 퍼스널라이즈드 프로그래밍의 미래에 이보다 더 완벽하게 어울릴 수 없는 부지를 선사해준 것이다. 이 땅은 사원 부지와 맞닿아 있으면서 법적으로도 사업용도 지정을 받을 수 있는 곳이었다. 절대 불가능하다고 장담했던 일이 실현된 것이다. 여기서 잊지 말아야 할 중요한 사실은, 이 모든 일이 직원이 고작 25명이었을 때, 이런 땅이 언제고 필요하리라고는 상상도 할 수 없었을 당시에 일어났다는 점이다. 하지만 삶은 모든 것을 확실히 알고 우리를 굽어살펴줬다. 이것이 모든 일의 전말이다. 그렇게 퍼스널라이즈드 프로그래밍은 사원의 토지와 딱 붙어 있는 부지에서 사업용도 지정을 받아냈다. 이제 건물만 올리면 되었다.

그렇게 많은 토지가 그렇게 기적적인 방식으로 오는 것을 경험하니 새 건물의 규모에 대해서도 다시 생각해볼 수밖에 없었다. 나는 건물을 다시는 지을 필요가 없게끔 아예 크게 지어버리는 쪽으로 생각을 확장했다. 그래서 퍼스널라이즈드 프로그래밍이 이룬 성공에 걸맞게 400평 규모의 아름다운 사무실 빌딩을 설계했다. 함께 일하던 현장감독에게 여러 해 전에 매각했던 빌트위드러브가 공사를 담당했고, 결과물은 탁월했다. 1993년 6월, 퍼스널라이즈드 프로그래밍의 직원 25명은 길 하나 건너에 있는 새 사무실로 이사를 했다. 120평이었던 회사가 400

평으로 커졌다. 적어도 우리는 다시는 건물을 더 짓지 않아도 되리라고 생각했다.

놀랍게도 그 생각은 또 틀렸다. 그 다음 해에 회사 규모는 두 배 이상으로 커졌고, 어쩔 수 없이 우리는 두 번째 건물을 세워야 했다. 첫 번째 건물은 두 번째 건물보다 규모가 훨씬 컸고 이 두 건물 사이를 지붕 덮인 산책로가 이어주었다. 삶이 이렇게 예상치 못한 확장에 대처할 수 있을 만큼 넓은 땅을 선사해주어서 참으로 다행이었다. 사옥 확장이 모두 끝났을 즈음 건물은 다섯 채로 늘어나 있었고, 우리는 총 2,400평 이상의 최신식 사무실 공간을 확보할 수 있게 되었다. 지금까지도 나는 삶이 어쩌면 그렇게 딱 필요한 것을 딱 필요한 때에 제공해주었는지, 그 완벽한 흐름에 경외를 느낀다.

1993년 퍼스널라이즈드 프로그래밍.
사람들은 불가능하다고 했지만 삶은 사원 부지 바로 옆에
이 멋진 새 사옥을 만들어주었다. 삶의 흐름은 경이롭다!

2003년 메디컬매니저 R&D 시설.
삶의 혜안 덕분에 상상도 못한 확장이 가능했다.
건물 하나였던 사옥이 깔끔한 다섯 개 동으로 늘어났다.

41

미래의 기반을 다지다

퍼스널라이즈드 프로그래밍은 눈부시게 성장했다. 하지만 테크놀로지 기업이 급속도로 성장할 때 흔히 생기는 모든 문제도 함께 따라왔다. 열 명에서 스무 명 정도의 직원을 관리하는 것과 55명의 직원을 관리하는 것은 사뭇 다른 일이다. 일정 수준이 넘어가면 직원 관리만을 위해 관리자를 고용하기 시작해야 하는 때가 온다. 하지만 나는 가능한 한 중간관리자급을 두고 싶지 않았다. 나는 나의 지속적인 인도하에 팀이 자체적으로 굴러가게끔 하기 위해 애썼다. 우리는 밑바닥부터 성장한 회사인데다가 퇴사한 직원이 거의 없어서 프로그래밍 부서가 보유한 기술 관련 지식 및 업계에 관한 지식은 어마어마하게 풍부한 상태였다. 미국 내 독립병원의 25퍼센트가 메디컬매니저를 사용하고 있었기 때문에 병원원무업계는 플로리다 주의 앨라추아를 지나가지 않을 수가 없었다. 우리는 어느 방향으로 가야 할지를 스스로 결정할 필요도 없었다. 서퍼처럼 업계의 요구라는 큰 파도를 잘 타기만 하면 됐다. 일은 소화하기가 거의 불가능할 정도로 엄청나게 몰렸다.

1994년 후반쯤, 나는 수백만 달러짜리 기업의 프로그래밍 부서며 관리며 재정 부문을 다 신경 쓰면서 새로운 성장의 시대까지 대비할 여력은 내게 없다는 사실을 깨달았다. 내게는 정말 제대로 된 도움의 손길이 필요했다. 그래서 나는 늘 하던 대로 했다. ― 더욱 열심히 일하면서 삶의 흐름이 자신의 일을 해주기를 기다리는 것 말이다.

팀 스테일리를 처음 만난 것은 바로 이런 상황에서였다. 팀은 가족과의 전원생활을 꿈꾸던 소프트웨어 전문개발자이자 수석 IT 컨설턴트였다. 그는 앨라추아에서 북쪽으로 몇 킬로미터밖에 떨어지지 않은 하이 스프링스라는 아주 작은 마을에 새 집을 얻었다. IT 전문가가 앨라추아 숲 지척까지 발길이 닿았다면 퍼스널라이즈드 프로그래밍에 대한 소문을 안 들을 수가 없다. 팀 역시 다른 사람들처럼 우리 회사에 지원서를 넣었다. 하지만 팀은 그냥 '보통 사람'이 아니었다. 그는 또 다른 기적이었다. 지금까지 모든 것이 딱 필요한 시기에 나타났던 것처럼, 삶은 고도로 전문적이고 경험도 많은 IT 개발자 겸 경영자를 내 무릎 위에 떨어트려 주었다. 그는 결국 우리가 겪고 있던 소프트웨어 개발 문제를 해결할 뿐만 아니라 당시는 아직 수면 위로 올라오지도 않은 더 큰 문제를 해결하는 일등공신이 될 것이었다.

맨 처음 팀을 만났던 때가 기억난다. 그는 아이들의 학기가 시작되기 전에 가족을 데려오려고 일자리를 급하게 알아보고 있는 중이었다. 그의 이력서를 검토한 나는 그가 바로 일을 시작할 수 있도록 인사부서에 연락하여 토요일에 면접 시간을 잡게 했다. 그는 매우 단정하고 깔끔한 외모의 젊은 남성이었는데 오른손에 성경책을 들고 있었다. 성경책을 들고 면접에 오는 일은 흔치 않은 일이었지만 팀은 자신이 아주 독실한 기독교인이라는 사실을 내게 미리 알리고 싶어했다. 나는 그 사실에는 전혀 불편하지 않았으나 그가 말총머리에 샌들을 신고 다니는 요가수행자를 상사로 받아들일 수 있을지는 확신하지 못했다.

우리는 사무실로 올라가서 서로에 대해 알아가는 시간을 가졌다. 알고 보니 팀은 로켓 과학자였다. 해리스 코퍼레이션Harris Corporation에서 미사일유도 시스템의 코드 짜는 일을 몇 년간 해온 인재였다. 그 즉시 나는 머릿속의 '충분히 똑똑함' 항목에 체크표시를 했다. 그는 개발자이자 팀장이자 프로젝트 매니저였다. 프로젝트 개발 전반 및 사람 대하는 능력 모두에서 탁월한 성과를 거둔 그는 텍사스 인스트루먼츠Texas Instruments에서 수석 컨설턴트로 있으면서 대규모 프로젝트를 진행하고 있었다. 흥미롭게도 그가 당시 컨설팅하고 있던 일이 플로리다 블루크로스 블루실드의 대규모 IT 프로젝트였다.

우리는 개발 철학에 대해 대화를 나누기 시작했고, 각자의 옷차림만큼이나 그에 대한 시각도 다르다는 사실을 확인했다. 나에게 소프트웨어 개발이 창조적인 예술이었다면 그에게는 엔지니어링 프로젝트였다. 사실 소프트웨어가 장기적인 성공을 거두자면 그 두 가지 면이 모두 충족되어야 한다. 팀에게는 포춘 500대 테크놀로지 기업에서 수석 소프트웨어 엔지니어로 근무하며 경험으로 쌓은 노하우가 분명히 있었다. 우리에게는 그러한 지식과 경험이 절실하게 필요했다.

팀과 나는 몇 시간 동안 대화를 나누는 동안 서로에게 진심으로 호감을 갖게 되었다. 그는 직업적으로나 성격적으로 퍼스널라이즈드 프로그래밍에 딱 맞는 사람이었다. 하지만 한 가지, 꼭 해결해야 할 문제가 남아 있었다. 팀이 우리와 일하는 것을 진지하게 고려해볼 작정이라면 그가 나라는 사람을 편하게 대할 수 있을 것인지를 확인해야 했다. 길 건너편에 있는 사원에 대해 언제고 얘기를 듣게 될 테니 말이다. 그러니 그를 그곳으로 데려가서 구경을 시켜주는 것이 마땅한 일이라고 생각됐다.

팀이 얼마나 열린 마음으로 사원을 받아들이는지, 나는 깜짝 놀랐다. 그는 무수히 많은 종교 장식품들에 매료되었고 명상과 요가에 대해 매우 깊은 수준의 질문을 던졌다. 알고 보니 팀은 독실한 종교인을 훨씬 뛰어넘는, 영적인 깊이가 매우 깊고 하느님을 진실로 사랑하는 사람이었다. 그는 자신을 사원으로 불쑥 데려간 내 행동에 기분 나빠하지 않았고 오히려 감동받았다. 그날 각자의 영적인 경험과 믿음들을 나누는 동안 우리 사이에는 매우 깊은 영적인 유대감이 형성됐다. 이 영적인 우정으로 이루어진 유대감은 우리가 함께 일하는 10년간 갈수록 단단해지기만 했다. 삶은 그렇게 스스로를 다시 한 번 능가했다.

나는 팀을 고용했다. 우리는 그를 처음에는 최고경영진이 아닌 개발자로 조용히 입사시키기로 했다. 직원들과 함께 일하며 개발 환경을 직접 알아가고 싶어했기 때문이다. 몇 달 지난 후에 그가 개발팀들을 재조직하면서 총괄하게 하는 것이 우리의 계획이었다. 나는 지금처럼 상품의 방향성을 제시하는 일을, 그는 엔지니어링을 담당하는 것으로 합의가 됐다. 나는 팀이 얼마나 많은 짐을 감당할 수 있는지를 하루빨리 보고 싶었다.

팀이 합류할 즈음 메디컬매니저는 출시된 지 15년을 넘어가고 있었다. 원래는 소규모 병원용으로 설계되었으나 나중에는 대형 병원 및 무서운 속도로 팽창하고 있던 의료보험기관에서도 사용되고 있었다. 규모가 큰 대리점의 경우 사용자가 수백 명에 달하는 사업장에 시스템을 설치하는 일이 드물지 않았다. 이런 식으로 계속 나간다면 소프트웨어의 기술적 역량이 우리의 외적 성장을 따라가지 못하는 사태가 벌어질 게 뻔했다. 게다가 제품 전반을 최신 버전으로 업그레이드해달라는 고객들의 요청이 접수되기 시작했다. 불길한 조짐이었다. 뭔가 대책을 세우지 않으면 죽을 날이 가까워져온다는 소리나 다름없었다. 미래를 위한 기반을 탄탄하게 다지고 싶다면 소프트웨어를 완전히 다시 만들어야 했다.

이것은 심약한 사람은 감당하지 못할 법한 결정이었다. 자칫 잘못했다가는 수년간의 개발 노력과 수백만 달러의 돈을 통째로 날려버릴 수 있는, 어마어마한 투자였기 때문이다. 우리 앞에 놓여 있는 이 엄청난 규모의 프로젝트에 대해 고심하고 있을 때, 어떤 생각이 내 머리를 쳤다. '팀이 우리에게 온 진짜 이유가 바로 이것이구나.' 그는 최신 개발기술을 이용하여 메디컬매니저를 완전히 새로운 제품으로 업그레이드시키기 위하여 우리에게 보내진 사람이었다.

그렇다고 빠른 속도로 계량되고 있는 기존 시스템을 버릴 수는 없는 노릇이었기 때문에 나는 팀에게 전권을 주어 신제품 구축에 필요한 개발팀을 추가로 꾸리게 했다. 인터지Intergy, 이것이 새 소프트웨어의 이름이었다. 당시 우리가 더 많은 건물을 짓고 있어서 다행이었다. 그 건물들이 다 필요해지기 때문이다. 나는 팀을 절대적으로 신뢰했기 때문에 그가 요청하는 것은 무엇이든 제공했다. 새 제품이 출시되기까지는 거의 5년에 가까운 시간이 걸렸지만 그 덕분에 우리는 향후 수년간 롱런할 수 있는 상품을 갖게 되었다. 팀이 정확히 그 시점에 나타나지 않았다면 우리가 그만큼의 성공을 절대 거두지 못했으리라는 사실은 지금 되돌아봐도 명백하다. 세상에 어떻게 이런 일이 계속해서 일어날 수 있을까?

42

한편 사원에서는

퍼스널라이즈드 프로그래밍의 일이 너무나 많아서 나는 사실상 깨어 있는 시간 내내 거의 일만 했다. 물론 사원에서 가지는 오전명상과 저녁명상 시간만 빼고 말이다. 사원 커뮤니티는 이제 완전히 안정기에 접어들어 내가 특별히 시간을 들여 챙겨야 할 일은 없었다. 라다는 퍼스널라이즈드 프로그래밍의 재무 책임자로서 밤낮으로 일하면서도 사원의 살림살이를 모두 돌봤다. 이 모든 격변의 시기 속에서 사원 역시 자체적인 변화를 겪게 될 것이었다.

1994년 말, 암릿은 그를 따르는 사람들과 사이가 크게 틀어졌다. 우리가 단상 위로 모시고 추앙했던 너무나 많은 사람들이 그러했듯이, 암릿 역시 과거의 부적절한 행실이 세간에 알려졌고 모든 사람들에게 극도로 고통스러운 시간이 시작되었다. 실제로 암릿이 커뮤니티를 떠났다는 소식을 듣고 나는 그와 그의 부인을 사원으로 초대하여 당분간 이곳에서 지내며 마음을 가라앉히라고 했다. 성공가도를 달리고 있는 사람과 함께하는 것은 쉽다. 하지만 어려운 시기를 보내고 있는 사람과 함께하려면 깊은 우정이 필요한 법이다. 우리는 모두가 오랜 세월 암릿으로부터 무척 많은 것을 받았다. 그런 그에게 뭔가를 되돌려줄 수 있게 된 것을 우리는 영광으로 여겼다.

당시 라다는 젠킨스 씨네 집에서 몇 년째 살고 있던 중이었다. 그 집은 우리 부지에 있는 주택 중 가장 좋은 집이었기 때문에 그녀는 즉시 자신이 나가겠다고 자원했다. 1994년 12월 그 집으로 암릿과 그의 부인이 들어왔고, 그들은 족히 3년은 되는 시간 동안 거기서 살았다. 암릿처럼 진화한 사람이 그토록 극심한 변화의 시기를 어떻게 겪어내는지를 바로 지척에서 지켜볼 수 있었던 것은 진정 큰 축복이었다. 이곳에 있는 동안 그는 일체의 모든 상황에 몸을 맡김으로써 자신이 겪어야 할 모든 변화를 받아들였다. 그런 상황들은 마치 불과도 같았고, 암릿은 그 불을 오로지 영적 정화를 위해 사용하고자 했다. 그는 슬퍼하지도, 상처받지도, 두려워하지도 않았다. 그저 자신을 내려놓고 끝까지 경험할 뿐이었다. 나는 내가 내면에서 언제나 보아오던 것을 암릿에게서 끊임없이 목격했다. 바로, 어려움이 다가오더라도 그것을 그저 '나'로부터 해방될 수 있는 기회로 삼는 태도였다. 이 상황에서 의미 있는 유일한 기도는, 이 하얗게 타오르는 불이 개인적 자아를 불살라 그로부터 벗어날 수 있게 해 달라는 것뿐이다. 영혼 대 영혼으로서 암릿과 나의 공통점은 그 것이었다. 무슨 수를 써서라도 '나'에게서 해방되겠노라는 결의 말이다.

나는 암릿이 겪고 있는 경험을 타자화하지 않았다. 외부세계 의 모든 것이 무너졌을 때 내면에서는 과연 어떤 일들이 벌어 지는지를 나도 함께 탐색해보고 싶었다. '매사에는 철이 있고 하늘 아래 모든 목적은 이룰 때가 있나니'라는 솔로몬 왕의 지 혜가 생각났다. 나는 세계적으로 유명한 스승인 암릿을 알게 되 어 큰 영광이었다. 하지만 지금, 그가 큰 어둠의 시기를 지나갈 때, 좀더 정확히 말하자면 큰 어둠의 시기가 그를 통과해 지나 갈 때 그의 곁에 있게 되어서 더욱 영광이었다. 그는 한 번도 불 평하지 않았고 우울해하지도 않았으며 낙담하지도 않았다. 그 는 그저 더욱더 깊은 차원에서 자신을 내맡기며 하루하루를 보 냈다. 일어나는 그대로의 그것이 현실이다. 그러니 그것을 이용 해 개인적 자아를 내려놓는 편이 훨씬 낫다.

만사가 그러하듯, 시간이 지나자 에너지 역시 바뀌기 시작했 다. 과거의 소란이 가라앉으며 미래를 위한 기회가 하나둘 열리 기 시작했다. 하루는 암릿이 오칼라 국유림지에서 봐둔 집이 하 나 있다며 자기를 데려다줄 수 있겠느냐고 물었다. 그곳은 사 원에서 남쪽으로 한 시간 반도 채 걸리지 않는 곳에 위치한 아주 작은 마을에 있었다. 그가 말한 집을 본 순간 나는 눈을 의심하지 않을 수 없었다. 그것은 환상적인 호숫가에 자리한 지극히 아름다운 대저택이었고 부지에는 오두막도 대여섯 개가 있었다. 암릿과 그의 가족을 위한 완벽한 집이었다. 걸어가는 모든 공간에서 나는 암릿을 느꼈다. 그를 알아온 지 벌써 수년째인 만큼 나도 그의 취향을 잘 알고 있었는데, 암릿을 위한 맞춤형 주택을 짓는다 해도 이만큼 완벽하게 만들기란 불가능할 정도였다. 이제 그것이 끝났음을 깨닫는 순간, 나는 쏟아지려는 눈물을 참아야 했다. 어둠의 시기가 지나간 것이다. 나는 그에게 여유가 된다면 이곳을 사는 게 좋겠다고 부추겼다. 그러자 그는 집의 시세를 귀띔해줬다. 나는 내 귀를 의심했다. 세상 어디에도 없을 파격적인 조건의 거래였다.

나는 이 처절한 시련의 시기에 암릿과 함께하면서 내맡기기에 대해 많은 것을 배웠다. 우리가 어떤 사람이건 간에 겪어야 할 변화가 있다면 삶은 그 속으로 우리를 밀어 넣는다는 사실을 나는 확인했다. 그렇다면 질문은 이렇다. 우리는 그 힘을 자신의 변신을 위해 기꺼이 사용할 수 있는가? 나는 아무리 힘든 상황이라 할지라도 그 변화를 더 깊은 차원에서 소화해낼 수만 있다면 심리적 상처를 받지 않을 수 있다는 것을 목격했다. 나는 이미 내맡기기 실험을 통해 변성을 일으키는 삶의 힘을 마음 깊이 우러르게 되었다. 나중에야 알게 된 사실이지만, 암릿과 함께한 그 시간은 향후의 내 삶에 훨씬 더 큰 의미를 발휘하게 될 것이었다. 내가 알고 있는 삶이 다시 한 번 예상치 못했던 커다란 변화를 겪게 될 것이었기 때문이다.

8부

폭발적인
성장
받아들이기

43

메디컬매니저에 날개가 돋치다

만일 1995년에 누군가가 퍼스널라이즈드 프로그래밍의 미래를 어떻게 예상하느냐고 물었다면 나는 성장은 이제 끝난 것 같으니 관건은 업계 최고의 자리를 계속 유지해가는 것이라고 말했을 것이다. 누군가가 나의 내맡기기 실험에 대해 물었다면, 나를 가차 없이 놓아 보냄으로써 내 주변에서 펼쳐지는 일들을 온전히 받아들인 것이 나의 영적 성장에 심오한 영향을 끼치고 있다고 답했을 것이다. 실제로 그것은 내가 삶을 사는 방식이 되었다. 나는 놓아 보내는 것이 놀라운 결과를 가져오기도 하지만 그로 인해 깊은 내면의 평화를 맛보기도 한다는 사실을 무수히 경험했다. 주도권은 내게 없었다. 삶에 있었다. 그리고 그 배후에는 다음에 벌어질 일을 깨닫게 될 순간을 기다리는 흥분과 열정이 있었다. 어쨌든 지금까지 일어난 일들을 보면 내가 무슨 말을 하는지를 알 수 있으리라.

1995년 말이 되자 퍼스널라이즈드 프로그래밍은 75명의 직원이 상주하는 기업으로 성장했고 아주 오랫동안 눈코 뜰 새 없는 일정이 예정돼 있을 만큼 일거리가 밀려 있었다. 나는 우리가 하는 일이 마음에 들었고 우리는 확실히 일을 잘했다. 연수입은 천만 달러에 육박했는데 대부분 저작권료였기 때문에 순수익이 5백에서 6백만 달러에 달했다. 메디컬매니저 자체는 15년도 더 된 소프트웨어였지만 수십만 명의 삶과 이어져 있었다. 시야가 좁았던 나는 당분간은 이런 상황이 지속되지 않을까 생각했다.

극적인 변화가 다시 한 번 일어날 것임을 암시한 첫 번째 신호는 시스템스 플러스와 많은 대리점들이 합병을 논의하고 있음을 알게 되었을 때였다. 그렇게 하면 전국 차원의 경쟁에서 더 우위를 차지할 수 있을 것이라고 생각한 모양이었다. 얼마 후 탐파에서 대리점을 크게 운영하고 있는 존 캉이 나를 방문했다. 그는 자신이 메디컬매니저의 대리점들을 하나의 회사로 통합하는 안을 기획 중이라고 말했다. 그가 제시한 계획은 우선 퍼스널라이즈드 프로그래밍, 시스템스 플러스, 그 외 서너 개의 이름 있는 제품의 판매권을 인수하는 것이었다. 그는 초기 투자 비용이 많이 들기는 하겠지만 조달방법을 이미 마련해두었다고 설명했다. 존의 프레젠테이션은 매우 전문가다웠지만 나는 왜 퍼스널라이즈드 프로그래밍이 굳이 그 일에 끼어야 하는지를 이해할 수 없었다. 나는 새 회사에 메디컬매니저 소프트웨어 공급하는 것을 법적으로 보장할 의향은 있다고 그에게 밝혔다. 그러자 그가 폭탄을 터트렸다. 투자자라면 회사의 근간이 되는 소프트웨어를 회사가 보유하고 있어야 한다고 생각하지 않겠냐는 말이었다.

퍼스널라이즈드 프로그래밍을 매각한다는 발상은 매우 불편했다. 하지만 나를 더 불편하게 만든 것은 나 때문에 수백 개의 대리점과 시스템스 플러스가 사업을 통해 어렵게 일군 대가를 가져가지 못하게 된다는 생각이었다. 나는 존에게 당신이 어떤 가격을 제시하건 회사를 팔 생각은 없으나 나의 이 주저가 모든 사람의 꿈을 방해하고 있다면 그 제안을 어느 정도 고려해볼 필요는 있을 것 같다고 말했다. 나는 그에게 다른 사람들의 동의를 얻는 데 성공한다면 다시 찾아오라고 말했지만 사실은 이 모든 일이 저절로 흐지부지되기만을 간절히 바랐다

하지만 몇 주 후 존은 시스템스 플러스를 포함해 우리 대리점 중 가장 규모가 큰 몇 군데로부터 동의를 얻고는 나를 다시 찾아왔다. 불길한 징조였다. 이 모든 상황이 호불호는 옆으로 밀쳐두고 내 앞에 나타난 일에 자신을 내맡겨야 했던 지금까지의 일들과 닮아가고 있었다. 나는 이 상황이 손톱만큼도 마음에 들지 않았지만 내맡김의 길이 나를 어디로 데려가는지를 지켜보겠노라는 약속만큼은 굳건하게 지켰다.

존 캉은 합병의 대가로서 퍼스널라이즈드 프로그래밍 측에 현금과 신생회사의 주식을 포함한 후한 제의를 해왔다. 그는 이후 다섯 개의 회사를 하나로 합병하고, 합병을 성사시키기 위해 필요한 자금을 모으는 등의 어려운 여정을 떠났다. 합병에 필요한 돈은 총 1억 5천 달러였는데 은행에서는 이 돈을 주식상장을 통해 모금하는 것이 최선이라고 판단했다. 그리하여 1997년 초로 기업공개(IPO) 날짜가 결정되었다. 하지만 그때까지 처리해야 할 일은 여전히 산재해 있었다.

이런 세계로 던져지다니. 퍼스널라이즈드 프로그래밍은 단한 명의 직원, 즉 나 한 사람으로부터 단출하게 시작해서 매우 조직적이고 성공적인 사기업으로 차근차근 성장한 회사였다. 만일 독립적으로 운영되던 여러 사업을 한 냄비에 몰아넣어 회사를 만들었다면 그런 수준까지 도달하기는 어려웠을 것이다. 권력투쟁이며 대리점 계약 문제며 끊임없이 불거질 법적, 재정적 문제 등 바로잡아야 할 문제들이 수없이 많을 테니 말이다. 하지만 나는 이 모든 부정적 생각들에 사로잡히지 않기로 했다. 나는 언제나 그랬던 것처럼 전개되는 일에 마음을 열고 흥미진진하게 관심을 기울였다.

새 회사의 이름은 메디컬매니저 코퍼레이션으로 정해졌다. 인정한다, 나는 그 이름이 마음에 들었다. 1981년 소프트웨어를 다 만들고 나서 '메디컬매니저'라는 이름을 처음으로 떠올렸던 때의 기억이 주마등처럼 스쳐갔다. 그로부터 15년이 지난 후, 메디컬매니저는 이제 상장기업이 될 날을 앞두고 있었다. 이 주요한 사건의 문턱에 선 나는 내맡기기 실험이 나를 결국 어디까지 인도해왔는지를 되돌아보며 깊은 경외감에 빠졌다.

44

메디컬매니저 코퍼레이션, MMGR

합병이 완료되면 나는 최고경영자(CEO), 존 캉은 회장, 릭 칼은 법무자문위원으로 취임할 예정이었다. 본부는 존 캉이 사업을 하고 있던 탐파의 건물에 세우기로 했고 릭 칼과 나는 앨라추아 사무실에서 계속 근무하기로 합의했다. 회사는 MMGR이라는 이름하에 나스닥에서 거래될 예정이었다.

1996년 말이 되자 우리 측 변호사와 은행가들은 기업합병과 IPO 준비작업을 동시에 진행하기 위해 온갖 서류 작업에 매진했다. 흥미롭게도 이 시기에 나와 아버지와의 관계는 새로운 국면을 맞이했다. 아버지는 30년 넘게 메릴린치에서 근무하며 평생을 증권중개인으로 살았던 사람이다. 그런 분의 하나뿐인 아들이 명상을 하겠다며 학업을 중단하고 숲 속으로 들어간 것이다. 그러다가 다시 숲을 떠나지는 않았지만 갑자기 아버지의 세상 속으로 들어가게 됐다. 아버지는 세계 최고의 증권회사인 모건스탠리가 내 회사에 관심을 보인다는 사실을 쉽게 믿지 못했다. 또한 우리 회사의 향후 거래가 메릴린치 의료분야 분석가들의 밀착 모니터링 대상이 되리라는 사실을 알고는 놀랐다. 아버지는 내 회사의 주식상장에 무척 큰 관심을 보였는데, 아마 이 시기에 나와 아버지가 대화한 내용이 지난 20년간의 대화를 합친 것보다도 더 많았을 것이다. 그럴 수밖에 없었다. 그제야 부자지간에 공통점이 생겼기 때문이다.

나는 아버지와 이렇게 가까워질 수 있는 기회를 가지게 된 것에 깊이 감사했다. 나는 이것을 삶의 흐름에 자신을 내맡겼을 때 일어난 또 다른 기적으로 여긴다. 그로부터 오래 지나지 않아 아버지께서 돌아가셨기 때문이다. 하지만 한 가지 확신할 수 있는 것은 아버지가 주식상장 회사가 된다는 것에 대해, 의료분야에 대해, 그리고 월스트리트 전반에 대해 평생을 바쳐 얻은 통찰을 당신의 아들에게 얘기해주면서 무척이나 즐거워하셨다는 점이다.

놀라운 사건들이 꼬리에 꼬리를 문 결과로 여기까지 오게 되었지만, 나는 다음과 같은 일에는 마음의 준비가 되어 있지 않았다. IPO가 있기 일주일 전쯤 나는 뉴욕에 있는 변호사로부터 처리해야 할 일이 적힌 목록을 받았다. 나는 서류에 사인을 하고 필요한 자료를 찾으면서 해야 할 일들을 하나씩 차근차근 해나갔다. 마지막 서류의 제출일이 다음 날이었기 때문에 나는 은행으로 달려가 금고를 찾았다. 이 금고는 1971년, 당시 내 유일한 소유물이었던 1만 2천 평짜리 땅의 권리증을 넣어놓기 위해 빌린 것이었는데 사실상 그 이후 금고를 열 일은 거의 없었다.

금고 앞에 홀로 남게 된 후, 나는 변호사가 요청한 서류를 찾기 시작했다. 금고에 많은 물건이 있지는 않았지만 그래도 보고 있노라니 타임머신을 타고 과거로 돌아간 것 같은 느낌이었다. 처음 구입했던 땅의 권리증서가 보였다. 그 후로 얼마나 많은 일들이 벌어졌는지. 내가 학업을 중단하고 숲에 들어가 살기 시작한 이래로 펼쳐진 사건들은 제정신인 사람이라면 도저히 상상할 수 없는 종류의 것이었다. 나의 시간여행은 찾고 있던 서류를 발견하면서 중단되었다. 나는 세 번 접혀 있는 종이를 꺼내어 펼쳤다. 그것은 15년 전 법인을 설립했을 때 주에서 보내준 퍼스널라이즈드 프로그래밍의 공채증서였다. 처음 금고에 넣어두었을 때는 나 이외의 사람들에게는 거의 쓸모없는 종이나 다름없는 증서였다. 그 순간 어떤 어마어마한 깨달음이 머리를 쳤다. '세상에서 제일 눈이 밝다고 하는 투자가들이 이 종이쪽지를 1억 달러 이상으로 평가하는구나.'

입이 바짝 마르고 눈에 눈물이 차올랐다. 나는 모든 것을 바쳤다. 하지만 그것은 열 배 이상이 되어 계속 되돌아왔다. 맨 처음 나를 내려놓고 내 눈앞에 펼쳐지는 일을 섬기는 데 일생을 바치겠다고 결심했을 당시 내 연수입은 5천 달러가 채 되지 않왔다. 빌트위드러브를 세웠을 때는 처음 수만 달러에 불과했던 수익이 훗날엔 수십만 달러로 껑충 뛰었다. 퍼스널라이즈드 프로그래밍은 제품판매와 저작권료로 쉽게 수백만 달러의 수익을 올렸고 그 이후에는 천만 달러 이상을 벌어들이게 되었다. 그리고 지금, 나는 1억 달러에 달하는 자산을 거래하고 있는 중이었다. 나를 황홀하리만큼 감동시킨 것은 돈이 아니라 보이지 않은 삶의 손길이었다. 그 종이는 원래 우주의 것이었으므로 나는 은행 안에 서서 그것을 우주에게 다시 바쳤다. 그리고 삶이 차근차근 세워 올린 그 회사를 섬기겠다고, 내게 맡기신 돈은 다른 사람들을 돕는 데 쓰겠노라고 맹세했다. 나는 숨을 한 번 깊이 들이쉬고 금고를 닫은 후 증서를 뉴욕으로 부치러 갔다.

45

CEO가 되다

메디컬매니저 코퍼레이션은 1997년 2월 2일 성공적인 IPO 를 통해 탄생했다. 나는 앨라추아의 숲을 벗어나지 않은 채 대규모 R&D 센터의 회장직을 유지했을 뿐만 아니라 새 기업의 CEO이자 이사회 의장이 되었다. 나는 CEO가 되면 얼마나 많은 책임이 생기는지에 대해서는 완전히 무지했다. 하지만 이 일을 하려면 여러 해 동안 명상을 통해 갈고 닦아온 송곳 같은 집중력을 발휘해야만 한다는 사실을 곧 깨달았다. 내맡기기를 선택한 나에게 이것은 삶이 준 일이었다. 그러니 이 일을 하는 것은 내 영적 여정의 일부였고 나는 최선의 최선을 다해 나를 바칠 준비가 되어 있었다.

먼저 나는 회사의 업무진행상황을 파악하는 데 필요한 조치를 취했다. 나는 앨라추아에 있었고 자영업에 익숙한 독립적인 마인드의 경영자들은 전국에 흩어져 있었다. 내가 이 회사에 책임을 지려면 모든 정보가 하나도 빠짐없이 내 책상 위를 거쳐 가야만 했다. 그러자면 정기적으로 그룹 전화회의를 하고, 양이 어마어마하게 많을지언정 모든 사람들이 무슨 일을 하는지 보고를 받아야만 했다. 내가 경영진 모두에게 담당 지역에서 있었던 주요 활동들을 매주 보고서로 제출하라고 하자 여기저기서 불평이 터져 나왔다. 하지만 나는 우리 모두의 경험치를 합치면 어마어마한 시너지효과가 날 것임을 알았고, 누구 한 사람의 독단적인 마인드가 아닌 그룹의 마인드로 결정을 내리고 싶었다.

하지만 매주 올라오는 그 보고서들을 모두 확인하고 거기에 경영진 전화회의까지 제대로 준비하려면 혼자 힘으로는 거의 불가능하다는 사실을 나는 얼마 지나지 않아 깨달았다. 정말 제대로 된 도움이 필요했다. 그리고 지금쯤이면 예상할 수 있었겠지만, 나는 바로 그 제대로 된 도움을 얻었다.

이것을 기적이라고 부르지는 않겠다. 다만, 이번에는 삶의 마법이 사브리나라는 젊은 여성의 형태로 나타났다. 폴 도빈스는 수년 전 우리 회사에서 주최한 전국딜러 세미나에서 그녀를 만났는데, 한눈에 반한 모양이었다. 그 후 오래 지나지 않아 폴은 사브리나가 앨라추아로 이사 올 것이며 곧 그녀와 결혼할 것임을 공표했다. 사브리나를 몰랐던 나는 요가와 명상에 딱히 관심이 없는 사람을 요가 중심의 영성커뮤니티로 데려온다는 폴의 말에 다소 염려가 됐다. 하지만 폴은 사브리나가 잘 적응할 것이고, 회사에서 일을 시켜보면 아주 마음에 들 것이라고 장담했다. 내맡기고 내맡기고 내맡길지니, 언제는 내게 선택권이 있었던가.

알고 보니 사브리나의 가족은 캘리포니아에서 자그마한 메디컬매니저 대리점을 운영하고 있었다. 덕분에 그녀는 열세 살 때부터 소프트웨어를 팔고 설치하고 지원하는 일을 해왔다고 했다. 퍼스널라이즈드 프로그래밍에서 처음 일을 시작했을 때 그녀의 나이는 고작 22세였고 대학 문턱도 밟아본 적이 없었지만 그녀는 고위직 임원들이나 할 수 있는 수준의 비즈니스 분석을 너무나 태연히 해냈다. 사브리나는 경영 관련 경험이 전무했으나 내가 CEO가 된 후 경영과 관련하여 도움이 필요할 때 의지한 사람은 바로 그녀였다.

사브리나가 든든하게 내 곁을 지키는 가운데 CEO로서 내가 맡은 주요 임무 중 하나는 회사를 성장시키는 것이었다. 다행히도 우리는 평범한 회사가 아니었다. 새 회사인 메디컬매니저 코퍼레이션은 성장 가능성이 대단히 높았다. 우선 우리가 대리점만 모집하면 성장은 자연히 따라오는 구조였다. 당시 우리 제품을 취급하는 대리점은 거의 2백 군데에 달했는데, 그중 상당수가 높은 이익을 가져다주었다. 새 대리점이 꾸준히 생겨나는 한 회사의 성장 역시 꾸준히 계속될 터였다.

하지만 내가 더 주목한 것은, 우리의 시스템을 사용하는 수

많은 의사들을 병원 이외의 의료분야, 즉 보험회사나 실험실이나 제약회사 등과 전자적으로 연결시켰을 때 일어날 수 있는 어마어마한 성장이었다. 일단 우리의 모든 원무지원을 한 지붕 아래로 모을 수 있다면 의료지원 시스템의 자동화가 가능해지므로 가격절감은 물론이고 효율성 향상, 더 나은 환자 서비스로 이어질 수 있었다.

나는 사브리나와 앉아서, 우리 네트워크에 속해 있는 수십만 명 이상의 의사들을 전자청구 및 기타 의료거래 서비스와 온전히 연결시키는 것이 새 회사로서 우리가 추진하는 첫 번째 계획임을 일러줬다. 그리고 그 책임자는 바로 당신이라고 그녀에게 말했다. 이것이 바로 메디컬매니저 네트워크서비스의 탄생이었다. 이 모험이 거둔 여러 차원의 성공은 사실상 그 끝을 가늠할 수가 없었다. 반짝이는 비전으로 시작한 이 계획은 이후 연 1억 달러의 수익을 올리는 비즈니스로 성장했다. 매우 짧은 기간에 우리는 전자거래 분야에서 업계의 선두주자가 되어버렸다.

그 후 2년간 회사는 빠르게 성장해갔다. 전국에 대리점이 점점 더 늘어남에 따라 우리는 더 많은 고객들에게 서비스를 제공할 수 있었다. 그러는 동안 나는 이렇게 열심히 일을 해본 적이 없다 싶을 정도로 일에 매진했다. 하지만 지치지는 않았다. 사실을 말하자면 오히려 정반대였다. 내가 '믹키'를 내려놓고 삶이 부여한 임무에 헌신하면 할수록 내 안의 영적 에너지는 더욱더 강하게 흘렀다. 외부의 흐름에 나를 조율시키니 내면의 에너지 흐름도 자연히 더욱 강화되는 것 같았다. 이때쯤 되자 나는 자기중심적인 생각과 감정을 끊임없이 내려놓는 것만이 개인적, 직업적, 영적 성장에 필요한 것의 전부임을 철저히 확신하게 되었다.

46

인터넷과 의료서비스

한 30년쯤 내 주변에서 펼쳐지는 삶의 완벽함을 충분히 목격하고 나니 이제는 그 흐름에 손을 대고 싶은 마음이 털끝만큼도 들지 않았다. 처음에는 문제로밖에 보이지 않았던 것이 사실은 우리를 앞으로 이끌어주는 변화의 동력이었음을 나는 거듭거듭 경험했다. 경영진 전략회의가 인터넷의 영향력에 집중하기 시작했던 1998년 말의 상황이 바로 그러했다. 우리는 경쟁사들이 대리점 네트워크를 구축하지 않고도 전국의 모든 의사들에게 큰돈 들이지 않고 쉽게 접근할 수 있게 될 날이 곧 도래할 것을 경계하고 있었다. 의료서비스 인터넷 기업인 헬시온Healtheon과 웹엠디WebMD가 점점 넓어지는 기반을 근거로 우리 쪽의 의사들을 이미 빼가고 있다는 사실을 존 캉과 나는 잘 알았다. 앞으로 도래할 인터넷 시대에 제대로 경쟁할 수 있으려면 어떤 식으로든 조치를 취해야만 했다.

이맘때쯤 존 캉은 뉴저지 주에 있는 시네틱이라는 기업을 소개받았다. 대단히 선진적인 의료서비스 인터넷 포털을 구축 중이던 시네틱은 다른 신생기업들은 감히 견주지도 못할 업계최고 수준의 경영진으로 명성이 자자했다.

그런 시네틱 경영진들이 메디컬매니저 코퍼레이션과의 합병 가능성에 매우 큰 관심을 보였다. 이들의 꿈은 업계의 모든 의료서비스 거래를 자기네 인터넷 포털에서 처리하는 것이었다. 그런데 우리 회사를 보니 이미 10만 명 이상의 의사들이 전산상에서 다양한 분야의 서비스를 이용하고 있는 것이 아닌가. 일단 그들이 우리 쪽 의사들의 거래만 처리하기 시작해도 업계의 모든 사람들이 앞다투어 그들과 사업을 하고 싶어하게 될 것이었다. 시네틱은 우리가 일궈온 자산을 완전히 다른 차원으로 끌어올릴 수 있는 위치에 있었다.

1999년 5월, 존 캉은 시네틱의 회장인 마티 위가드Marty Wygod와 나의 만남을 주선했다. 마티와 나는 미국의 끝과 끝에서 살고 있었기 때문에 마티는 텍사스의 미드웨이Midway에 위치한 자가용 항공기 공항에서 만나자고 제안했다. 절묘한 이름의 미드웨이는 실제로 캘리포니아와 플로리다의 정확히 중간지점에 있었다. 나는 전세비행기를 타고 혼자 날아갔다.

12킬로미터 상공에 떠 있는 6인석 자가용 제트기에 홀로 앉아 있으니 큰 평화가 밀려왔다. 나는 자연스레 명상에 빠져들었고 마음은 매우 고요해졌다. 눈을 뜨자 내 상황이 얼마나 크게 달라졌는지 확연히 실감났다. 모든 것을 내려놓고 삶이 나를 어디로 데려가는지를 지켜보겠노라고 맨 처음 결심하던 때에 비하면 이 얼마나 큰 변화인가. 나는 여전히 같은 숲에 살고 있고 아침저녁으로 수행을 하지만 어찌된 일인지 그것을 뺀 나머지 모든 상황은 너무나 극적으로 달라져버렸다. 삶이 가져다준 꺼림칙한 변화를 얼마나 무수히 받아들여야 했는지를 돌이켜보았다. 처음에는 저항하는 마음을 무시하기가 어려웠다. 하지만 과감히 나를 내려놓을 때 벌어지는 일들을 하나둘 목격하게 되면서 그 과정은 훨씬 더 자연스러워졌다. 나를 둘러싸고 있는 것은 모두가 내려놓음의 결과였다. 내 삶에서 삶의 흐름에 내맡김으로 해서 비롯되지 않은 부분은 찾아낼 수가 없었다. 그 같은 과정에 깊이 감화된 나머지 내 안에서는 저항하고 싶은 마음이 완전히 사라졌다. 나는 다음에 일어날 일을 기대하며 느끼는 흥분과 경이에 푹 빠져버렸다. 이와 같은 마음 상태로 나는 시네틱의 회장을 만나러 텍사스로 떠났다.

나에게 이번 합병 제안은 그저 다음에 일어나게 된 일 그 이상도, 이하도 아니었다. 생각할 필요도 없었다. 나에게는 우리 회사가 시네틱이건 어디건 다른 곳과 합병되기를 바라는 마음이 조금도 없었다. 나는 내 일을 사랑했다. 내 안에는 20년간 나를 추동해온 어떤 비전이 불타오르고 있었다. 이 놀라운 프로그램을 처음 짜기 시작할 때 켜졌던 이 불꽃은 단 한 순간도 사그라들지 않았다. 그 비전은 내게 밤낮으로 영감을 주었다. 나는 먹지도 자지도 않았다. 나는 이 프로그램을 완성하여 유통시키고, 우리에게 자신의 병원원무관리를 믿고 맡겨준 의사들을 완벽하게 돕겠노라는 목표만을 향해 달렸다. 나는 삶이 이 일을 내게 부여했다고 생각했고, 그 일을 할 수 있어서 영광스러웠다. 더 깊은 내면의 상태를 탐구하고 싶은 내 열망과 열의는 처음에 비해 단 한 방울도 줄어들지 않았다. 자기실현을 향한 '나'의 길은 이렇듯 삶에 자신을 내맡기는 것이었고, 그것이 효과가 있다는 사실은 의심의 여지가 없었다. 나는 내 호불호에 따라 삶을 살지 않았다. 그런 생각들은 내 마음을 지나간 지 오래였다. 삶이 내게 준 일을 처리하려 애쓰는 데만도 나는 너무 바빴다. 이것은 가장 높은 수준의 카르마 요가였다. 나는 내 삶을 우주의 흐름에 바쳤고, 그 흐름은 내 삶을 가져간 것에 그치지 않고 나를 집어삼켜버렸다. 나는 내게 무슨 일이 벌어지는지에는 전혀 관심이 없었다. 내게 중요한 것은 회사와 직원과 의사, 그리고 무엇보다도 내 심장을 뛰게 만드는 그 완벽함을 향한 비전이었다.

하지만 이런 멋진 말들과는 별도로, 나는 생판 모르는 타인을 만나서 회사를 넘기는 일에 대해 논의하기 위해 전세비행기를 타고 텍사스 중간 어딘가에 있는 자그마한 공항으로 가고 있었다. 그것이 현실이었다. 삶이 펼쳐진 결과 회사의 최대 잠재력이 우리의 역량을 훨씬 능가해버린 것이다. 합의제안서에 대해 존 캉과 논의하다가, 나는 마티가 얼마나 예리한 사람인지를 알게 되었다. 나로서는 말할 것도 없이 통제력이 가장 큰 이슈였다. 나는 꿈이 살아 있게 하고 회사가 경제적 이익에 의해서만 휘둘리지 않도록 영향력을 발휘할 수 있는 위치에 있고 싶었다. 마티는 존과 나, 그리고 메디컬매니저 코퍼레이션의 이사 몇 명을 합병회사 이사회의 이사로 올리는데 동의했고 내가 이사회의 공동의장이 되는데도 동의했다. CEO 역시 존과 내가 공동으로 맡기로 했다. 또 다른 우대책의 일환으로, 합병회사는 메디컬매니저 코퍼레이션이라는 회사명을 그대로 가져가기로 했다.

나는 공개기업 합병 분야에서 초짜이긴 하지만 우리에게 이렇게 높은 직급을 제공한다는 것이 어떤 의미인지는 알고 있었다. 즉, 마티는 일면식도 없는 사람들에게 이런 큰 힘을 양도하고도 일체의 위협을 느끼지 않을 만큼 자신의 권력에 자신감을 갖고 있다는 뜻이었다. 일단 합병이 끝나면 어떤 식으로든 마티는 결국 내 상사가 될 것이었다. 이 부분이 훨씬 더 흥미로워지는 것은, 내가 한 번도 누군가의 아래에서 일해본 적이 없고, 당시 내 나이는 이미 52세였다는 점이다. 나는 내가 할 수 있는 만큼 마티에 대해 샅샅이 조사했다. 그는 순종 말의 사육과 경주를 취미로 하는 자수성가한 억만장자였다. 그는 기업을 사고 팔면서 월스트리트에서 성장한 기업인으로서 대단히 성공한 몇몇 기업을 밑바닥부터 일궈내기도 했다. 그중 대표적이었던 것이 몇 년 전 머크Merck 제약회사에 60억 달러를 받고 매각한 메드코Medco였다. 하지만 이보다 더 중요한 것은 그가 고위 경영자들 사이에서 크게 존경받는 인물이라는 점이었다. '천재'라는 말을 거리낌 없이 사용하며 그를 묘사한 기사가 하나만은 아니었다.

마티는 메디컬매니저 코퍼레이션에 13억 달러를 제안했다. 우리 이사회는 그 제안에 매우 호의적으로 반응했다. 나는 거의 모든 힘이 그 방향으로 흐르고 있다는 것을 상당히 확신했다. 바로 그렇기 때문에 내가 그와의 미팅을 위해 날아가고 있었던 것이다. 하지만 나는 대기업 임원의 삶이 어떤지는 알지 못했다. 내가 그것을 미리 알 도리는 없다는 사실을 이미 알고 있었으므로 나는 다시 한 번 삶의 흐름에 자신을 내맡길 각오가 되어 있었다. 개인적으로는 내가 마티를 어떻게 생각하느냐보다 마티가 나를 어떻게 생각하느냐에 훨씬 더 관심이 갔다. 나는 양복도 안 입은 말총머리의 요기였고 마티는 분명 전통적인 사업가 그 이상일 테니 말이다. 과연 이 만남이 제대로 흘러갈까?

마티는 자기 쪽 비즈니스 개발팀 사람 하나와 함께 개인비행기를 타고 왔다. 회의는 몇 시간 만에 끝났고 이런 상황에서는 대개 그렇듯이 별 탈 없이 진행되었다. 어차피 그나 나나 각자가 충분히 오랜 시간 동안 합병제안서를 분석했기 때문에 실제로 만났을 때에는 상당히 명확하게 합의에 이를 수 있었다. 내가 본 마티는 매우 소탈하고 다가가기 쉬운 사람이었다. 그는 처음부터 끝까지 사업가였고 나는 그 점이 진심으로 마음에 들었다. 나는 사원의 존재 및 내가 명상과 현재의 대안적인 생활 방식에 얼마나 진지하게 임하고 있는지를 그에게 꼭 얘기할 (보다 정확히 말하자면 밝힐) 참이었다. 나는 그중 어떤 것도 포기할 생각이 없었기 때문에 그가 어떤 파트너와 일하게 될지를 일찌감치 알려주는 것이 옳다고 생각했다. 하지만 마티는 소소한 일에 연연하는 사람이 아니었다. 그는 큰 그림을 보는 사람이었고 그가 관심을 두는 것은 단 하나, 회사의 발전이었다. 그는 내 사생활에는 전혀 관심이 없었지만 내가 매일 얼마나 열심히 일하고 있는지에 대해 얘기할 때는 매우 집중했다. 그는 자신의 부인 역시 요가를 한다고 얘기했고, 나는 그가 캘리포니아에 살고 있으니 나 같은 부류의 사람들을 무수히 볼 수밖에 없겠거니 생각했다. 마티와 나는 악수를 하고 각자의 집으로 향했다. 그 때만 해도 나는 내가 개인적으로나 직업적으로 이 사람에게서 얼마나 많은 것을 배우게 될지를 전혀 알지 못했다.

47

우주와의 합일이 아니라 합병

지난 경험으로 나는 삶이 언제 어디로 나를 불시에 밀어 넣을지는 전혀 알 수 없다는 사실을 알게 되었다. 그리고 실제로 그것은 내 소관이 아니었다. 내 일은 그저 끊임없이 내맡기고 내게 주어진 일만 열심히 하는 것이었다. 시네틱과의 합병제안건을 논의하기 위해 개최된 메디컬매니저 코퍼레이션의 이사회를 내가 의장으로서 주관하게 된 날이 바로 그런 날이었다.

메디컬매니저의 이사회는 무척 활발하게 운영되었는데, 제너럴 모터스의 전 재무책임자를 포함해 상당수가 재계에서 굉장한 경력을 쌓은 쟁쟁한 인사들이었다. 이사회는 다양한 선택지들을 진지하게 고려했다. 작년 우리 회사의 매출은 1억 4천만 달러였던 반면 시네틱은 7천만 달러에 불과했다. 하지만 시네틱은 웹 포털이 가진 어마어마한 잠재적 가치를 인정받아 시장 가치가 우리를 훌쩍 넘어섰기 때문에 상당히 매력적인 파트너라 할 수 있었다. 결국 이사회는 만장일치로 시네틱의 13억 달러 제안을 수용하기로 결정했다.

물론 나는 10억 달러대의 기업합병에 관여해본 적이 없다. 하지만 뛰어난 능력의 사외 변호인단과 은행가들이 우리를 지원하고 있었고 특히 나에게는 이 거대한 프로젝트를 함께할 사브리나가 있었다. 마티가 합병절차의 속도를 높임에 따라 몇 주 안에 모든 세부사항을 조율해야 했다. 우리는 양측 이사회에 제출하기 위한 최종합의안을 작성하기 위해 밤낮으로 일하여 1999년 5월 17일에 공식적으로 합병을 발표했다.

메디컬매니저 코퍼레이션과 시네틱의 합병은 상당한 반향을 일으켰다. 이 소식은 그날 저녁 CNN의 주요 비즈니스 뉴스였고 다음날 월스트리트저널에서도 주요 기사로 다루어졌다. 메디컬매니저 코퍼레이션의 이름을 그대로 유지한 새 회사에서 존 캉과 나는 공동 CEO이자 이사회 이사로, 마티는 이사회 의장으로 취임했다. 나는 비록 사원에서 살면서 거리 하나만 건너서 출근하는 이전의 생활을 계속 이어갔지만, 나의 세계는 즉시 확장됐다. 이제 내 책임은 원무관리 비즈니스를 넘어 마티의 팀이 담당하고 있던 모든 영역으로 확대되었다. 사실 이것이야말로 합병이 가져다준 가장 짜릿한 부분이었다. 이제 나는 세계 최고 수준의 경영진과 한 팀이 되어 일할 수 있게 된 것이다. 마티는 자기 주변에 최고 중에서도 최고의 사람들만을 두었기 때문에 그런 사람들과 함께 일할 수 있다는 것은 대단히 영광스러운 일이었다.

알고 보니 시네틱의 주요 경쟁자는 우리의 오랜 친구인 웹엠디와 헬시온이었다. 당시 두 회사 역시 합병한 상태였는데 덕분에 의료서비스 인터넷 포탈 시장의 경쟁은 더욱 치열해졌다. 우리에게는 그야말로 분초를 다투는 질문만이 남아 있었다. ― 헬시온/웹엠디가 시장의 자금을 다 끌어들이기 전에 매우 정교한 수준의 웹 결과물을 구축할 만한 시간이 우리에게 있는가?

이 질문에 대한 대답은 2000년 1월 25일, 시네틱과 합병한 지 딱 6개월이 지났을 때 나왔다. 헬시온/웹엠디가 업계 최대 규모의 청구서 처리센터(claims clearinghouse)인 엔보이Envoy를 25억 달러에 인수한 것이다. 헬시온/웹엠디는 적자가 어마어마한 웹 신생기업인 반면 엔보이는 의료거래 처리센터로서 매우 큰 수익을 올리고 있는 탄탄한 기업이었기 때문에 이 둘의 합병 소식은 상당히 허를 찌르는 것이었다. 상황이 이렇게 되면 우리가 지금처럼 동등한 위치에서 경쟁하지 못하리란 것은 불 보듯 뻔했다. 메디컬매니저는 1년에 수억 건에 달하는 고객청구서를 전부 엔보이에 보내 처리하고 있었는데, 그 중요한 청구센터가 이제 우리 경쟁자의 손에 들어간다는 뜻이기 때문이다. 내가 더 이상 책임자가 아니라는 사실에 매우 기뻤던 적이 몇 번 있는데, 2000년 1월 말이 바로 그중 하나였다.

48

로마를 하루아침에 이루다

마티는 침착하고 차분한 태도로 이사회를 주재했다. 실제로 그는 평소보다 훨씬 더 예리해 보였다. 알고 보니 그는 좋은 기회를 살리는 것만큼이나 불리한 상황을 타계하는 데도 일가견이 있는 사람이었다. 그는 이사회와 함께 현재 선택할 수 있는 옵션들을 두루 살펴본 뒤 헬시온/웹엠디와 적정 수준에서 합병할 수 있도록 협상을 진행하는 것이 최선의 선택이라고 결론 내렸다. '이길 수 없으면 함께하라'는 잠언의 전형적인 상황이었다. 문제는 헬시온/웹엠디의 기반이 아주 약하다는 사실을 우리 모두가 잘 알고 있었다는 것이다. 헬시온/웹엠디는 오직 미래의 성과에 대한 기대만을 근거로 세워진 기업임에도 시장은 그 가치를 70억 달러로 추산했다. 불행하게도 그나마 우리가 성공할 수 있는 가장 유력한 길은, 이 기업과 합병하여 그 모든 잠재력을 현실로 만들 수 있도록 죽어라 일하는 것이었다.

믿기 힘들겠지만 메디컬매니저 코퍼레이션은 엔보이 인수 소식을 들은 지 3주 만에 헬시온/웹엠디와의 합병을 발표했다. 2000년 2월 14일, 밸런타인데이 때였다. 합병으로 인해 메디컬 매니저 코퍼레이션의 가치는 35억 달러로 평가되었고 월스트 리트는 이것을 의료업계 내 두 거대기업의 합병으로 묘사했다. 이 소식은 온갖 미디어의 헤드라인을 장식했다. 합병발표 이후 메디컬매니저의 주가는 86달러로 최고점을 찍었다. 3년 전 주 식을 처음 상장을 했을 때의 가격이 17.6달러였음을 감안한다 면 굉장한 발전이었다.

하지만 기쁨은 오래가지 않았다. 합병을 발표한 지 몇 주 만 에 그 악명 높은 인터넷 버블이 터지기 시작한 것이다. 아직 협 상이 마무리되지도 않았건만 2000년 4월이 되자 헬시온/웹엠 디의 기업가치는 70퍼센트가 폭락하고 말았다. 합병으로 인해 우리의 주식 역시 그들과 연동되어버렸기 때문에 우리 주가도 덩달아 떨어졌다. 가히 재앙이라고 할 만한 상황이었다. 그나마 우리에게 남은 유일한 희망은 회사 전체를 구조조정하는 데 온 힘을 쏟는 것이었다.

그 일은 보통 어려운 일이 아니었다. 웹엠디는 전형적인 인 터넷 기업이었는데 인터넷 버블이 막 터졌으니 말이다. 한때 웹 엠디의 주가는 100달러를 상회했다. 하지만 우리가 협상을 종 결할 즈음에는 17.5달러로 폭락했고 2001년 8월에는 3달러로 추락했다. 대대적인 조치가 필요한 상황이었고, 실제로 우리는 그렇게 했다.

협상 체결 후 한 달 만에 마티는 이사회 의장의 자리에 올랐고 그와 그의 엘리트 팀이 회사를 운영하기 시작했다. 나는 원무서비스부의 CEO 자리를 유지했고 '웹엠디'라는 이름을 그대로 유지한 합병회사의 이사로 이름을 올렸다. 마티는 노련한 기업회생 전문가인 마브 리치를 대대적인 구조조정 기간에 회장으로 임명했다. 회사가 잃는 돈이 1년에 수억 달러에 달했기 때문에 반드시 이 출혈을 멈춰야 했다. 마브는 모든 부서를 대상으로 핵심 역량을 제외한 모든 군더더기를 쳐내기 시작했다. 웹엠디의 핵심 비전과 정합하면서 제 밥값은 빨리 벌기 시작할 수 있는 부문만이 살아남게 될 것이었다.

숨이 턱 막힐 정도의 고강도 업무가 우릴 기다리고 있었지만 개인적으로 나는 이때 정말 많은 것을 배웠다. 나와 한배를 탄 경영진들은 불평불만을 늘어놓는 대신 소매를 걷어붙이고 이 엄청난 난관을 돌파하기 위해 묵묵히 나아갔다. 가라앉는 배를 어떻게든 살리기 위해 그들은 밤낮으로 할 수 있는 모든 일을 했다. 수년간 나는 일이 꼭 자기가 원하는 대로 되어야 직성이 풀리는 내면의 약한 인간으로부터 해방되기 위해 부단히 노력했다. 그리고 지금, 상황은 어느 한 가지도 원하는 대로 흘러가지 않았다. 그럼에도 모든 사람이 숨을 크게 한 번 들이쉬고는 자신에게 주어진 일을 마다하지 않고 해냈다. 그런 현장을 함께 하는 것 자체가 나에게는 놀라운 경험이었고, 덕분에 내면의 힘이 무엇인지를 배운 나는 아주 깊은 수준에서 영원히 다른 사람이 될 수 있었다.

하루는 마브가 내게 웹엠디 인터넷 사이트를 개발 중인 캘리포니아 회사에 같이 가지 않겠냐고 물었다. 우리가 합병한 회사에 주요 자산이라는 것이 있다면 그것은 바로 이 인터넷 사이트였다. 마브는 웹사이트 개발팀을 만날 때 내가 개발전문가 역할을 해주길 바랐다. 회사의 손실 대부분이 인터넷 부문에서 발생했기 때문에 어떻게든 조치를 취해야 하는 상황이었다. 그런데 문제는 이러한 손실에도 불구하고 인터넷 개발팀이 새 웹엠디 경영진에게 어마어마한 월급인상과 복지혜택을 요구한다는 점이었다. 그들은 자기네가 자사의 인터넷 개발 주도권을 통째로 쥐고 있으므로 이 협상에서 우위를 점하고 있다고 생각하고 있었다.

캘리포니아에 도착했을 때 나는 내 앞에 펼쳐진 풍경을 도저히 믿을 수 없었다. 800여 명이 넘는 개발자들이 실리콘밸리의 거대한 개조창고에 바글바글 모여 있었다. 눈길이 닿는 끝에서 끝까지 좁은 칸막이 책상이 빼곡했다. 나는 앨라추아에 있는 우리 회사의 개발팀이 엄청난 사세확장을 이루었다고 생각했었다. 250명 정도의 인원을 두고 그렇게 생각한 것인데, 여기는 그 수의 세 배가 넘는 사람들이 통조림 속의 정어리들처럼 다닥다닥 붙어 있었다.

불행히도 회의는 금세 끝났다. 마브와 나는 개발팀 간부들과 앉아 그들의 요구사항을 들었다. 그들은 요구사항이 세세하게 적힌 제안서를 여러 장 들고 나왔다. 그쪽의 이야기가 끝나자 마브는 우리 측에서 제시할 수 있는 조건을 얘기했다. 딱 한 장 분량으로 요약될 수 있을 만큼 간결하고 짧았다. 개발팀 간부들은 자기들끼리 모여 잠시 얘기를 한 뒤 바로 돌아와 마브에게 최후통첩을 했다. "우리의 요구를 들어주지 않으면 회사를 떠나겠습니다."

나는 마티나 마브 같은 사람들로부터 배울 게 너무 많았기 때문에 완전히 열린 마음으로 그 과정에 임하고 있었다. 내가 그 상황이었으면 우리에게 없어서는 안 될 사람들을 선별하고, 그들의 요구를 싫더라도 꾹 참고 들어주는 것이 순리라고 생각했을 것이다. 하지만 그런 일은 일어나지 않았다. 마브는 몇 분간 조용히 생각을 정리한 뒤 자리에서 일어나더니 내게 함께 나가자고 손짓을 했다. 그는 회의실에서 나와서 곧 개발팀 전체를 넓은 공간으로 불러 모았다. 그리고는 방금 개발팀 간부들이 모두 사임했으니 그들과 함께 나가고 싶은 사람은 당장 결정을 내려야 할 것이라고 통보했다. 그리고 회사에 남고 싶다고 해도 일자리가 보장되는 것은 아니지만 향후 몇 주에 걸쳐 개발 핵심인력이 누구인지를 열심히 파악해보겠노라고 덧붙였다. 그게 끝이었다. 그는 자기 사람 몇 명에게 이 대대적인 퇴사 처리 절차를 맡겼고, 우리는 그곳을 떠났다.

마브가 이 일과 관련하여 내게 한 말은 딱 한 가지였다. 사람들이 당신을 인질로 붙잡게 내버려두면 그들은 분명 당신으로 하여금 최악의 결정을 내리게끔 만들 것이고, 그러면 당신은 진다. 차라리 대놓고 맞서서 적어도 내 운명은 내가 알아서 하는 편이 낫다는 것이었다. 바로 몇 달 후 마티의 고위간부들이 웹사이트 개발부서를 뉴욕으로 옮겨 40명도 채 안 되는 개발자로 새롭게 팀을 꾸리게 되리라는 사실을 누가 믿을 수 있었겠는가? 새롭게 만든 바로 그 웹사이트는 웹엠디의 미래 전체를 지탱하는 기반이 되었다.

나는 무엇 하나 쉽지 않은 이 강렬한 비즈니스 경험 하나하나가 나의 영적 성장에 무척 큰 도움이 된다는 사실을 거듭거듭 깨닫고 있었다. 나는 내 안에서 어떠한 불편함이 올라오든 그저 끊임없이 놓아 보냈고, 그렇게 하다 보면 결국 영적 에너지의 흐름은 훨씬 더 강해졌다. 이렇게 강해진 힘 덕분에 나는 삶이 가져온 다음번의 성장 경험을 잘 받아들일 수 있었다. 마브의 구조조정 팀이 마침내 내 부서를 정조준하여 실사했을 때 일어난 일 말이다.

당시 우리 부서의 명칭이었던 메디컬매니저 원무서비스부

는 웹엠디 산하 부서 중 규모가 가장 큰 축에 속했다. 직원 수만 거의 2천 명에 달했기 때문에 비용절감이라는 칼을 들이대기에 안성맞춤이었다. 이 사실을 염두에 두고 마브는 구조조정 팀과 함께 앨라추아로 내려와 이틀 동안 회의를 진행했다. 첫째 날은 우리의 비즈니스 계획과 미래 비전을 프레젠테이션하는 데 모두 할애되었다. 다행히 우리는 마브에게 수익성이 상당히 괜찮은 기존 제품라인과 미래를 위한 차세대 제품 및 서비스를 자신 있게 소개할 수 있었다. 사브리나가 회사의 발전상에 대해 발표하면서 연간수익이 수십만 달러 수준이었던 메디컬매니저 네트워크서비스가 고작 3년 만에 5천만 달러 규모로 급성장했다는 사실을 말해준 것도 확실히 나쁘지 않았다.

우리에게 무슨 일이 벌어졌는지를 제대로 실감한 것은 바로 이 프레젠테이션을 듣던 중이었다. 존 캉과 나는 메디컬매니저가 헬시온이나 웹엠디와 같은 인터넷 기업의 어마어마한 잠재력 앞에서 뒤처지지 않게 하려고 다양한 노력을 기울여왔다. 동시에 사브리나와 나는 엔보이나 다른 청구센터가 우리의 네트워크서비스 비전을 구현시킬 수 있을 만큼 진화해갈 길을 찾고자 애를 써왔다. 그 결과, 우리 앞을 가로막는 그 모든 부정적인 문제들에도 불구하고 펼쳐지게 된 실상은 놀라웠다. 현재의 소란이 가라앉고 나면 세 개의 회사, 즉 웹엠디와 헬시온과 엔보이 모두가 우리의 소유가 되는 것이었다. 바로 얼마 전까지만 해도 이런 일이 벌어지리라고는 누구도 상상하지 못했다. 이것은 지금까지 내가 경험해오던 것과 너무도 비슷했다. 상상할 수 없는 일이 실제로 벌어진 것이다.

마브와 그의 팀을 대상으로 한 프레젠테이션은 순조롭게 잘 진행됐다. 종일 회의실 안에는 흥분이 서려 있었다. 하지만 그날 저녁 사무실로 돌아온 뒤 나는 회의실 안의 광경을 보고 큰 충격을 받았다. 메디컬매니저 원무서비스부에 속해 있는 직원 2천 명의 이름 하나하나가 종이로 출력되어 사방에 빼곡히 붙여져 있었기 때문이다. 벽지처럼 붙어 있던 그 이름표들은 다음 날 예정된 일의 전조였다. 리스트에 올라 있는 이름들은 각자 자신의 존재 이유를 증명해야 했다. 나는 경악했다. 특히 최근에 우리는 성장세를 따라가기 위해 충원을 요청했었기 때문에 더욱 그랬다.

그날 밤 집으로 돌아오는 나의 마음은 직원들의 운명에 대한 염려로 가득 차 있었다. 내일은 아주 안 좋은 날이 될 수도 있었다. 동시에 나는 마브가 비용절감을 이뤄내야 하고, 내게는 경영자로서 그를 도울 의무가 있다는 사실 역시 알고 있었다. 이 충돌하는 상황 때문에 내면에 강한 긴장이 서릴 수도 있었다. 하지만 나는 일어나는 현실에 그저 내맡기기로, 그리고 마음을 열고 이 두 가지 상반된 염려 사이에서 균형을 잡기로 마음먹었다. 그날 밤 나는 내 가슴이 제자리로 돌아왔음을 깨닫고 평화를 되찾았다. 내일이 오면 나는 또 내가 할 수 있는 최선을 다할 것이었다.

다음 날 회의실에 들어갔을 때 나는 다시 한 번 눈앞의 광경에 충격을 받았다. 붙어 있던 이름표가 다 사라지고 벽이 원래 상태로 돌아가 있었다. 무슨 일이냐고 묻기도 전에 마브의 직속 부하가 나를 복도로 데리고 나와서 말했다. 자신과 마브가 어젯밤 의논한 결과 이번에는 '유혈사태'를 건너뛰기로 했으니 지금처럼만 잘 일해주면 될 거라는 것이었다. 그는 우리 회사가 여태껏 이뤄온 성취와 미래의 비전이 대단히 인상적이었다고 했다. 이틀씩이나 회의를 할 필요가 없어졌기 때문에 마브는 아침 일찍 비행기로 떠난 상태였다. 그의 팀원들은 짐을 챙기고 우리와 악수를 한 뒤 제 갈 길로 갔다. 관리팀의 다른 사람들이 이름표가 다닥다닥 붙은 그 불길한 벽을 봤는지 어쨌는지는 아직도 모르겠다.

이게 얼마나 보기 드문 상황이었는가를 나는 몇 시간 후 뉴저지 본부의 인사과 대표로부터 전화를 받고 알았다. 그는 완전히 제정신이 아니었다. 그는 내가 대체 무슨 약을 먹었기에 마브가 앨라추아에서 그렇게 딴사람이 되어버렸냐고 농담을 섞어가며 물었다. 아마도 그와 같은 일은 기업 연대기에서도 찾아볼 수 없을 것이라고도 했다. 우리는 모두가 마브의 삶의 목적은 비용절감이라는 사실을 너무나 잘 알고 있었다. 그런 그가 그런 의도를 품고 앨라추아에 왔다가 그냥 가버렸다는 사실은 우리 부서의 뛰어남을 입증하는 것이기도 하지만 관리자로서 그가 얼마나 탁월한 사람인가를 입증하는 것이기도 했다. 2000년에 들면서 메디컬매니저와 나는 무수한 찬사를 받았지만, 내가 그토록 존경했던 사람이 던져준 그 신임표보다 더 값진 것은 없었다.

49

워싱턴 방문기

2000년은 새로운 밀레니엄이 시작되는 해였지만 메디컬매니저의 성공이 절정에 달하면서 세간의 인정과 치하가 돌풍처럼 몰아치던 해이기도 했다. 마법의 양탄자에 막 올라타게 된 나에게 그것은 모두 삶의 완벽한 흐름에 보내는 찬사에 지나지 않았다. 나는 세상의 인정을 좇지 않았다. 그저 삶의 바람에 몸을 맡긴 채 내가 어디로 날아가는지를 지켜볼 뿐이었다.

그해 3월, 나는 메디컬매니저 이사회의 전임 이사였던 레이 커즈와일Ray Kurzweil의 초대로 백악관에서 열리는 명예훈장 수여식에 초청받았다. 그는 테크놀로지 부문 수상자였다. 레이 커즈와일은 굵직한 발명들을 세상에 많이 내놓았는데, 그중 대표적인 것이 전자건반으로 그랜드피아노나 진짜 악기 소리를 낼 수 있게 만든 마이크로칩이다. 그는 또한 언어인식 소프트웨어의 아버지 중 한 사람이라는 평을 받고 있다. 레이는 메디컬매니저 코퍼레이션의 이사회에, 나는 커즈와일 에듀케이션시스템Kurzweil Education System의 이사회에 재직하면서 우리는 좋은 친구가 되었다. 그가 동양철학에 지대한 관심을 보이며 직접 사원으로 내려와 우리와 함께 생활한 것도 여러 번이었다. 백악관에 가려면 내 평소 옷차림과는 너무나 거리가 먼 턱시도를 입어야만 했지만, 그 영광스러운 자리에 레이와 함께 참석할 수 있다니 무척 기대가 됐다.

다른 사람들과 마찬가지로 나 역시 관광객으로서 백악관을 구경한 적은 있어도 대통령의 손님 자격으로 초대받은 적은 없었다. 수여식 후에 칵테일파티가 열렸고, 참석자들은 1층에 있는 방들을 자유롭게 돌아다니며 담소를 나누었다. 나는 워싱턴 기념탑이 보이는 그린룸의 창문을 내다보며 얼마나 많은 대통령이 이 풍경을 눈에 담고 지나갔을지를 상상해봤다. 방방마다 놓인 고색창연한 의자에 실제로 엉덩이를 대고 앉는 것만도 적응하기가 어려웠지만, 대화를 나누게 된 사람들마다 모 과학 분야의 명예훈장 수상자들이라는 사실을 깨닫고는 깜짝깜짝 놀랐다. 사람들과 얘기하고 있는데 클린턴 대통령이 불쑥 끼어들기도 하고, 심지어 스티비 원더를 복도에서 마주치기도 했다. 아무튼 그것은 '내가 여기서 뭐하고 있는 거지?' 싶은, 실감 나지 않는 순간들 중의 하나였다. 나는 명상을 하려고 숲으로 들어간 요가수행자다. 그리고 삶의 흐름에 자신을 내맡겼을 뿐인데 어쩌다가 이런 자리에까지 오게 됐다. 믿을 수가 없었다.

그해에 워싱턴을 방문할 일이 또 한 번 생겼다. 바로 다음 달에 스미스소니언협회 아카이브에 메디컬매니저가 등재되면서 나는 회사 대표로서 다시 워싱턴으로 날아갔다. 스미스소니언은 미래 세대를 위해 정보테크놀로지 혁명을 기록으로 남겨두는 작업을 하고 있었다. 우리가 지금 산업혁명시대를 돌아보며 놀라움을 금치 못하는 것처럼, 언젠가 미래의 사람들도 컴퓨터 혁명으로 인간의 생활방식이 완전히 바뀌게 된 이 시대에 매료될 것이다. 세계적인 IT회사의 CEO들로 구성된 패널이 매년 각 분야에서 탁월한 성과를 이룬 기업들을 찾는데, 메디컬매니저는 2000년에 그중 하나로 선발되어 회사의 역사가 타임캡슐로 보존되게 되는 영광을 누렸다. 본 행사 전야에 대규모 연회가 열리고, 다음 날 박물관에서 본 행사가 개최되었다. 나는 도나와 더가를 포함해 나와 오랫동안 일한 직원들 몇 명과 함께 그 자리에 참석했다. 20년 전 숲 속의 가로세로 3.5미터짜리 단칸방에 앉아 혼자서 프로그램을 짜던 내 모습이 떠올랐다. 그때 그 프로그램이 스미스소니언까지 오게 될 줄을 누가 상상이나 할 수 있었을까.

나는 2000년 8월, 다시 한 번 워싱턴으로 아주 중요한 출장을 오게 된다. 사법부(DOJ)와의 회의에 회사 대표로 참석해달라는 요청을 받았기 때문이다. 합병의 규모가 클 경우 미 정부는 해당 합병이 반독점법에 위배되거나 경쟁을 왜곡시키는 것은 아닌지를 심사할 권리가 있다. 정부는 헬시온/웹엠디-메디컬매니저 합병 건에 대해 아주 상세한 정보 및 직접면대 회의를 요구했다. 메디컬매니저 네트워크서비스가 엔보이에 보내는 청구서가 워낙 많아서 정부가 이 둘이 같은 회사로 엮이는 것을 허용해야 할지에 대해 우려를 표한 것이다. 내막을 알게 된 순간 내 안에서 올라온 것은 깊은 겸양의 마음이었다. 메디컬매니저가 그토록 크게 성공하여 내가 경영대학에서 공부했던 바로 그 반독점법 때문에 미국 정부가 염려해야 하게 되었단 말인가? 아니, 실제로는 그렇지 않았다. 하지만 우리는 그 사실을 정부 측에 확신시켜줘야만 했다.

사브리나와 나는 워싱턴으로 날아가 사법부 회의를 준비했다. 내 삶이 점점 더 많은 변호사들로 둘러싸이고 있음을 알아채기 시작한 게 바로 그즈음이었다. 우리는 워싱턴에서 규모가 가장 큰 축에 속하는 로펌에서 전략회의를 가졌다. 사방이 변호사들로 가득했지만 그중에서도 언제나 발군의 실력으로 눈에 띄는 사람이 한 명 있었다. 짐 머서였다. 마티의 소송전문가였던 그는 법과 비즈니스 양쪽에 대한 이해가 놀라울 정도로 탁월했다. 나는 이미 짐을 전적으로 신뢰하고 존경하고 있었기 때문에 그가 사법부 회의에 동석한다는 사실에 마음이 놓였다.

당연히 나는 여태껏 사법부와 엮인 적이 없었다. 거대한 변호사 군단에 둘러싸여 사법부 빌딩으로 들어가는 경험은 내가 일상적으로 겪는 일이 아니었다. 어쨌든, 강도 높은 질의시간이 몇 시간 동안 이어진 끝에 사브리나와 나는 정부 측의 우려를 만족스럽게 씻어줄 수 있었다. 모든 상황을 고려해볼 때 합병이 어떠한 반독점법 문제도 일으키지 않을 것이라는 결론이 내려졌다. 힘든 시련의 시간이 끝난 후 모두가 한숨 돌리며 안도하기는 했으나, 사실 이 경험은 내게 무척 중요한 것을 가르쳐주었다.

권력의 정점에 있는 사람들을 만나고, 그들과 이런저런 상황을 겪었던 일은 내가 그토록 부지런히 지켜본 내 정신에 심오한 영향을 끼쳤다. 나는 이렇게 화려한 생활방식에 노출된 적이 한 번도 없었다. 그런 삶에 들뜨거나 욕심이 생기는 마음은 전혀 없었지만, 덕분에 이런 상황이 아니었다면 존재하는지도 몰랐을 내 안의 모습들을 다룰 수 있게 되었다. 유약함이나 두려움이나 불안이 조금이라도 올라오면 나는 나를 지켜보는 자리로 깊숙이 이완해 들어갔다. 그리고 올라오는 것이 무엇이든 그저 계속 내려놓았다. 이 자리에 나를 데려다놓은 것은 삶이었고, 나는 그 모든 상황을 나를 내려놓기 위한 기회로 활용했다. 효과는 확연했다. 나는 아주 긍정적이거나 아주 부정적인 상황으로 끊임없이 몰렸지만 내 상태는 점점 더 명료하고 고요해졌다. 삶이 나를 더 큰 도전거리 속으로 밀어 넣을수록 내면의 에너지 흐름은 외부적인 조건에 영향을 덜 받는 것 같았다. 여러 해에 걸친 명상 정진으로도 없애지 못한 것들이 삶이 가져다주는 도전적인 상황들 덕분에 내 안에서 뿌리 뽑히고 있었다. 나로부터 벗어나는 것이 내 유일한 목표인 한, 모든 상황이 소중하고도 알찬 경험이었다. 내게 그것 외의 다른 목표가 있었다면 나는 그 끊임없는 압박 앞에서 숨도 제대로 못 쉬었을 것이다. 하지만 점점 더 강도가 높아지는 도전을 마주하면서도 내 안의 평화는 오히려 깊어지기만 했다. 삶은 날마다 날마다 나를 다듬어 내일의 임무를 수행할 수 있는 사람으로 빚어냈다. 나는 그저 놓아 보내면서 그 과정에 저항하지만 않으면 되었다.

그 후로 몇 년간 메디컬매니저 원무서비스부는 꾸준히 성장하여 재정적 성공의 정점을 달렸다. 직원은 2,300여 명으로 늘어났고 연수입은 3억 달러가 넘었다. 메디컬매니저는 전국에서 설치율이 가장 높은 병원원무 프로그램이었고, 우리는 의료기록을 백 퍼센트 전산화하는 쪽으로 관심을 돌리기 시작했다. 이때는 헤쳐나가야 할 일도 어마어마하게 많았지만 그 덕분에 전례 없는 성공도 거둘 수 있었던 시기였다고 생각한다. 하지만 또다시 극적인 변화를 불러들이는 삶의 문이 열리려 하고 있는 것을 내 어찌 알아차릴 수 있었겠는가. 그런데 이번에 그 문이 열렸을 때, 그것은 나로 하여금 사람을 변성시키는 성장의 경험이란 것이 무엇인지를 완전히 새롭게 정의하게 만들 것이었다.

338

9부

완전한 내맡김

50

급습

그날은 2003년 9월 3일 수요일이었다. 내가 정확한 날짜를 기억하는 이유는 당시에 매주 수요일 오전에는 게인즈빌에 있는 챈스 박사를 만나 건강관리를 받았기 때문이다. 진료가 끝난 후 나는 앨라추아 R&D 센터의 상주변호사인 리사 엘리엇에게서 음성메시지가 온 것을 발견했다. 그녀가 아주 중요한 일이라고 했기 때문에 나는 주차장에서 바로 전화를 걸었다. 그녀의 핸드폰으로 전화를 걸자 리사는 내 목소리를 듣고 안도의 한숨을 내쉬었다. 평소와 달리 목소리가 긴장되어 있었기 때문에 나는 뭔가가 단단히 잘못되었다는 것을 감지했다. 그녀는 회사에 FBI 요원들이 와서 나를 만나고 싶어하니 지금 당장 회사로 들어오라고 말했다. 그 얘기를 듣고 제일 처음 머리에 떠오른 것은 몇 년 전 센터를 찾아와 옛날 직원을 찾던 연방보안관이었다. 나는 리사에게 그들이 사람을 찾고 있더냐고 물었다. "아니,

연방보안관이 아니라 '진짜' FBI가 와 있다고요. FBI 요원만 열두 명에서 열다섯 명 정도에 보안관부서 사람들도 있고요, 센터 전체가 마비상태예요. 이 사람들이 전화선이며 컴퓨터 전원을 다 내려버렸어요. 이건 대대적인 급습이에요. 지금 머리 위에는 헬리콥터가 날아다니고, 무장한 요원들이 지나다니고, 수색영장도 발급됐어요. 지금 당장 회사로 나오셔야 해요!"

나는 리사가 하는 말을 분명히 들었고 말 속에 담긴 다급함 역시 확연히 느꼈다. 하지만 상황이 너무 어이가 없다 보니 도대체 실감이 나질 않았다. 이 사람들이 혹시 주소를 잘못 알았나 싶을 정도였다. 아마 그래서 내가 별로 동요하지 않았던 것 같다. 실제로 나는 리사의 말을 들으며 FBI 요원들 앞에서 그들의 실수를 밝혀내면 상당히 짜릿하겠다는 생각마저 했다. 나는 리사에게 도대체 무슨 일이냐고 물었다. 왜 FBI가 회사에 왔죠? 그녀는 전혀 영문을 모르겠지만 분명히 탬파에 있는 사무실과 뉴저지에 있는 본부에서도 똑같은 일이 벌어지고 있는 것 같다고 말했다. 그녀는 법무자문위원인 찰리 밀에게도 계속 전화를 걸었지만 연결되지 않았다고 했다. 회사 전체 통신망이 끊긴 모양이었다. 나는 지금 당장 회사로 가겠다고 말하고 전화를 끊었다.

사무실로 운전해 돌아가는 그 20분 동안 나는 뭔가를 알 수도 있겠다 싶은 사람들에게 모두 전화를 돌렸다. 하지만 여전히 무슨 일인지 짐작도 하지 못한 채로 나는 R&D 센터에 도착했다. 진입로는 보안부서 차량들이 완전히 막고 있었고 경찰은 출근하는 직원들을 그대로 돌려보내고 있었다. 나는 경찰이 있는 쪽에 차를 세우고 신분을 밝혔다. 그는 무전기로 어딘가에 연락을 하더니 즉시 옆 사람들에게 나를 통과시키라는 신호를 보냈다. 구불구불 길게 이어진 아름다운 목초지를 운전하며 가다 보니 사방에 경찰차가 깔려 있었다. 1동에 도착하자 길이만 12미터에 달하는 보안관 이동지휘사령부가 주차장에 주차되어 있었다. 당시 사옥은 총 다섯 동이었는데 건물 하나하나에 FBI와 보안부서 사람들이 배치돼 있었다. 그리고 아닌 게 아니라 정말로 헬리콥터 두 대가 머리 위에서 굉음을 내며 날아다니고 있었다. 아마 매스컴 보도를 위한 것이었나 싶다.

나는 평소의 내 자리에다 차를 주차하고 건물 안으로 들어갔다. 건물 안은 경찰 병력들로 가득했다. 네다섯 명의 요원들이 내게 다가오더니 나를 뒤쪽 회의실로 데려갔다. 그날 내가 지낼 곳이었다. 나는 상주변호사인 리사의 동석을 요청했고 사람들이 그녀를 방으로 데려왔다. 요원들은 자신들이 FBI와 재무부에서 나왔노라고 소개했다. 그들은 매우 전문적이고 사무적이었다. 요원들은 리사가 이미 검토한 수색영장을 내게 보여주며 이제 센터 전체가 자신들의 통제하에 있다고 알려주었다. 영장에 명시된 범주에 속하는 것이라면 그들은 그 어떤 서류도 물건도 다 압수할 권한이 있었다. 그들은 내게 영장을 받았음을 확인하는 서류에 사인해달라고 했다. 나는 리사를 흘긋 봤고 그녀는 내가 서명을 해야 한다는 뜻으로 고개를 끄덕였다. 나는 어떻게 대처해야 할지 전혀 감이 잡히지 않았다. 나는 완전히 어리둥절한 상태였다. 이런 일은 영화에서만 봤던 장면인데 영화를 본 것이 딱히 도움이 될 것 같지도 않았다.

나는 담당 요원들에게 지금 무슨 일이 벌어지고 있는지 내가 이해할 수 있게 도와달라고 부탁했다. 그들은 많은 것을 말하지는 않았지만 핵심적인 수사대상이라고 말한 서른 명의 명단을 내게 보여주었다. 메디컬매니저 코퍼레이션의 경영진 전체를 포함해 마티, 변호사인 짐 머서, 그리고 웹엠디 회계부서의 최고책임자 몇 명이 리스트에 올라와 있었다. 그 명단을 훑어볼 때 아마 내 입은 놀라서 딱 벌어져 있었을 것이다. 하지만 메디컬매니저 코퍼레이션의 회계업무를 담당하던, 업계에서 명성이 자자한 공인회계법인의 수석회계감사관처럼 나를 진짜 혼란스럽게 만든 이름들도 몇 명 있었다. 나는 모든 사실을 매우 침착하게 받아들였지만 내 마음은 이 모든 일의 배후를 설명해줄 단서를 찾기 위해 계속 머리를 굴리고 있었다.

그런데 딱 하나의 이름이 처음으로 내 주의를 사로잡았다. 바로 팻 세드라세크였다. 명단에 있는 다른 사람들과는 달리 이 사람은 경영진도, 법무팀 소속도, 회계과 소속도 아니었다. 팻은 대리점 계약부서 직원이었는데 당시 이 부서 책임자는 인수

부문 부사장이었던 바비 데이비즈였다. 바비는 1997년 기업공개 때 최고운영책임자인 존 세션스와 영업부 부사장인 데이비드 와드와 함께 입사했다. 직원이 2,300명이나 되는 만큼 보통의 경우였다면 팻의 이름을 바로 알아보지 못했을 것이다. 하지만 그는 일부 대리점으로부터 뇌물을 받은 혐의로 우리가 조사를 하고 있는 중이었다. 2002년 후반에 시작된 조사는 2003년 초에는 바비 데이비즈와 두어 명의 다른 직원들로 범위가 확대되었다. 이 조사는 웹엠디의 기업변호사들이 외부 변호인단의 도움을 받아 진행하고 있는 중이었다. 우리는 이미 관련자들을 해고했고 탐파 법원에 이들을 고소하여 영장을 확보하고 바비와 팻의 자산을 동결한 상태였다.

수사가 진행될수록 바비와 팻, 혹은 그 둘 중 하나가 대리점으로부터 뇌물을 수수한 정황이 계속 밝혀졌다. 영장을 발부받아 그들의 은행계좌를 조사한 결과 바비가 아주 정교한 위장회사 네트워크를 활용하여 돈을 착복해왔다는 사실이 드러났다. 수사관들은 은행계좌의 자금 흐름을 추적하여 누가 금전거래에 연루되었는지를 밝혀냈다. 팻은 이미 협조하기 시작했고, 그 일행의 우두머리가 바비 데이비즈란 사실은 너무도 명백했다. 급습이 있었을 즈음 우리는 수백만 달러의 돈을 추적한 상태였고 수사는 여전히 진행 중이었다. 팻과 바비의 이름이 명단에 올라 있고 수백 건 이상의 대리점 계약 역시 수색영장에 있었으므로 이번 급습은 어떻게든 바비의 일과 관련돼 있을 가능성이 높았다. 하지만 그의 뇌물수수사건에 연루된 사람은 고작 네다섯 명에 지나지 않고 해당 사건에 대한 수사는 공개적으로 진행되고 있었다. 왜 정부는 수사담당 변호사에게 그냥 물어보지 않았을까? 어떤 자료든 얼마든지 쉽게 확보할 수 있는데 왜 굳이 앨라추아와 탐파와 뉴저지를 이렇게 급습한 것일까?

마침내 웹엠디의 법무자문위원인 찰리와 전화가 연결되었다. 그는 뉴저지의 웹엠디 본부 역시 FBI의 급습을 받았다고 확인해주면서 자신도 나만큼이나 무슨 영문인지를 전혀 모르겠다고 했다. 그 역시 바비 데이비즈가 연루된 불법행위와 관련된 게 아니겠느냐고 추측했다. 우리는 바비가 자신의 뇌물사건에 모든 경영진이 연루되었다고 거짓증언을 함으로써 정부와 타협을 시도했을 가능성에 대해 논의했다. 하지만 만일 그렇다 해도 그의 이야기가 먹힐 가능성은 없어 보였다. 우리가 확보한 그의 은행계좌며 말소수표 등, 증거가 너무 확실했기 때문이다. 찰리는 며칠 내로 어떤 상황인지를 좀더 정확하게 알 수 있게 될 거라고 말했다. 그때까지는 요원들의 요청에 전적으로 협조해야 했다.

완벽한 평화가 내려왔고 종일 거의 그 상태가 지속되었다. 아주 두터운 담요가 내 몸을 둘러싸고 보호하는 듯이 느껴졌다. 나는 잘못한 일이 전혀 없었고 따라서 그들은 아무것도 발견하

346

지 못할 것이었다. 만일 바비가 재앙만은 면해보고자 하는 마음에 거짓말을 해서 이런 일이 벌어진 것이라면 명확한 증거가 진실을 명명백백 밝혀줄 터였다. 나는 이 흔치 않은 경험을 온전히 받아들일 수 있을 만큼 충분히 깨어 있고 싶었다. 분명한 이유 하나 없이 FBI가 대뜸 나타나 남의 공간을 급습하는 일은 일상적으로 벌어지는 상황은 아니니 말이다.

내가 알게 된 바로는 전국적으로 50명이 넘는 정부 측 요원들이 급습에 동원되었다. 그들이 철수하기까지는 꼬박 하루가 걸렸고 그들은 그야말로 거의 모든 것을 들고 현장을 떠났다. 그들은 내 책상 위에 있던 종이 한 장까지도 모두 수거해갔다. 내 파일 캐비닛은 물론이고 비서인 샌디 플럼의 캐비닛 역시 싹 비워졌다. 리사의 사무실에 있던 법률문서와 법률문서보관실에 있던 서류도 모두 사라졌다. 내가 회의실로 쓰던 방의 테이블 위에는 사업경영에 적극적으로 활용되던 서류가 폴더 채로 쌓여 있곤 했다. 하지만 그것들 모두 복구의 기약 없이 완전히 사라져버리고 말았다. 우리가 뺏긴 것은 서류뿐만이 아니었다. 요원들은 직원들의 데스크탑과 서버 등 회사 내 모든 컴퓨터 디스크 드라이브의 내용을 통째로 복사해갔다.

그날은 딱히 내가 할 수 있는 일이 별로 없었다. 그래서 나는 삶이 불쑥 던져준 이 과격한 상황을 온전히 편안하게 받아들이는 작업을 하며 시간을 보냈다. 내게 왜 이런 일이 일어났으며 앞으로 어떻게 될 것인지에 대해 생각할 이유는 정말 없었다. 무슨 일이 벌어지고 있는지를 전혀 모르는 상태에서 그런 것에 대해 생각해봤자 별 도움이 안 될 게 뻔했다. 대신 그 시간에 나는 머릿속의 목소리가 무슨 말을 하든 모두 놓아 보내고 마음이 불안해질 때마다 깊이 이완했다. 이 상황에서 내맡김은 내가 하고 말고를 선택할 수 있는 것이 아니라 내가 할 수 있는 유일하게 온당한 일이었다.

그날 저녁 집으로 돌아가기 전에 나는 책임 요원들을 만났다. 나는 그들의 친절에 감사를 전하고, 더 나은 상황에서 만났으면 좋았을 것이라고 말했다. 내가 보는 그들은 그저 최선을 다해 자기 일을 하는 사람들이었다. 이 상황은 절대 그들의 잘못이 아니었다.

2003년 9월 3일, 하루해가 가는 동안 정부는 총 120만 건의 이메일, 서류 300만 장이 담긴 종이박스 1,500개, 83만 개의 컴퓨터 파일을 압수했다. 분명 그날은 불명예스러운 하루였다.

51

변호사, 변호사, 더 많은 변호사

다음 날 아침, 나는 내 인생이 한동안 어떻게 될 것인지를 잠시나마 엿볼 수 있었다. 〈게인즈빌 선Gainesville Sun〉지의 헤드라인은 이러했다. "FBI가 앨라추아 메디컬매니저 사무실을 급습하다." 그 아래에는 내 사진과 함께 다음과 같은 소제목의 기사가 실려 있었다. "월스트리트, 정오 직전에 웹엠디 주식거래를 중지시키다." 나는 내가 아무런 잘못도 하지 않았고 그 급습의 목적이 무엇이었는지조차 모른다고 해서 상황이 달라지지 않는다는 것을 알았다. 나는 어차피 헤드라인 뉴스감이었다. 나는 한 번도 공개적으로 망신을 당한 적이 없었기 때문에 이번에는 확실히 마음이 흔들렸다. 머릿속의 목소리는 이 일이 나하고는 전혀 관련이 없다는 것을 계속해서 설명하고 싶어했다. 물론, 내가 하는 말을 듣고 싶어하는 사람도 없지는 않았다. 월스트리트저널과 뉴욕타임즈를 비롯해 전국의 모든 매체들이 나에게서 한마디라도 듣기 위해 연락해왔다.

다행히 나는 그보다는 잘 알았다. 그 오랜 세월을 머릿속의 목소리를 잠재우는 데 바친 사람으로서 나는 목소리의 말에 귀 기울이는 것은 불난 집에 부채질하는 것과 별다를 바 없다는 사실을 배웠다. 그저 편안히 이완하면서 나를 변호하고 싶은 그 강렬한 욕구가 지나가도록 놓아 보내는 것이야말로 내가 아는 가장 강력한 방법이었다. 나는 아주 불가피한 경우에만 그 문제에 대해 얘기하기로 다짐했다. 그 외에는 평소처럼 내 일을 할 생각이었다. 나는 아무 잘못도 하지 않았는데 왜 내가 이 일에 영향을 받아야 하는가? 시간이 지나면 일은 저절로 해결되리니, 그동안 나는 내면 깊은 곳에 자리한 그 큰 기쁨과 평화가 어떤 식으로든 영향받지 않도록 깨어 있을 참이었다. 언제나 내 발목을 잡던 그 겁 많은 인물이 내 안에 얼마나 남아 있든 간에 나는 이 모든 상황을 활용해 그로부터 완전히 해방되리라고 굳게 결심했다. 어떤 대가를 치르더라도 나로부터 해방되는 것, 이것이 내 여정의 전부였다.

우리는 다음 날 아침 일찍 사내변호사들과 전화회의를 했다. 어제 벌어진 일에 대해 정확히 알고 있는 사람은 아무도 없었다. 어찌 됐건 회사 차원에서 가장 먼저 해야 할 일은 변호사 선임이었다. 단순히 변호사 '몇 명' 정도가 아니었다. 회사와 이사회에 각각 다른 로펌이 붙어야 했고, 명단에 이름이 올라간 모든 사람이 형법전문변호사를 고용해야 했다. 사내변호사들이 이 상황을 대단히 심각하게 받아들이고 있다는 게 느껴졌다. 그들은 내가 먼지 하나 없이 깨끗한 사람일지라도 아무 소용 없다면서 이 정도 규모의 급습은 큰 문제를 암시하는 것이기 때문에 모든 사람에게 법률대리인이 필요하다고 했다. 그렇다면 적어도 스무 명의 변호사가 필요하다는 말이었다. 하지만 곧 그것만으로는 충분치 않다는 사실을 알게 됐다. 조사 당국이 사우스캐롤라이나 찰스턴의 미연방지방검찰청이었기 때문에 고위 간부들은 사우스캐롤라이나 주州 자격증을 가진 변호사 역시 선임해야 했다. 그러니 우리는 변호사만 도합 30명에서 40명에, 회사를 대변할 두 개의 로펌을 고용해야 하는 셈이었다. 전날 있었던 급습에 놀라지 않았더라면 나 자신을 변호한다는 것이 이렇게 큰일이라는 사실에 분명 깜짝 놀랐을 것이다.

내가 갑작스럽게 이런 상황으로 몰린 것이 도무지 실감 나지 않았다. 나는 범죄에 대해 아무것도 몰랐다. 그 주제에 대해서는 생각해본 적조차 없었다. 그래서인지 나는 내가 얼마나 큰 위험에 처해질 수 있는지에 매우 무지했다. 만일 나 혼자였더라면 나는 아무 잘못도 안 했으니 내 발로 찾아가서 당국에 직접 말해야겠다고 생각했을 것이다. 다행히도 내 주위에는 실력 좋은 사업가들이 많았다. 그들은 변호사와 상의하여 상황을 파악하기 전까지는 어떤 일도 해서는 안 된다고 내게 조언했다. 사건이 진행되면서 나는 그 조언이 얼마나 현명한지를 확실히 알게 되었다.

그로부터 몇 주 후 웹엠디 이사회는 회사를 대변할 로펌으로 윌리엄스&코놀리를 선택했다. 워싱턴에서 규모가 가장 큰 회사는 아니었지만 이런 종류의 소송에서는 최고라는 평을 받는 곳이었다. 나는 내가 가장 존경하는 변호사인 짐 머서에게 개인 변호사 선임을 도와달라고 부탁했다. 나는 신참이었고 그는 전문가였다. 참으로 감사하게도 나는 그로부터 많은 도움과 지원을 받았다. 짐은 윌리엄스&코놀리의 변호사 한 명을 내게 소개시켜주었고, 그는 자신이 지금껏 함께 일해본 형법전문변호사 중 가장 명성이 높은 몇 사람을 추려서 내게 알려주었다. 참으로 어려운 결정처럼 보였다. 국내 최고의 형법전문변호사들을 인터뷰하는 법에 대해 내가 알 리가 없었다. 나는 짐의 조언에 따라 그중 몇 명과 예비면담을 갖기 시작했다. 하지만 나는 내가 이 결정 역시 삶의 흐름에 맡길 것이라는 사실을 가슴으로 알고 있었다.

일은 그렇게 전개되어서 나는 나의 유일한 변호사 랜디 터크를 만났다. 랜디는 전국에서 가장 유서 깊고 유명한 법률회사인 베이커보츠의 선임파트너였다. 그의 이력서는 마치 화이트칼라범죄 변호계의 명사인명록 같았다. 허블우주 망원경의 보수와 관련해 미 정부가 휴즈에어크래프트 사에 제기한 4억 달러

규모의 소송부터 위증죄 및 사법방해 혐의로 기소된 레이건 대통령의 백악관 비서실장 마이클 K. 디버까지, 그가 변호한 명사들의 이름은 끝도 없이 이어졌다.

랜디에 대해 내 나름대로 알아보는 와중에 윌리엄스&코놀리의 변호사가 했던 말이 뇌리에 강하게 남았다. 그 변호사는 내가 말총머리를 하고 숲에서 산다는 걸 듣고는 자신이 아는 정상급 피고측 변호사 중에 가장 아방가르드한 사람이 바로 랜디라고 했었다. 그는 나에 대해 들은 이런저런 얘기를 종합해볼 때 랜디와 내가 아주 잘 맞을 것이라고 생각했다.

나는 뉴욕에서 랜디를 처음 만났다. 그는 웹엠디 주주총회로 날아와서 변호사 선임 건을 도와주고 있던 짐 머서와 나를 만났다. 나는 그를 만나자마자 편안함을 느꼈다. 그는 정부의 기소에 대항하는 사람들을 30년 넘게 변호해왔다. 워싱턴에서 활동하고 있는 그는 누가 봐도 성공한 사람이었다. 랜디는 이번 사건과 내 독특한 배경에 흥미가 생긴 모양이었다. 그는 윌리엄스&코놀리 쪽 관계자로부터 알 수 있는 정보는 다 들은 상태였고, 짐과 나는 우리가 아는 것을 얘기했다.

랜디와 내가 만날 즈음 웹엠디는 정부 수사의 초점이 어디에 있는지를 훨씬 더 자세히 파악했다. 예상했듯이 이 모든 일의 배후에는 바비 데이비즈가 있었다. 2003년 초, 은닉 금융계좌에 대한 수색영장이 발부되자 그는 자신이 걸렸다는 사실을 알았을 것이다. 그가 뇌물과 횡령으로 거의 6백만 달러에 달하는 자금을 빼돌렸음을 회사가 알게 되는 것은 그야말로 시간문제였다. 아주 긴 감옥살이가 그를 기다리고 있었다. 하지만 바비는 사기꾼이었고, 그것도 확실히 머리가 좋은 사기꾼이었다. 그랬으니 몇 년 동안 사기행각을 벌이면서도 전혀 걸리지 않고 우리를 속였을 것이다. 2003년 3월, 바비 데이비즈는 자신의 인생을 건 사기를 치기 시작한다. 어떻게 하면 처벌을 피할 수 있을지 머리를 굴린 것이다. 사우스캐롤라이나 주에 살고 있던 그는 찰스턴에 있는 미연방지방검찰청에 제 발로 들어가 자신을 내부고발자로 소개했다. 그는 자신이 공개기업의 대대적인 회계부정에 연루된 중역이라고 연방당국에 말하면서 이 부정의 일부로서 자신과 몇몇 사람이 얼마간 뇌물을 수수한 것은 맞지만 정부가 타협을 약속한다면 윗선 경영진들 전체를 고발하겠다고 나섰다.

그로부터 급습이 있기까지 6개월간, 웹엠디 변호사들이 데이비즈 일당의 사기 건에 대해 공개수사를 진행할 때 바비 데이비즈는 교묘하게 얽힌 거짓말 타래를 정부에 몰래 흘렸다. 사실 데이비즈는 대리점 계약부서 전체를 담당하고 있던 공인회계사였다. 당연히 그는 모든 대리점 계약과 관련 증거자료를 소상하게 파악하고 있었다. 회사와 경영진에 대한 정부의 인식틀을 얼마든지 왜곡시킬 수 있는 사람이었던 것이다. 피카소에 버금가는 솜씨로 그는 텅 빈 캔버스 같은 사람들의 마음에다 하나의 명작을 그려냈다. 그는 그저 나중에 자료로 입증될 수 있는 이야기만 하면 됐다. 자신의 주장을 증명할 구체적인 증거가 전혀 나오지 않을 것임을 그도 알았다. 하지만 특정한 방식으로 일을 처리하라는 명령이 윗선에서 떨어졌다고 말한다면, 그리고 실제로 일이 그렇게 진행되었음을 보여줄 수 있다면, 그의 이야기는 설득력을 얻을 것이었다. 문제는 '명령이 떨어졌다' 부분을 증명할 방법이 없다는 것인데 만일 그가 정부 수사관들에게 앞으로 어떤 자료들을 발견하게 될 것이라고 얘기한다면, 그리고 수사관들이 실제로 그것을 계속 발견하게 된다면 그의 나머지 이야기에 믿음이 생길 것이고 결국 그는 정부의 신뢰를 얻게 될 것이었다. 지식이 힘이라면 바비 데이비즈는 모든 힘을 가진 자였다. 정부와 접촉하던 이 시기에 그는 모든 지식을 가진 자였다.

랜디는 이런 일이 흔치 않게 일어난다고 설명했다. 정부는 먼저 입장을 정한 뒤 그것을 뒷받침하는 증거를 찾으려고 하며, FBI가 급습을 통해 확보한 서류더미로 현재 하고 있는 일이 바로 그것이라고 했다. 랜디는 다만 서류가 그렇게 많을 때는 그쪽이 원하는 방식대로 논리를 만들 수 있는 여지가 언제나 있다는 게 문제라고 했다. 불길한 기운이 감도는 가운데 랜디는 최선을 다해 나를 변호할 것을 약속했고, 우리는 악수를 나누었다. 당시의 나는 그와 내가 앞으로 어떤 여정을 떠나게 될지는 짐작도 못했다. 또한 우리의 우정이 얼마나 깊어질지도 알지 못했다. 내가 아는 것이라곤 이 난장판으로 나를 인도한 삶의 바로 그 흐름이 랜디라는 이 탁월한 변호사 또한 만나게 해주었다는 사실이다. 그 흐름을 따라가는 것이 나의 큰 실험이었고, 이제는 돌이킬 수도 없었다.

52

미국정부 대 마이클 A. 싱어

급습 이후 넉 달이 지났지만 우리는 여전히 아는 바가 거의 없었다. 나는 정부 수사관들이 서류를 모두 검토하고 회사 내 사람들을 인터뷰하다 보면 잘못한 사람은 바비와 그의 일행뿐이라는 사실을 마침내는 깨닫게 되리라고 계속 확신하고 있었다. 우리가 헤드라인에 오르내리는 일도 없어졌고 모든 것이 예전의 일상으로 복귀했다. 랜디는 자기 팀 사람 몇 명을 데리고 한두 번 앨라추아로 내려왔다. 일단 정부가 우리를 어떤 혐의로 기소할지도 몰랐고 1997년부터 2003년까지의 서류 일체가 압수된 상태였기 때문에 딱히 우리 측에서 법적으로 어떤 준비를 하기에는 일렀다. 경영진이 할 수 있는 일이라고는 변호사에게 사업이력 및 개인사에 대해 최신 정보까지 세세하게 알려주는 것밖에 없었다.

랜디는 나의 사우스캐롤라이나 주 담당 변호사로 존 시몬스를 발탁했고, 존은 곧바로 나를 만나러 내려왔다. 나는 그에게서 대단히 깊은 인상을 받았다. 그는 사우스캐롤라이나 주 검사로 재직하다가 현재는 개인사무실을 내고 활동 중인 사람이었다. 우리는 서로 이야기를 나누며 하루를 보냈고, 그는 내가 지금까지 회사며 사원을 어떻게 세우고 이끌어왔는지에 대해 들으면서 현재 벌어지고 있는 일에 점점 더 경악을 금치 못했다. 그는 수사를 지휘하고 있는 검사가 섬세하고 지적인 여성이라면서 개인적으로 친분이 있다고 말했다. 이 일에 연루된 모든 사람들이 그랬듯 존 역시 바비가 어떻게 그 검사를 자신의 세계로 끌어들일 수 있었는지를 의아해했다.

랜디는 이렇게 규모가 큰 화이트칼라 수사는 몇 달이 아니라 몇 년이 걸릴 수도 있다고 말했다. 그에 따르면 정부 수사관들이 서류파악을 모두 끝내고 해당 사건에 대해 논의할 준비가 되기 전까지는 우리 쪽에서 할 수 있는 일이 많지 않았다. 그는 검사와 접촉해서 내가 수사선상의 어느 정도까지 올라가 있는지를 파악해보는 게 좋겠다고 말했고, 그렇게 알아본 결과 충격적이게도 나는 이번 수사의 핵심 타깃 중 한 사람이었다. 랜디는 이 소식에 놀라지 않았다. 정부는 몇몇 사람을 타깃으로 삼는데, 나는 회사의 CEO였으므로 자연스레 용의선상에 오를 수밖에 없다고 했다. 그럼에도 불구하고 나는 그들이 어떤 꼬투리도 잡을 수 없을 것이므로 걱정할 이유가 없다고 계속 믿었다.

종국에는 진실이 승리하리라고 말이다.

한편 회사는 회사 차원에서 공격적인 변호활동을 이어갔다. 우선 바비의 뇌물사건에 대한 내부조사를 완료하기 위해 전문기업을 고용했다. 그가 정부를 등에 업었다고 해서 그의 횡령사실이 없던 것이 되지는 않았다. 또한 우리는 회사에 분식회계가 만연하다는 그의 주장이 사실이 아님을 증명하고자 했다. 이사회는 법회계 전문회사를 고용해 메디컬매니저 원무서비스부의 2001년 수입과 소득 전체에 대한 정밀감사를 진행했다. 공개기업인 웹엠디가 이 진흙탕 속으로 끌려 들어오지 않도록 보호하는 것이 급선무였는데, 다행히도 우리의 전략은 성공적이었다.

메디컬매니저 경영진 개개인에 대한 수사로부터 회사를 분리시키기 위한 일환으로 2004년 7월, 나는 CEO 직위를 내려놓았다. 조사가 한창 열기를 띠던 그해 말, 웹엠디의 이사 자리에서도 물러났다. 나는 이것을 삶이 하는 일을 받들기 위한 또 다른 내맡김으로 여겼다. 그래서 그저 이완한 채로 내 안에서 어떤 저항이 올라오든 다 놓아 보냈다. 나는 그렇게 이 시련 전체를 대했고, 덕분에 내 삶의 이 시기는 나의 영적 여정 중에서도 가장 심오하고 강렬한 부분이 되었다.

2005년 1월, 사건은 새로운 국면으로 접어들었다. 정부가 뇌물수수 혐의를 받고 있는 바비 데이비즈 및 두 명의 공범과 사전형량합의를 한 것이다. 이들은 착복한 돈을 회사에 반환하는

데 동의했고 바비는 1년 1일간 감옥살이를 하는 데 동의했다. 모든 조사가 완료된 후 그가 지난 5년간 53차례에 걸쳐 540만 달러에 달하는 돈을 착복했다고 인정했음을 감안한다면 그들로서는 그리 나쁘지 않은 결과였다. 바비 데이비즈와 그의 일행이 기소된 혐의는 한 건의 우편사기가 다였다.

나머지 사람들은 무척 당황했다. 우리에게 불리한 증언을 하는 대가로 정부가 이들을 그렇게 가볍게 풀어준다는 것은 결코 좋은 징조가 아니었다. 우리는 또한 바비가 회계부서의 한 여성과 불륜관계를 맺고 있었다는 사실을 알게 되었다. 그 여성은 대리점 계약부서의 회계사이자 회계검사원이었다. 크게 보자면 이 여성의 협조가 있었기 때문에 바비가 회계부서, 감사실, 경영진의 눈을 피해 사기행각을 이어갈 수 있었던 것이다. 하지만 그녀는 기소되지 않았다. 우리에게 상황이 얼마나 불리한지를 내가 처음으로 깨달은 것이 바로 이때였다. 정부는 우리에 대한 증언을 확보하고자 스스로 유죄를 인정한 사람들을 풀어주고 있었다. 이들은 사다리 위를 가리킴으로써 자신들에게 쏟아지는 스포트라이트를 간단히 피했다. 상황은 이러했지만 신문에서는 메디컬매니저의 일부 경영진이 분식회계 연루 사실을 인정했으며, 앞으로 더 많은 중역이 기소될 수 있다는 식의 기사를 쏟아냈다. 웹엠디와 메디컬매니저 원무서비스부의 홍보실에게는 악몽과 같은 상황이었다. 내가 세상에서 절대로 하고 싶지 않은 일이 있다면 바로 회사에 해를 입히는 일이었다. 25년간 헌신적으로 임해온 자리이지만 이제 사임할 때가 되었다고 생각했다. 그리하여 2005년 2월 9일, 나는 웹엠디의 CEO에게 사직서를 제출했다. 아마 이런 상황에서 제출된 사직서 중 '깊은 사랑과 존경을 담아'라는 말로 끝맺은 최초의 사직서가 아닐까 생각한다. 그 한 마디 한 마디가 나의 진심이었다.

나는 놀라움을 느꼈다. 회사에 그렇게 오랜 세월을 바쳤음에도 회사를 떠난다는 사실이 내 내면의 상태에 전혀 영향을 주지 않았기 때문이다. 나는 다음 날 일어나서 늘 그랬던 것처럼 사원으로 출근한 뒤 사원 부지에 있는 옛날 퍼스널라이즈드 프로그래밍 사무실로 걸어갔다. 그 건물은 집으로 개조되었지만 사는 사람은 아무도 없었다. 내 옛날 사무실은 서재로 사용되고 있었고 15년 전에 쓰던 책상과 가구가 그대로 놓여 있었다. 길 건너 화려한 중역실에 앉아 있는 것만큼이나 나는 이 사무실에 앉아 있는 것이 편했다. 솔직히 말하자면 더 편했다. 나는 언제나 단순한 것을 좋아했던 사람이다. 애초에 숲으로 들어온 것도 그런 연유에서였다. 사무실에 조용히 앉아 있으려니 이 최악의 상황이 안팎으로 불러들이는 놀라운 변화들이 보였다. 삶은 언제나 내게 그래 왔고, 그 변화를 받아들이는 것이 나의 큰 실험이었다. 나는 정부의 이 공격 역시 예외가 아님을 알았다. 나는 삶이 나를 어디로 데려가든 그저 기꺼이 따라가기만 하면 됐다.

한편 나에게는 내가 언젠가 쓰게 되리라고 확신하고 있던 책을 드디어 집필할 수 있는 여유가 생겼다. 내가 쓰고 싶었던 책은 두 권이었다. 하나는 아주 오래전 소파 위에서 머릿속 목소리를 처음 알아챈 이래로 내가 알게 된 바를 전하는 책이었다. 나는 이 책을 통해 세상사람 누구나 갈 수 있는 참자아(Self)의 자리로 돌아가는 방법을 다루고 싶었다. 이것이 바로《상처 받지 않는 영혼》(Untethered Soul)이다.* 두 번째는 나를 내려놓고 삶이 자연스럽게 펼쳐지도록 허락하면서부터 벌어진 놀라운 삶의 흐름을 다룬 책이었다. 그 책이 바로 이《내맡기기 실험》(Surrender Experiment)이다. 하지만 두 번째 책은 시작할 수가 없었으니, 마지막 장이 어떻게 펼쳐질지 아직 몰랐기 때문이다. 그래서 이 모든 변화와 불확실성 가운데서 나는《상처 받지 않는 영혼》을 쓰기 시작했다.

카렌 엔트너는 15년 이상 사원에서 거주한 사람이다. 그녀는 메디컬매니저에서 뛰어난 능력을 발휘하며 관리자급으로 성장한 인재였다. 문서화작업 및 컴퓨터기반교육 부서를 총괄하는 수장으로서 그녀는 수년간 나의 감독하에 글 쓰는 작업을 해왔

---

* 아마존 베스트셀러이자 스테디셀러인 이 책은《한 발짝 밖에 자유가 있다》(정신세계사)라는 제목으로 처음 번역되었고, 지금은《상처 받지 않는 영혼》(라이팅 하우스)이라는 제목으로 재출간되어 있다. 역주

는데, 그런 그녀가 내가 퇴사한 직후 내 집필 작업을 돕고 싶다고 관심을 표명했다. 이제 나는 쓰고 싶은 책도 있고 그 과정을 도와줄 완벽한 사람까지 곁에 둔 셈이었다. 사원 일과 책 집필과 랜디 법률팀과의 정기적인 미팅만으로도 나는 그해 말까지 상당히 바쁜 나날을 보냈다.

당국의 급습을 받은 지 딱 2년째 되던 때인 2005년 11월, 랜디는 기소가 임박했다는 소식을 들었다. 경영진을 대리하는 일부 변호사들과 랜디는 자신의 의뢰인이 범죄에 연루되었음을 뒷받침하는 증거를 보여달라고 요청했다. 그 결과로 랜디가 내게 보내준 것이 두께 2.5센티미터에 달하는 서류철이었다. 이 자료를 근거로 정부는 내가 바비 사건의 배후 인물임을 증명할 것이라고 했다.

나는 어서 빨리 이 자료를 검토하고 싶었지만 동시에 불안한 마음도 없지 않아 있었다. 하지만 단 몇 시간 만에 나는 깜짝 놀라고 말았다. 이 서류에는 나를 범죄자로 의심할 만한 요소가 전혀 보이지 않았기 때문이다. 자료에는 몇 건의 대리점 계약에 대해 바비가 작성한 회계보고서도 일부 포함돼 있었지만 거의 대부분은 일주일에 두 번 열리는 전화회의 때 내 비서인 샌디가 손으로 받아 적은 메모였다. FBI는 이 메모 중에서 분기별 매출과 예상순이익에 대한 얘기가 나온 부분을 거의 빼놓지 않고 동그라미 쳐놓았다. 샌디가 일부 발언이나 제안 옆에 내 이름을 적어놓은 부분도 보였다. 그게 끝이었다. 나는 안도하는 동시에 걱정도 됐다. 안도한 이유는 이미 예상했듯이 내가 잘못을 저질렀음을 암시하는 증거를 그들이 찾지 못했기 때문이고, 걱정이 된 이유는 그들이 동그라미 쳐진 이 서류들을 나에게 불리한 증거로 여긴다는 점이 명백했기 때문이다. 나는 어떻게 판단해야 할지를 몰라 랜디에게 전화를 했다.

랜디는 자료를 본 모든 사람들이 똑같은 반응을 보였다고 말했다. 나를 범법행위와 엮을 만한 것이 아무것도 없었다는 것이다. 하지만 랜디는 그 사실은 중요하지 않다고 했다. 바비는 정부 측에 자신이 연루된 회계 부정행위가 월스트리트의 수치를 조작하려는 목적으로 행해진 것이라고 진술했다. 그러니 이 서류들은 동기를 증명하는 용도로 사용될 것이었다. 검사 측은 내가 월스트리트의 기대를 충족시키고 싶은 마음에 바비의 불법행위를 용인한 것이라고 주장할 수 있었다. 하지만 이 일은 내게만 해당하는 것이 아니었다. 랜디에 따르면 다른 경영진과 그들의 변호사 모두가 자기 앞으로 도착한 자료에 똑같은 반응을 보였다고 했다.

그로부터 딱 한 달 뒤인 2005년 12월 19일, 랜디는 사우스캐롤라이나 콜롬비아의 연방법원 집행사무소로부터 연방정부 기소장이 발부되었다는 통지를 받았다. 나는 구속 대상이었다. 메디컬매니저 코퍼레이션의 전前 경영자 아홉 명과 함께 나는 12

월 28일, 기소사실인부절차*를 위해 사우스캐롤라이나 찰스턴의 연방정부로 자진출두했다. 소환장에는 이렇게 적혀 있었다.

미합중국 대 마이클 A. 싱어

* 피고인에게 기소사유를 알려주고 피고인이 유죄인지 무죄인지를 물어 무죄를 주장한다면 증거조사에 들어가게 하기 위한 미국법상의 절차. 역주

53

변호 준비

나는 기소장을 보기 전까지만 해도 내가 어떤 상황에 봉착해 있는지를 상당히 잘 알고 있다고 생각했다. 하지만 하늘에 대고 맹세컨대 기소장은 내가 지금까지 본 그 어떤 진실과도 거리가 멀었다. 바비는 자신이 한 모든 짓을 우리가 알고 있었다고 정부에 고발함으로써 우리를 자신의 불법행위에 연루시켰다. 법의 관점에서 보자면 우리는 공모자인 것이다. 하지만 기소장에는 바비 데이비즈의 이름이 언급되지도 않았다. 거기에는 그가 부적절하게 자행했다고 주장하는 모든 일들이 명시되어 있었으며 경영진이 이런 일을 했다고, 좀더 정확하게 말하자면 "그런 일을 유발했다"고 적혀 있었다. 우리 모두는 최대 15년 징역형을 받을 수 있는 공모 혐의로 기소되었다.

기소장을 처음 읽었을 때 나는 무척 당황했다. 하지만 랜디는 당황하지 않았다. 지난 30년간의 경험에 근거해 예상했던 일이 그대로 일어났을 뿐이라고 했다. 기소장은 고발을 정당화하는 정부 측 논리를 가장 센 언어로 대변하고 있는 것이다. 하지만 불꽃 튀는 재판 속에서 진실이 드러날 수도 있다는 희망은 있었다. 지금까지는 바비 쪽 이야기를 반박하며 압박하는 힘이 전무했기 때문이다. 실제로 우리는 싸움을 시작하지도 않았다.

나는 기소사실인부절차를 밟기 위해 찰스턴에서 랜디와 사우스캐롤라이나 주 담당 변호사인 존 시몬스를 만났다. 기소된 메디컬매니저의 경영진 열 명과 스무 명이 넘는 변호사들이 모두 참석했다. 나의 일행은 존 캉, 존 세션스, 릭 칼, 데이비드 와드, 지방 부사장 두 명, 최고재무관리자, 회계감사, 그리고 대리점 계약부서를 담당하던 변호사 한 명이었다. 상당히 볼 만한 광경이었다. 법원 절차가 시작되기 전에 우리는 모두 피의자 등록을 했고 FBI에 의해 지문을 채취당했다. 말할 것도 없이 열 명 모두 평생 처음 해보는 경험이었다.

마침내 법정 밖에서 모든 사람들이 모였다. 몇 년 만에 만나는 얼굴들도 많았다. 성공적인 기업을 함께 일군 동료로서 여전히 우리들 사이에는 진정한 우정과 동료애가 남아 있었다. 변호사들은 서로 이야기를 나누지 않는 편이 좋다고 했지만 그럴 수가 있겠는가. 따뜻한 악수와 포옹이 이어지면서 현장은 동창회 분위기가 되었다. 우리는 모두 우리가 했다고 고발당한 그 일을 하지 않았음을 가슴으로 알고 있었다. 아마도 공공의 적이 있다는 생각에 결속력이 한층 더 강화된 것인지도 모르겠다. 검사가 나타날 때 즈음, 우리의 분위기는 기소사실인부절차를 앞두고 있는 사람들의 분위기라기보다는 사교모임 분위기에 더 가까웠다.

나는 정말로 검사를 만나고 싶었다. 악감정은 전혀 없었다. 오히려 나는 그녀에게서 묘한 유대감을 느꼈다. 우리는 모두가 동일한 사기꾼, 즉 바비 데이비즈에게 똑같이 당한 것 아닌가. 다만 차이가 있다면 나는 그것을 알고 있다는 것이고, 그녀는 모른다는 것이었다. 랜디의 더 나은 판단력을 거역하며, 하지만 그의 허락은 받고 나서, 나는 그녀에게 인사했다. 그녀는 내 손을 잡고 악수를 하기는 했으나 나를 마음에 들어하지는 않았다. 서로 만난 것은 그날이 처음이었지만 그녀는 이미 머릿속에 믹키 싱어는 만나지 않는 게 좋을 사람으로 점찍어놓은 것 같았다.

절차는 문제없이 진행됐다. 대개 피고인 한 명과 변호인 한 명이 서는 판사 앞에 열 명의 피고인과 스무 명의 변호사들이 자리를 비집고 서 있어야 했다는 점만 빼고 말이다. 법정이 상당히 작았기 때문에 일반공개석은 우리 쪽 법률팀 사람들로 가득 찼다. 방에는 우리 말고도 자기 차례를 기다리는 오렌지색 죄수복 차림의 수감자가 열 명에서 열두 명 정도 있었는데 우리 측 사람들이 워낙 많아서 그들은 배심원석에 앉아 있어야 했다. 내 자리는 배심원석 바로 옆자리였다. 거기서 이 수감자들을 보고 있으려니 교도소 명상그룹 사람들이 생각났다. 나는 '흘러가는 상황으로 봐서는 언젠가 내가 저 사람들처럼 될 가능성도 있겠구나' 하는 생각이 올라오게끔 놔뒀다. 이 시련을 경험하는 내내 평화를 유지하려면 나는 그런 생각을 하면서조차 평안해야 했다. 나는 그저 뭐든 놓아 보내고 그 순간 속으로 이완해 들어갔다. 나는 사우스캐롤라이나 법정에 서서 기소사실인부절차를 밟고 있었지만 내 안은 옆에 앉아 있는 재소자들에 대한 사랑으로 넘실거렸다. 급기야 랜디가 나를 쿡 찔러 절차에 집중하도록 만들어야 할 정도였다. 내가 아는 것이라고는 이 역시 내 삶의 여정이며, 나는 삶이 날 어디로 데려왔는지를 그저 지켜보고 있기만 하면 된다는 사실이었다.

판사는 보석금 없이 자진출두서약만으로 우리를 풀어주었다. 하지만 나는 나가지 않고, 앞으로 내 앞에 어떤 일이 펼쳐질 것인지를 궁금해하며 한동안 법정 안을 서성거렸다. 이것은 매우 특별한 순간이었다. 하나라도 놓치지 않도록 최선을 다해야 했다.

나중에 나는 몇 명의 중역들과 담소를 나누었다. 릭 칼슨과는 몇 년이나 보지 못했지만 우리 사이의 진한 우정에는 변함이 없었다. 그는 자신이 플로리다 주의 연방판사로 임명됐었다고 말했다. 아무래도 임명을 수락할 생각이 있었던 것 같은데, 기소 소식을 듣는 순간 그는 자신의 이름을 철회해야만 했다.

존 캉 역시 비슷하게 동생과 함께 창립한 공개기업의 회장이자 CEO 자리에서 물러날 준비를 하고 있었다. 모두들 좋은 얼굴을 하고는 있었지만 이 상황은 사람들의 삶을 바꿔놓고 있었다.

기소 사실이 신문 1면에 실리면서 나에게 매우 소중한 관계들 역시 영향을 받았다. 나는 이미 유니언 교도소의 교도소장으로부터 이 상황이 해결될 때까지는 토요일 오전명상 모임에 참여할 수 있는 내 권한을 중지시킬 수밖에 없다는 전화 통보를 받았다. 30년간 정성을 다한, 어쩌면 내 인생을 통틀어 가장 중요했을지도 모르는 내 교도소 작업은 그렇게 끝이 났다. 지금까지 너무나 많은 빛을 뿜어낸 모든 것에 어둠의 물결이 내려앉았다. 모든 것이 나의 통제범위를 완전히 벗어났다. 나는 내 안의 깊숙한 자리에 평화롭게 앉아서 외부의 사건들이 내 내면의 상태를 건드리지 않고 지나갈 수 있는지를 지켜보기로 결심했다. 마치 위협적으로 여겨지는 상황에 직면하여 놓아 보내기 실험을 처음으로 시작했던 그 초짜 시절로 되돌아간 것 같았다. 다만 큰 차이가 있다면 지금의 위험은 내가 지금까지 상상해온 모든 것을 능가하는 수준이라는 점이었다. 이것은 초대형 악재였다.

한편, 급습이 있은 지도 2년이 넘어가고 있었다. 법적으로 정부는 수사관들이 확보한 모든 자료를 공개할 의무가 있었다. 하지만 기소인부절차 때까지만 해도 우리에게는 여전히 변호를 준비할 수 있는 자료가 전혀 없었다. 그날 저녁, 공동변호인단 전체가 호텔에 모였다. 나는 그 많은 변호사들이 서로 교류하는 모습을 즐거운 마음으로 지켜봤다. 랜디의 주도하에 공동변호협약이 체결되었고, 그에 따라 자료 공유가 가능해졌다. 하지만 최종적으로 의뢰인의 이익을 대변하는 책임은 각 변호사에게 있었다. 방을 꽉 채울 정도의 많은 형사변호인들에 둘러싸여 있던 나는 내가 얼마나 놀라운 상황에 처해 있는지를 실감했다. 나는 이제 곧 미국의 사법제도를 아주 개인적인 차원에서 들여다보게 될 것이었다. 나는 내가 고발당한 그 일들을 상상으로조차 해보지 않았음을 안다. 하지만 이 일은 어떤 결말을 맺을까? 우리의 위대한 사법제도는 제대로 작동할까?

한 달 후 우리는 1차로 공개된 자료를 받기 시작했다. 급습 때 회수된 120만 건의 이메일 메시지와 일부 FBI 인터뷰에서 나온 문서들이 첫 번째 타자였다. 하지만 정부에서 압수한 수백만 페이지 분량의 서류 및 몇십만 건의 컴퓨터 파일을 마음대로 쓸 수 있기까지는 그로부터 다섯 달이 더 지난 후였다. 정부가 거의 3년에 걸쳐서 검토한 자료를 우리는 이제야 보기 시작한 것이다.

일단 공개된 자료가 속속 도착하기 시작하자 랜디와 베이커 보츠 팀은 내게 계속해서 할 일을 던져주었다. 수만 건의 이메일 메시지를 검토하시오, 중역회의에서 나온 6년치 메모를 검토하시오, 야근재택업무 수년치에 대해 내가 남긴 서면응답 전체를 검토하시오 등등. 그 외에도 정기적으로 워싱턴으로 가서 낱낱의 구체적인 항목들에 관해 법률팀과 의논을 해야 했다. 내 케이스에는 베이커보츠 소속의 변호사 네다섯 명이 늘 매달려 있었다. 다른 중역들 역시 전담팀이 있었지만 그 규모가 늘 나만큼 크지는 않았다. 자료를 깊이 파면 팔수록 바비와 그의 일행을 제외한 어떠한 사람도 부정행위를 저지르지 않았다는 사실이 더욱 명확해졌다. 경영진이 부정회계를 지시했음을 보여주는 서류나 이메일은 전혀 없었고, 심지어 그런 행위를 암시하는 서류조차 발견할 수 없었다. 우리를 바비의 불법행위와 엮을 수 있을 만한 것을 찾기 위해 30명에서 40명 가량의 변호사들이 오로지 이 서류 분석에만 투입되었으나 구체적인 증거는 아무도 발견하지 못했다. 하지만 불행히도 우리가 바비 데이비즈와 정기적으로 함께 일한 것은 사실이기 때문에 그쪽에서 마음만 먹는다면 어떤 식으로도 왜곡할 수 있는 정황증거는 언제나 존재했다.

바로 이런 상황에서 나는 《상처 받지 않는 영혼》을 썼다. 나는 우리가 내면의 깊은 자리에서 목소리의 끊임없는 재잘거림을 듣고 있으며, 그로부터 자유로워질 수 있는 길이 있다는 사실을 정말 사람들에게 알려주고 싶었다. 그것이야말로 내가 이번 생에서 해야 할 일이었다. 이 말도 안 되는 법정 공방이 아니라 말이다. 이 거짓이 아무리 큰 위협으로 옥죄어온다 해도 나는 상관없었다. 나는 오로지 사람들의 삶을 밝게 비춰줄 심오한 진실을 함께 나누고 싶은 마음뿐이었다. 나는 집필에 몰두했다. 카렌과 내가 2006년 후반 원고를 탈고한 뒤 편집작업에 박차를 가하고 있을 때였다. 나는 랜디에게서 피드백을 받아보고 싶은 마음에 그에게 초고를 보냈다. 물론 사건에 영향을 미칠 가능성이 있는 일을 하려면 무조건 변호사의 허락을 받아야 하기 때문이기도 했다. 랜디는 검사 측에서 이 책을 나에게 불리한 방식으로 이용할 수도 있다며 매우 염려했다. 지금까지 모든 일들이 그래 왔기 때문이었다. 하지만 나는 그런 위험은 기꺼이 감수하겠다고 말했다. 더군다나 이 사건이 어떻게 끝날지 아무도 짐작하지 못하는 상황이었기 때문에 나는 가능한 한 이른 시일 내에 책을 출판해야 했다. 이런 위험요소들에 대해 충분한 논의를 거친 뒤 랜디는 결정을 내게 맡겼다.

《상처 받지 않는 영혼》의 출간은 매우 빠른 속도로 진행됐다. 나는 내 소중한 친구이자 사원의 이사회 위원인 제임스 오디에게 초고를 보냈다. 제임스는 당시 이지과학연구소(Institute of Noetic Sciences)의 연구소장이었는데, 타이밍도 완벽하게 미국 최고의 심리전문서적 출판사인 뉴하빈저New Harbinger와 공동출판 협약을 막 마친 상태였다. 출판사에서는 내 원고를 읽어보고 무척 마음에 들어했다. 내 인생의 다른 모든 것이 심연으로 빨려 들어가고 있는 상황에서도 이 에너지만큼은 무척 순조롭게 흘러가는 것을 보고 나는 놀라움을 금치 못했다.

《상처 받지 않는 영혼》은 2007년 9월에 출간됐다. 나는 통상적인 책 사인회 같은 것은 건너뛰고 인터뷰 역시 모두 거절했다. 하지만 저자로서 책을 홍보할 책임은 있었고, 게다가 출간 직후였기 때문에, 나는 인터넷으로 홍보활동을 하겠다고 출판사에 알렸다. 카렌과 나는 마케팅 전략을 짠 뒤 앨라추아 숲을 떠나지 않은 채로 우리가 가진 시간과 돈을 책 홍보에 쏟아부었다. 결과는 놀라웠다. 출판사에서는 1쇄를 찍으면 1년 정도 갈 것이라고 예상했는데 실제로는 석 달 만에 물량이 동이 났다. 책은 이후 홍보 없이도 날개 돋친 듯 팔렸고 해외 시장에서도 많은 인기를 끌었다. 짙은 어둠의 시기 한복판에서 태어난 책은 날개를 펴고 하늘 높이 솟구쳐 전 세계를 날아다녔다. 사방에서 놀라운 피드백이 쇄도했다. 《상처 받지 않는 영혼》은 제 목적을 달성했다. 사람들을 돕고 있었다. 한 치 앞도 보이지 않는 어둠 속에서 그 책만큼은 빛을 발하고 있었다.[*]

---

[*]   2012년 11월, 《상처 받지 않는 영혼》는 뉴욕타임즈 베스트셀러 종합 1위에 올랐다. 출판사 주.

54

헌법과 권리장전

법적 공방은 확실히 점점 흥미를 더해갔다. 공개 문서에 접근할 수 있게 되면서 우리도 변론을 준비할 수 있게 됐다. 랜디와 변호인단이 제일 먼저 한 일은 정부가 제시하는 자료의 범위를 줄여달라고 판사에게 요청하는 것이었다. 수백만 건에 달하는 이메일 메시지며 서류며 컴퓨터 파일로도 모자라 수년치 회계분개를 건네주며 여기 어딘가에 당신들이 잘못한 것이 있다, 라고 말해서는 안 되는 일이었다. 우리가 우리 입장을 제대로 변호할 수 있으려면 고발 내용이 좀더 구체적일 필요가 있었다. 법률용어로 이것을 '혐의명세서'를 요청한다고 말한다. 정부는 항의했지만 판사는 재판에서 제시할 회계분개와 대리점계약 건을 정확하게 명시할 것을 검사 측에 명령했다.

지난 몇 년간 진실이 알아볼 수 없을 지경까지 왜곡된 것을 봐온 와중에 드디어 처음으로 우리 측에서 할 말이 생겼다. 미국 사법부는 전 세계에서 가장 큰 권력을 지닌 기관 중 하나다. 하지만 무소불위의 권력은 아니었다. 사법부를 기각할 권리가 판사에게 있었다. 나는 이렇지 않은 나라도 상당히 많다는 사실을 떠올렸다. 만일 내가 잘못을 저질렀다고 정부가 확신한다면 그것으로 끝인 경우도 많은 것이다. 어차피 이 시련을 끝까지 겪어야 한다면 나는 이 나라의 법률제도에 관해 할 수 있는 한 모든 것을 배우고 싶었다. 나는 우리가 정부에 이런 요청을 할 수 있는 권리가 정확히 어디서 온 것이냐고 랜디에게 물었다. 나는 그의 대답이 정말 마음에 들었다. 그는 '헌법'이라고 답했다. 수정헌법 제6조에 따르면 "피고는 기소의 이유 및 본질에 대해 안내를 받을 (……) 권리를 마땅히 누려야 한다." 대법원은 수년간의 판결을 통해 '제시된 공개자료의 범위가 지나치게 넓을 경우 피고는 혐의명세서를 요청할 권리가 있다'로 이 조항을 해석했다.

그때 랜디에게 말하지는 않았지만 이 사실은 내 전 존재를 흔들었다. 지난 3년간 나는 내면의 깊은 자리에 조용히 앉아 당국이 바비의 거짓말만 믿고는 그것을 제어가 불가능해 보이는 파괴적인 힘으로 증폭시켜가는 것을 지켜봐왔다. 그런데 갑자기, 내가 한 번도 만나본 적도 없는 사람들이 그 옛날에 혜안과 박애정신을 발휘하여 나의 권리를 보장해주기 위해 힘썼었다는 눈물겨운 사실을 알게 된 것이다. 만일 이 사건이 미합중국과 마이클 A. 싱어의 대결구도라면 내 편에는 토마스 제퍼슨, 조지 메이슨, 제임스 매디슨 등을 비롯한 아주 위대한 인물들이 뒤를 받쳐주고 있는 셈이었다. 그 후 몇 년간, 한 장의 종이가 내가 심연으로 추락하지 않도록 막아주고 있었다는 사실을 나는 뼈저리게 실감했다. 그 한 장의 종이는 바로 미국 헌법이었다.

나는 집으로 돌아가 헌법을 처음부터 끝까지 읽었다. 내가 처한 곤경의 자리에서 보니 건국의 아버지들은 정부만 설립한 것이 아니라 정부로부터 국민을 보호하고 있었다. 머리로는 언제나 알고 있었던 사실이었으나 이제는 그것이 가슴으로, 온몸으로 느껴졌다. 이것은 시민론 수업이 아니었다. 내 삶이었다. 이런 상황 속에서 헌법은 진실로 생생한 의미를 띠고 내게 다가왔다.

2007년 내내 공동변호인단은 정부가 혐의명세서에 기재한 항목과 관련된 서류를 찾는 데 온 힘을 다했다. 나는 매달 며칠씩 워싱턴으로 가서 검토회의에 참석했고 베이커보츠의 법률팀과 정기적으로 전화회의를 했다. 랜디는 거의 모든 회의에 참석했고 날마다 처리해야 하는 업무의 대부분은 그의 파트너인 케이시 쿠퍼와 평변호사들이 전담했다.

변호사 한 명당 일정 분량의 대리점계약 케이스를 맡아 해당 부문을 완전히 재구성하기로 했다. 우리는 거래 하나하나를 지극히 세세하게 검토하고 분석했다. 이것은 마치 내 에고에다 전

동드릴을 갖다 대는 것만 같은 경험이었다. 나는 아름다운 회사를 설립하여 열심히 운영했다. 우리에게는 위대한 상품, 위대한 직원, 위대한 고객이 있었고 아주 큰 성공을 거두었다. 하지만 대리점 계약부서 밑을 들춰보니 쓰레기가 널려 있었다. 마치 수채통 안을 들여다보는 것 같았다. 바비는 자금을 착복하고, 거짓말을 하고, 사실을 교묘하게 조작하고, 자기 세계의 모든 것을 통제했다. 나를 비롯, 나머지 경영진 모두를 포함해서 말이다. 그가 한 일을 확인할수록 숨을 쉬기가 어려웠다. 하지만 이 미팅의 핵심은 바비가 저지른 일을 파헤치는 것이 아니었다. 그가 자신의 범법행위에 우리를 연루시킬 방법을 찾았다는 것이 핵심이었다. 뭐가 뭔지 모를 이 혼란스러운 상황 속에서 내가 할 수 있는 일이라곤 가능한 한 깊은 차원에서 끊임없이 놓아 보내는 것뿐이었다. 내 만트라는 이러했다. '이것이 현실이다, 받아들이라.' 나는 내 인생이라는 긴 여정 위에서 지금은 탁월한 실력의 법률팀과 함께하는 시기라고 생각했다. 악당의 모함을 받은 이 불쌍한 중생 싱어를 변호하기 위해 한자리에 모인 빼어난 실력자들. 나는 숨을 크게 들이쉬고, 놓아 보내고, 당장 논의되고 있는 주제에 긍정적인 자세로 합류했다.

분명 상황은 조금씩 진전을 보였다. 우리는 정부가 건네준 디스크 드라이브에서 이상한 점을 발견했다. 직원들의 개인 컴퓨터 파일이 저장된 드라이브였는데 FBI가 색인 작업을 제대로 해놓지 않은 것이다. 어떤 이유에서인지 FBI 요원들은 각 파일에 붙여놓은 짤막한 제목만으로 색인 작업을 했다. 파일 내용을 검색할 수 있도록 색인 작업을 한 것이 아니었다. 이렇게 되면 중요한 데이터의 보고를 눈앞에 두고도 제대로 된 검색결과를 얻을 수가 없다. 변호팀은 내용 전체를 대상으로 색인 작업을 완료했고, 덕분에 우리는 흥미 있는 과거 자료들을 많이 찾아낼 수 있었다. 특히 바비의 거짓말과 정면으로 대비되는 서류 및 서한의 초안도 발견했다. 우리는 바비가 엉망으로 꼬아놓은 상황을 조금씩 풀어나갔다.

우리 사건을 담당한 판사는 블랏 판사였고, 랜디는 그와 합이 아주 잘 맞았다. 정기적으로 열린 공판심리에서 블랏 판사는 우리 측의 명령신청을 다는 아니어도 상당 부분 수용해줬다. 랜디는 그의 판결이 무척 공정하다고 생각했고 정부가 이 사건을 얼마나 억지로 끌어가고 있는지를 판사가 드디어 감지하기 시작했다고 느꼈다. 급습 이후 4년이 흐르고 나서야 비로소 상황이 조금씩 진척되어가고 있었다. 나는 내 수석 변호사이자 공동 변호인단의 중심인 랜디에게 무한한 신뢰를 보냈다.

하지만 2008년이 되면서 상황이 어그러지기 시작했다. 2월 7일, 랜디는 건강진단을 받으러 갔다가 종양을 발견했다. 악성이기 때문에 병원에서는 즉시 수술을 해야 한다고 했고, 의사들은 그의 가슴을 열어 종양을 제거했다. 전장 한복판에서 장군이 쓰러진 것이다.

랜디는 고작 3주에서 4주 만에 현장으로 복귀하여 다시 소송팀을 진두지휘했다. 하지만 계속 우려되는 문제도 있었다. 의사들은 암 재발 가능성이 높기 때문에 화학치료를 고려해야 한다고 말했지만 그는 낙관적으로 생각하며 한 번 지켜보기로 했다. 그리고 다시 일에 전념했다. 그의 복귀는 다행스러운 일이었다. 정부 측에서 최종 공판기일을 정해달라는 요청서를 판사에게 계속 제출하고 있었기 때문이다. 그때까지 우리는 공개자료의 어마어마한 양 때문에 준비 근처에도 가지 못했다고 판사에게 계속 호소하던 참이었다. 하지만 2008년 6월, 판사가 마침내 공판기일을 우리에게 통보했다. 정확히 7개월 뒤인 2009년 2월 2일이었다. 해야 할 일이 산더미처럼 많았다. 변호인 군단이라도 동원해야 할 상황이었다.

하지만 공판 기일을 3개월 정도 남겨두고 랜디의 암이 재발했다. 이번에는 8주간의 강도 높은 화학치료를 받고 그 뒤로도 기약할 수 없는 회복기간을 가져야 했다. 나는 예전에 짐 머서가 변호사 선임과 관련해 해주었던 조언을 떠올렸다. 그는 국내 최고 로펌의 선임파트너 중에서 내 사건에만 개인적으로 전념해줄 수 있는 변호사를 찾는다면 나는 성배를 든 것이나 다름없다고 말했는데, 랜디가 바로 그 성배였다. 랜디는 의사의 조언을 무시한 채 재판이 다 끝난 뒤에 치료를 시작하는 안을 진지하게 고민하고 있었다. 나는 목숨을 위태롭게 하는 그런 일은 하지 말라고 간곡히 말렸으나 그는 일단 종양이 얼마나 빨리 커지는가를 두고 본 뒤에 최종결정을 내리기로 결심했다. 랜디는 명예와 신뢰와 정의를 지키는 전쟁에 마침내 임할 수 있게된 사무라이 전사 같았다. 그는 자그마한 종양 때문에 칼을 놓지 않을 심산이었다.

하지만 안타깝게도 단 한 달 만에 종양은 그의 결정이 필요 없을 정도로 커져버리고 말았다. 블랏 판사는 더 이상의 공판기일 연장은 없다고 단호하게 못 박을 게 틀림없었다. 성공가능성은 희박했지만 그래도 랜디는 법정에서 내 변호사로 서기 위해 3개월 공판기일 연장을 요청했다. 그리고 다시 한 번, 헌법이 나를 살렸다. 이때 제출한 명령신청서는, 피고인은 자신이 선택한 변호인의 도움을 받을 수 있다는 수정헌법 제6조를 적용한 것이었다. 정부는 기일 연장 신청에 반대했지만 판사는 랜디가 기간 내에 회복되지 못할 경우 내가 다른 수석 변호사를 선임해야 한다는 조건하에 신청서를 받아들였다. 새 재판일자는 정확히 다섯 달 뒤인 2009년 5월 4일로 잡혔고, 랜디는 치료를 시작했다.

나는 5년 이상 랜디와 함께 일해온 터였다. 그는 내 수석변호사이자 좋은 친구이기도 했지만 공동변호인단의 핵심 전략가이기도 했다. 그는 대체할 수 없는 인물이었다. 하지만 차선책으로나마 그렇게 하겠다고 판사에게 약속한 만큼 나는 숨을 크게 들이쉬고 내 앞에 놓인 현실, 즉 새 수석 변호사와 일하기 시작해야 한다는 현실에 나를 내맡겼다.

55

신의 개입

재판일이 다가오자 업무량이 상당히 증가했다. 2월에 우리
는 공판심리 중 매우 흥미진진하고 중요한 단계를 시작했다. 바
로 유해증거배제 청구였다. 이것은 공판 전 명령신청으로서 검
찰이 공판에서 제시하고자 하는 증거가 법적 관점에서 봤을 때
과연 신뢰할 수 있는 것인지 이의를 제기하는 절차였다. 검찰은
수없이 많은 서류들을 가져다가 자기들 구미에 맞게 의미를 규
정했다. 나는 서류가 실제로는 그들이 왜곡한 것과 같지 않음을
분명히 알고 있었다. 하지만 맥락을 지워버린다면 배심원들은
그렇게 생각하지 않을 수 있었다. 나는 공정한 재판을 받을 수
있는 헌법상의 권리를 법원이 '합리적인 신용성(trustworthiness)
기준에 부합하지 않는 증거로 인해 배심원이 편견을 갖게 되어
서는 안 된다'라는 의미로 해석한다는 사실을 알고는 기뻤다.
즉, 우리는 일부 자료를 공판 과정에서 완전히 배제시켜달라고

판사에게 신청서를 제출할 권리가 있었다.

우리는 명령신청을 계속 제출하여 정부가 배심원단에 제시하려는 자료의 연관성 혹은 신뢰성에 대한 이의를 제기했다. 많은 건에 대해 판사가 우리의 손을 들어주었다. 서류와 사건에 제멋대로 의미를 부여하여 증거를 지어내려고 하는 검찰 측의 고삐 풀린 시도에 담당 판사가 드디어 제동을 걸기 시작한 것이다. 나는 공판심리에 참석하지는 않았지만 모든 명령신청을 빠짐없이 검토했고 그것이 법원에서 어떻게 받아들여지는지를 깊은 관심을 갖고 지켜보았다. 랜디가 자리를 비우면서 나에게 날마다 사건 소식을 전해주는 일을 평변호사인 알렉스 윌쉬가 맡게 되었다. 나는 그녀의 일처리 능력에 깊은 인상을 받았고, 랜디의 부재가 젊은 변호사들에게 얼마나 큰 기회를 주었는지를 지켜볼 수 있었다. 이 어둠 속에서도 뭔가 위대한 것이 구축되고 있는 것을 지켜보며 나는 무척 즐거웠다.

랜디는 화학치료요법을 마치고 바로 복귀하고자 했다. 하지만 아무리 치료가 성공적이었다고 해도 그가 예전 체력을 다시 회복하기까지는 몇 개월 이상이 걸릴 것이었다. 3월 말, 공판이 열리기 바로 한 달 전에 우리는 걱정해야 할 일이 랜디의 회복만이 아님을 알게 되었다. 2009년 3월 27일, 판사 블랏이 나이와 건강상의 이유로 이번 사건에서 하차하겠다고 선언한 것이다. 우리는 우리의 판사도 잃어버렸다.

즉시 검찰 측의 무력과시가 개시됐다. 정부는 판사가 바뀌면 우리는 재판에서 박살 날 것이 틀림없으니 자기네와 협상하는 편이 신상에 이로울 것이라고 모든 피고측 변호인들에게 말을 돌렸다. 실제로 블랏 판사가 지난 3년 반의 과정을 통해 이 사건을 얼마나 잘 파악하게 되었고 얼마나 공정했는지를 감안한다면 막판에 판사가 바뀌는 것은 말할 것도 없이 우리에게 불리했다. 내 인생에서 가장 위험한 상황이 그것도 절정에 올랐을 때, 내가 나를 지켜줄 사람으로서 가장 신뢰하고 있었던 두 기둥인 랜디와 블랏 판사가 모두 사라져버렸다. 연달아 일어난 이 놀라운 사건은 내가 어찌할 수 있는 범위를 훌쩍 뛰어넘었기 때문에, 나로서는 더욱더 깊은 차원에서 온전히 내맡기는 것 외에는 달리 방도가 없었다. 삶이 드디어 내 개인적 자아의 잔류물을 완전히 쓸어내버릴 작정인 것 같았다. 내가 오래전에 빌었던 바로 그 일이었다.

아무도 다음엔 어떤 일이 일어날지 예상하지 못했다. 공판날짜가 다시 정해지리란 사실은 거의 확실했지만 그것이 언제가 될지, 판사가 누가 될지는 아무도 몰랐다. 혹시 모를 일에 대비해 언제라도 법정에 설 수 있도록 늘 준비하고 있는 것만이 우리가 할 수 있는 전부였다. 지방법원부장판사인 노튼 판사가 4개월간의 장기 재판을 당장 맡을 수 있는 연방판사를 물색했다. 그때까지 공판심리는 블랏 판사가 계속 주재했고, 우리는 유해

증거배제 청구에서 꾸준히 좋은 성과를 거뒀다. 마침내, 후임 판사 선정에 실패한 노튼 판사가 직접 사건을 맡기로 했다. 7월에 열린 심리에서 새 공판 날짜가 5개월 후인 2010년 1월 18일로 정해졌다. 이제 우리 사건은 사우스캐롤라이나 지방법원 부장판사의 주재하에 열리게 되었다. 일은 점점 커지고 있었다.[*]

노튼 판사는 2009년 8월에 공판 심리를 주재했다. 그때 즈음 업무에 완전히 복귀한 랜디는 노튼 판사가 매우 똑똑하고 박식하며 공정한 사람이라는 것을 확인했다. 노튼 판사의 판결은 블랏 판사와 매우 유사했다. 우리는 공판이 열리기 직전까지 공판 전 명령신청을 통해 정부 측 주장을 계속 허물어뜨렸다. 새로운 판사 역시 예전 판사처럼 이번 사건이 얼마나 허술한지를 꿰뚫어본 것 같았다.

공판을 3개월 앞둔 10월이 왔고, 나는 찰스턴에서 머물 거주지를 슬슬 알아보기 시작했다. 몇 년 전 나는 정부가 나의 무죄를 인정하여 고소를 취하할 가능성이 얼마나 되느냐고 랜디에게 물어본 적이 있다. 그는 정부가 다른 사람들에 대한 고소는 다 취하해도 나와 존 캉과 존 세션스, 즉 CEO와 회장과 최고운

---

[*] 처음 기소를 제기한 사우스캐롤라이나의 연방검사가 몇 년 전 사직한 이후 워싱턴의 사법부가 해당 사건을 거의 대부분 인계받았다.

영책임자에 대해서만큼은 그대로 밀고 나가리라 본다고 답했다. 랜디는 최고재무관리자도 포함시켰을 테지만 그는 이미 암으로 사망한 상태였다.

내가 가진 승산을 정확하게 알고 싶었던 나는 그렇다면 내가 공판을 피하고 자유의 몸이 되려면 문자 그대로 신의 개입이 필요한 것이냐고 물으며 랜디를 좀더 강하게 밀어붙였다. 그는 잠시 생각하더니 말했다. "맞습니다. 신의 개입이 필요한 일이에요." 그것을 염두에 두고 나와 도나는 찰스턴에 가서 넉 달 동안 살 집을 구했다. 우리에게 그것은 모험이었다. 나와 도나 모두 사원에서 35년 이상을 살았다. 연이어 몇 주 이상을 사원에서 떨어져 지내본 적이 없었던 것이다. 그런 곳을 4개월이라는 오랜 기간 동안 떠나 있어야 할 만큼 이 공판은 큰일이었다. 물론 나의 이 외출은 그보다 훨씬 더 길어질 가능성도 있었다.

공판 날짜가 가까워질수록 랜디의 예상대로 일이 흘러갔다. 정부는 최고위급 경영자들을 제외한 나머지 사람들을 하나씩 불러 쓸 만한 정보가 있나 탐색한 뒤 기소를 취하했다. 물론 건질 만한 내용은 없었다. 우리는 동료들이 험한 길에서 드디어 빠져나온 것에 모두 기뻐했다. 이제 2010년 1월 18일, 최고 경영자 세 명에 대한 공판만이 남았다.

12월 중순쯤 랜디에게서 전화가 걸려왔다. 정부가 갑자기 합의에 관심을 보이고 있다는 말을 비공식 루트를 통해 들었다는 것이다. 이후 정확한 사실관계를 확인한 랜디는 검찰이 이미 할 만큼 했으니 나를 사건에서 빼줄 생각이 있는 것 같다고 전해왔다. 공판 전 심리가 상당히 성공적이었기 때문에 모두들 내 상황에 확신을 갖고 있었다. 나는 랜디에게 내가 원하는 것은 기록이 전혀 남지 않는 기소취하라고 말했다. 그들이 나에게 사실을 진술하라고 한다면 나는 모든 것이 표준회계원칙에 의해 실시되고 있는 것으로 믿어왔고, 바비가 부정행위를 저지르고 있었다는 것은 지금에 와서야 알게 되었다고 진술할 생각이었다. 즉, 나는 오로지 진실만을 말할 것이었다.

공판 시작 바로 4주 전, 급습이 있었던 날로부터는 6년이 흐른 날, 드디어 빛이 어둠을 몰아내기 시작했다. 정부는 바비의 부정회계로 인해 주가가 영향을 받았을지도 모른다며 내가 12년간 주식매도를 통해 얻은 수입의 일부를 자진해서 포기할 것을 요구했다. 나는 주가가 과연 영향을 받았을지 의심되었지만 만일 그렇다 해도 그 돈은 내가 원하지도 필요하지도 않은 돈이었으므로 얼마든지 내어줄 수 있었다. 그러자 시작만큼이나 갑작스럽게, 그 모든 악몽이 끝났다. 정부가 나에 대한 공소를 모두 취하하기로 한 것이다.

나는 기쁘지도 안도하지도 않았다. 내가 느낀 것은 마침내 진실이 승리했다는 사실에 대한 깊은 감사였다. 신의 개입이 필요했을지언정 진실이 승리했다. 하지만 이 기분에 찬물을 끼얹은 것은 존 캉과 존 세션에 대한 공판은 여전히 유효하다는 점이었다. 사건과 관련된 모든 서류를 검토해온 사람으로서, 나는 의도적으로 이루어진 불법행위는 바비 데이비즈와 그 일행의 짓뿐이라는 사실을 똑똑히 확인했다. 존 캉과 존 세션스는 그저 최선을 다해 자신의 일을 한 죄밖에 없었다. 나는 랜디와 그의 팀이 공판 내내 모든 지원을 아끼지 않을 수 있도록 랜디와 함께 일했다. 직접 공판에 참여할 수는 없었지만 그들은 내내 자리를 지키며 소송절차 기간 및 그 이후에 필요한 서류, 요약본, 명령신청 대부분을 작성했다.

공판은 더할 나위 없이 잘 진행됐다. 탁월한 소송전문가였던 존 캉의 변호사는 바비와 그의 연인이었던 회계부서의 캐롤라인 등, 정부 측 증인들의 반대심문을 거의 도맡아했다. 정부에서 변론을 마쳤을 즈음 피고 측 변호인단은 거의 모든 정부 측 증인의 증언이 오히려 피고에게 유리하게 작용하고 있다고 느꼈다. 그런 상황에서 피고 측 역시 변론을 마쳤다. 지난 한 달 반 동안 법정에서 일어났던 일을 생각해볼 때 정부가 이 사건을 합리적인 의심의 여지가 없을 정도로 증명했다고 느끼는 사람은 아무도 없었다. 그렇게 양측의 변론이 모두 끝났고 사건은 배심원에게로 넘어갔다.

배심원 평의는 시간이 오래 걸리지 않았다. 고작 대여섯 시간 후에 그들은 만장일치로 평결을 내렸다고 알려왔다. 공판 과정을 감안한다면 평의에 걸린 시간은 합리적인 수준처럼 보였다. 2010년 3월 1일, 배심원은 법정으로 돌아와 평결을 읽었다. 유죄였다.

피고 측은 얼이 빠졌다. 판사는 두 손으로 머리를 감쌌다. 무슨 일이 일어났던 것일까? 공판 후 배심원 인터뷰를 보니 이 사건은 이미 모두진술에서 끝난 것이나 다름없었다. 회사가 어떤 부정을 저질렀는지에 대해 정부가 워낙 간단명료하고 압도적인 관점을 제시하는 바람에 배심원 대부분이 그 자리에서 마음을 결정해버린 것이다. 정부 측 이야기를 듣는 것만으로 대부분의 배심원들은 그러면 다 됐다고 생각한 것이다. 매우 슬픈 일이었다. 우리의 법률제도는 제대로 작동하지 않았다. 진실은 밝혀지지 않았고 존 캉과 존 세션스는 판결을 기다렸다.

다만 한 줄기 희망만은 여전히 불타고 있었다. 피고 측이 공소시효를 근거로 기각신청을 제출했는데 아직 판사가 판결을 내리기 전이었던 것이다. 2010년 5월 27일, 공판 이후 거의 석 달이 지났을 때 노튼 판사가 판결을 통해 존 캉과 존 세션스에 대한 전체 소송을 기각했다. 해당 판결을 내리며 판사는 이번 사건에서 정부가 보인 행태를 거듭 꾸짖었다. 제기된 여러 가지 문제 중 하나는, 5년이라는 오랜 시간 동안 그토록 많은 사람을 기소해놓고는 왜 공판 직전에 모든 소송을 취하해버렸는가 하는 것이었다. 노튼 판사는 그 때문에 공판 전 변호 비용만 1억 9

천 달러 이상이 들게 했다는 점을 지적했다.

나는 존 캉과 존 세션스가 오점 없이 자유의 몸이 된 것에 매우 기뻤다. 적어도 누군가는 이 일의 부조리함을 알아차렸다는 사실에 고무되기도 했다. 하지만 그렇다고 완전히 끝난 것은 아니었다. 정부가 판사의 기각에 항소할 수도 있었다. 그럴 경우에 대비하여 피고 측은 재심신청을 청구했다. 이 신청은 배심원이 실수를 저질렀다는 대담한 주장에 근거했다. 공판 때 제시된 증거의 신빙성과 평결이 서로 부합되지 않는다고 본 것이다. 공판 후 거의 1년이 지난 2011년 1월 19일, 마침내 진실이 세상에 나왔다. 노튼 판사가 재심신청에 대한 자신의 판결에 서명한 날, 제퍼슨과 메이슨과 매디슨은 분명히 안도의 한숨을 쉬었을 것이다. 이 나라 국부들의 뜻이 200여 년간 해석되어온 끝에 드디어 시스템이 제대로 작동했다. 진실과 정의가 마침내 최후의 승리를 거둔 것이다.

바비 데이비즈가 찰스턴의 미연방지방검찰청으로 들어가 거짓말을 한 지 7년 이상의 시간이 흐른 뒤였다. 그 얽히고설킨 거짓말은 점점 세를 불리며 가는 길에 놓인 모든 것을 집어삼켰다. 하지만 사우스캐롤라이나의 부장판사를 통과하지는 못했다. 노튼 판사는 전 공판을 주재하며 모든 증거를 보고 들었다. 배심원은 정부의 이야기를 액면가 그대로 기꺼이 수용했을지 모른다. 검찰에게 입증책임이 있음을 묻지 않고 말이다. 하지만 노튼 판사는 달랐다. 자신의 기각명령이 뒤집힐 경우에 대비해 노튼 판사는 피고의 재심신청을 승인했을 뿐만 아니라 19쪽에 이르는 의견서를 통해 정부의 주장을 조목조목 반박했다. 그는 정부가 경영진들 간에 공모가 있었음을 증명하지 못했을 뿐만 아니라, 오히려 증거로 봐서는 회계 부문에 문제가 없다고 믿었다는 피고 측의 얘기가 더욱 확실해질 뿐이라고 진술했다. 또한 정부 측의 주요 증인인 바비와 캐롤라인은 신뢰성이 떨어지며, 특히 캐롤라인은 바비의 말을 앵무새처럼 따라한 것에 불과해 보인다고 적었다.

나는 경외심과 안도감 속에서 노튼 판사의 판결문을 읽었다. 이제 끝났다. 마침내 가장 중요했던 한 사람이 그 모든 잡음을 꿰뚫고 진실을 알아보았다. 나는 판사가 배심원의 평결에 충분한 증거의 뒷받침이 없다고 믿는다면 그 평결을 무효화시킬 수도 있다는 사실을 몰랐다. 노튼 판사는 자신에게 평결을 무효화할 수 있는 권리가 있을 뿐 아니라 그것이 자신의 의무라는 사실을 분명히 했다. 이로써 헌법의 정신은 절정에 올랐다. 헌법은 본디 시민을 정부로부터 보호하기 위해 만든 것이다. 하지만 안타깝게도 그것은 그저 종이 한 장에 불과하다. 시민 보호 정신을 실현시킬 수 있는 유일한 대리인은 바로 판사다. 내가 보는 바로, 이 사건을 맡은 두 명의 판사는 모두 영웅이었다. 그들은 왜 국가기관이 서로 건강하게 균형을 이루며 서로를 견제해

야 하는지를 보여주었다. 두 명의 판사들은 헌법을 보호하겠다
는 선서를 했고, 사심 없이 그저 그 일을 했다.*

* 궁금해 하시는 분들을 위해 알려드리자면 정부는 노튼 판사의 기각에 항소하
지 않기로 했다. 기소되었던 메디컬매니저의 모든 경영진은 자유의 몸이 되었다.

56

다시 원점으로

자욱했던 연기가 모두 걷히자 삶의 회오리바람은 나를 들어올렸던 바로 그 자리에 다시 나를 내려놓았다. 명상을 위해 숲으로 들어온 지 어언 40년이 지났지만 나는 내 손으로 지어올린 첫 번째 집으로부터 들판 하나 떨어진 곳에서 아직도 살고 있다. 나는 여전히 사원에서 열리는 오전명상과 오후명상 시간을 통해 사람들과 만나며 1972년에 시작된 일요일 오전의 대규모 명상모임 역시 지금까지 안내하고 있다. 하지만 사원이 서 있던 1만 2천 평의 부지는 삶이 우리에게 관리를 맡긴 100만 평의 야트막한 언덕과 아름다운 숲으로 둘러싸여 있다. 우주의 흐름과 어울려 이렇게 한바탕 춤을 추는 동안에도 내 삶의 기반은 전혀 흐트러지지 않은 채 유지되었다.

법정의 공방은 어느새 머나먼 기억으로 물러나 거의 꿈처럼 느껴졌다. 그것은 다른 모든 일이 그러하듯이 왔다가 사라져갔다. 그 길을 가는 매 순간 나는 자신을 내맡겼기 때문에 내 정신에는 그 어떤 상흔도 남지 않았음을 분명히 확인했다. 그것은 물 위에 글씨를 쓰는 것과도 비슷했다. 인상은 사건이 실제로 벌어지는 그동안만 남아 있었다. 하지만 실제로 사건을 경험하는 순간에는 모든 우여곡절이 내 깊은 곳을 흔들어, 나로 하여금 근본적인 두려움과 개인적인 한계를 놓아 보내게 만들었다. 내가 삶의 흐름에 몸을 맡기고 정화의 힘을 기꺼이 받아들이는 한, 나는 늘 변성된 존재로 새롭게 태어났다. 그 모든 시련 덕분에 내 안에 그토록 큰 아름다움과 자유가 꽃을 피웠는데 어떻게 그것을 나쁜 경험이라고 할 수 있겠는가? 오히려 반대다. 나는 수용과 내맡김이라는 이 엄청난 실험을 시작한 이래 내게 일어난 모든 일을 경외감 속에서 지켜보았다.

한 가지만은 확실하다. 이 여정을 떠났던 그 사람은 결코 돌아오지 않았다. 마치 사포와도 같았던 삶의 흐름 덕분에 나는 어마어마할 정도로 스스로에게서 벗어날 수 있었다. 끊임없이 끌어당기는 마음의 힘으로부터 끝끝내 벗어날 수 없었던 나는 순전히 절박한 마음으로 삶의 두 팔에 몸을 던졌다. 그때부터 지금까지 내가 한 것이라고는 내 앞에 놓인 것을 최선을 다해 섬기며 내 안에서 올라오는 모든 것을 놓아 보내는 일뿐이었다. 기쁨과 고통, 성공과 실패, 칭찬과 비난, 이 모든 것이 내 안에 깊숙이 뿌리 박혀 있던 것들을 잡아당겼다. 더 많이 놓아 보널수록 나는 더 자유로워졌다. 나를 옭아매고 있던 것을 찾아내는 일은 내 책임이 아니었다. 그것은 삶의 몫이었다. 내 안에서 무엇이 올라오건 기꺼이 놓아 보내는 것, 그것이 나의 책임이었다.

지난 세월 그 모든 것을 목격하고 나자 결국 내게 남은 것은 오직 하나, 삶의 흐름에 내맡기는 것뿐이었다. 더 이상 바쁘게 계획을 세울 필요가 없어진 나는 다시 한 번 고요한 삶에 젖어들며 홀로 있는 시간을 누렸다. 그리고 곧 깨달았다. 삶이 이 책을 쓰기 위한 이상적인 환경을 내게 가져다주었다는 사실을. 자리에 앉는 순간 영감이 해일처럼 몰려왔다. 나는 내가 언젠가 쓰게 될 것이라고 확신했던 이야기, 즉 내가 나를 놓아 보냈을 때 일어난 일들에 대해 쓰기 시작했다.

사람들은 내가 40년간 삶이 바뀌는 경험들을 모두 하고 난 지금, 삶을 어떤 눈으로 바라보는지를 궁금해한다. 나는 그들에게 《상처 받지 않는 영혼》을 읽어보라고 권한다. 삶이 다 알아서 한다는 사실을 내면 깊은 곳에서 깨달았을 때 오는 그 엄청난 자유를 어떻게 설명할 수 있을까? 그것은 오직 경험을 통해서밖에 알 수가 없다. 어느 순간이 되면 더 이상 고된 몸부림은 없어지고 나의 이해를 넘어서는 완벽한 그것에 내맡기는 데서 오는 깊은 평화만이 존재한다. 결국에는 마음조차 저항을 그치고 가슴은 스스로 자신을 닫아거는 습관을 잃는다. 그때의 기쁨과 흥분과 자유란 꿈에도 포기할 수 없을 정도로 그저 너무나 아름답다. 일단 당신이 스스로를 놓아 보낼 준비가 된다면 삶은 당신의 친구이자 스승이자 은밀한 연인이 된다. 삶의 길이 당신의 길이 될 때, 모든 잡음은 멎고 위대한 평화만이 남는다.

삶이라 불리는 모든 경험에 무한한 감사를 올리며.

2015년 3월, 마이클 A. 싱어

역자 후기

마이클 싱어는 《상처 받지 않는 영혼》으로 미국에서 베스트셀러 저자가 된 미국의 영적 지도자이다. 책이 처음 나올 당시 그에 대해서 알려진 사실은 거의 아무것도 없었는데 오로지 아마존 독자들의 열띤 호평 덕분에 결국 오프라 윈프리 쇼에 초대받게 될 정도의 명사가 되었다.

스스로 요기임을 자칭하고 본인이 운영하는 명상센터도 있다고 하기에, 게다가 프로필 사진이나 유튜브 영상을 봐도 '나 명상하는 사람이오' 하는 분위기를 온몸으로 뿜어내는 사람이기에 나는 그가 '풀타임' 수행자인 줄로만 알았다. 그런 그가 미국 병원업무 소프트웨어 업계에서 큰 획을 그은 인물이자 전국 규모의 기업을 그야말로 맨손으로 일궈낸 사업가라는 사실을 이 책을 통해 알게 되고는 놀랐다. 게다가 그렇게 큰 성공을 거둔 사람의 비법이라는 것이 '자신의 호오를 내려놓고 의도적으로 삶의 흐름에 나를 내맡긴다'는 단순한 원칙이라는 사실을 알고는 한 번 더 놀랐다.

솔직히 말해서 놀라기만 한 것만은 아니다. 이 책을 처음 읽을 때 내 머릿속 목소리는 어느 한 구석에서 이렇게 꿍얼대고 있었다. '뭐야, 이 사람 원체 갖고 있는 자원이 많은 사람이잖아. 명문대 출신의 백인남성 지식인이 시대까지 잘 타고 났으니 내맡김 같은 거 없이도 잘 나가지 않았을까? 원래 좋은 운명을 타고난 사람이구만!' 마이클 싱어의 말을 빌리자면 "너무 완벽해서 오히려 믿기지 않았다." 드라마를 써도 이렇게 쓰면 개연성이 떨어진다고 퇴짜를 맞을 것 같았다.

하지만 번역이 진행돼가는 동안 내가 핵심은 빼놓고 결과에만 초점을 맞추고 있었다는 생각이 들면서 조금 부끄러워졌다. 그는 사실 '내맡김을 실천하면 나처럼 크게 성공할 수 있어요!' 라고 말하고 있지 않다. 공이 어디에 떨어지건 자세 하나하나를 정확하게 취하는 것에만 정성을 다하는 테니스 선수처럼 그는 끊임없이 '호불호를 내려놓고 나를 내맡기는' 일에만 집중한다. 그 뒤에 벌어지는 일은 그의 소관이 아니다. 그는 공이 잘 나가면 잘 나가는구나 하고 네트에 걸리면 걸렸다 보다 하며 다시 자세를 취할 뿐이다.

이 책을 번역하며 만트라처럼 내내 되뇌었던 책 속 구절이 하나 있다. — Life Knows Better. '삶이 더 잘 안다.' 내가 무슨 일을 하지 않아서 혹은 하는 바람에 지금 내 현실이 이런 걸까,

하고 조바심이나 의구심이 올라올 때마다 저 말을 읊조리면 왠지 마음이 가벼워지는 것 같았다. 마이클 싱어가 말한 '나를 내맡길 때의 해방감'이 이런 게 아닌가 싶었다.

내맡김(surrender)에 대해 소개하고 설명하는 책은 찾아볼 수 있다. 하지만 자신의 인생을 걸고 40년간 '임상실험'을 하며 그 결과를 가감 없이 보여주는 책은 드물다. 마이클 싱어는 흡인력 있는 이야기들 사이사이로 평생을 통해 얻은 내맡김에 대한 통찰을 심플하게, 하지만 간곡하게 풀어놓고 있다. 독자들에게 닿고자 하는 그의 간절한 마음이 이 책을 통해 전달되기를 바라며.

2016년 봄
옮긴이 김정은